Liberté

프랑스
혁명사
10부작

04

1790

군대에 부는
혁명의 바람,
낭시 군사반란

Liberté — 프랑스 혁명사 10부작 제4권
1790 — 군대에 부는 혁명의 바람, 낭시 군사반란

2016년 10월 21일 초판 1쇄 발행
2020년　1월 13일 초판 2쇄 발행

지은이 | 주명철
펴낸곳 | 여문책
펴낸이 | 소은주
등록 | 제406-251002014000042호
주소 | (10911) 경기도 파주시 운정역길 116-3, 101-401호
전화 | (070) 8808-0750
팩스 | (031) 946-0750
전자우편 | yeomoonchaek@gmail.com
페이스북 | www.facebook.com/yeomoonchaek

ⓒ 주명철, 2016

ISBN 979-11-956511-0-8 (세트)
　　　979-11-87700-10-4 (04920)

이 도서의 국립중앙도서관 출판시도서목록(cip)은 e-CIP 홈페이지(http://www.nl.go.kr/ecip)에서
이용하실 수 있습니다(CIP 제어번호: 2016023935).

• '리베르테Liberté'는 '자유'라는 뜻으로 혁명이 일어난 1789년을 프랑스인들이
　'자유의 원년'이라고 부른 데서 따온 시리즈명입니다.
• 여문책은 잘 익은 가을벼처럼 속이 알찬 책을 만듭니다.

Liberté

프랑스
혁명사
10부작
04

주명철 지음

1790
군대에 부는
혁명의 바람,
낭시 군사반란

여문책

차

례

제 2 부 낭시 군사반란

혁명은 1789년보다 1790년에 좀더 뿌리를 깊게 내렸다. 낙관적인 사람들은 1789년을 되돌아보면서 그때까지 자신들이 이룩한 일에 놀라고, 한시바삐 헌법만 제정하면 혁명을 끝낼 수 있다고 생각했다. 그러한 기대와 희망의 한 축이 1789년 11월 이후 국경 근처에서 불기 시작해서 마침내 1790년 7월 14일 파리에서 절정에 오른 전국연맹제의 바람이었다. 그것은 시작부터 잔치가 분명했다. 더욱이 프랑스 왕국이 생긴 뒤 그런 종류의 잔치는 처음이었다. 프랑슈 콩테의 아몽 바이아주 제3신분 의원인 뮈게 드 낭투는 1790년 7월 1일, 보고위원회의 이름으로 지난해 7월 중순 파리의 소비세관을 공격하고 불 질렀던 파리 시민들을 더는 소추하지 말자고 제안하여 통과시켰다. 그것은 분명히 국민화합의 상징이었다.

더욱이 혁명은 문화까지 바꾸어나갔다. 예전에는 왕, 신과 관련된 잔치, 가족의 혼례와 관련된 잔치를 벌였지만, 이제는 시민이 된 사람들이 주체적으로 잔치를 벌이게 되었으니 1년 사이에 실로 많은 것이 변했다. 자신이 기획하고 주역이 되어 즐기거나 구경꾼으로 참여하는 잔치가 전국연맹제였다. 구체제에도 우애fraternité는 '단결'을 뜻했다. 구체제의 우애는 종교적인 신도회나 직업인 단체를 중심으로 경험하는 것이었고, 거기에도 어느 정도 단결과 연대의식이 스몄다. 그렇지만 혁명이 일어난 뒤 그것은 조국, 국민, 법, 그리고 여전히 왕을 중심으로 뭉치는 것이었고, 시민으로서 가지게 된 연대의

식과 같은 뜻이었다. 파리에서 7월 14일, 바스티유 정복 1주년 기념일에 거행한 전국연맹제는 국민의 대표들이 법으로 정한 국가적 행사로서 프랑스 전체를 들뜨게 만들었다.

그러나 오늘날 우리가 7월 14일과 함께 바스티유를 떠올릴지라도 1790년의 전국연맹제에서 바스티유는 그리 큰 의미를 얻지 못했다. 더욱이 그날 행사장 안팎에서 "국민 만세"를 외쳤지만, 사실상 왕과 라파예트가 국민보다 더 돋보였다. 바스티유 정복자들뿐 아니라 현실적으로 소외된 사람들이나 그들에게 그러한 사실을 예고한 사람들은 속을 부글부글 끓였다. 베르사유 숲이나 뫼동 숲에서 사냥감을 쫓을 때 비를 맞아도 아랑곳하지 않았을 왕은 전국연맹제 같은 중요한 날에 비가 온다고 제단으로 가지 않고 천막 아래서 맹세를 하지 않았던가(제3권 316쪽 참조). 더욱이 1790년 1월부터 루이 16세와 국회, 국민방위군은 화합의 모습을 보여주었지만, 그렇다고 국내외의 모든 불안 요인을 사라지게 만들 수는 없었다. 사실 국민방위군은 부르주아 계층의 이익을 지키는 민병대로 출발하지 않았던가.

게다가 새로운 정치적 조건과 법은 새로운 갈등을 낳았으니, 헌법을 빨리 제정하면 혁명을 끝낼 수 있다고 믿는 사람보다 혁명을 더욱 철저히 해야 이제까지 이룬 성과를 지킬 수 있다고 믿는 사람이 더욱 자기 확신에 빠질 수 있었다. 여전히 파리와 지방에서는 민중이 봉기하여 크고 작은 소요사태를 일으켰고, 국경지대에서는 외국 군대가 침략할까봐 긴장을 늦출 수 없었다. 더욱이 파브라 후작의 음모에서 보았듯이 왕당파는 국내외에서 계속 일을 꾸미며 혁명의 성과를 지우려 하고 있었으니, 1790년을 생각할 때 전국연맹제의 화합보다는 새로운 체제가 탄생하는 가운데 옛날부터 물려받은 재정적자와 새로운 문화조건 때문에 생기는 갈등을 더 강조해야 마땅할 것이다.

이 같은 관점에서 제4권에서 다룰 내용을 비교적 쉽게 결정할 수 있었다. 1790년의 전국연맹제라는 국민대화합의 잔치가 혁명에 찬성하는 분위기를 전국적으로 확산시키고 국민방위군이 국내 질서를 유지하는 중요한 임무를 갖고 있음을 확실히 인정해주는 계기가 되었지만, 그 잔치를 준비하는 과정이나 잔치가 끝난 뒤에도 프랑스 왕국의 곳곳에서 반혁명의 바람이 불었고, 또 국방의 임무를 띤 왕의 군대에 혁명의 바람이 불어 일사불란한 명령계통을 뒤흔들었기 때문에, 새로운 헌정질서를 만드느라 불철주야 노력하는 국회에 늘 새로운 근심거리를 안겨주었다. 사실 혁명이 전국연맹제처럼 화합으로 마무리 지을 수 있는 것이라면 얼마나 다행이겠는가! 그러나 아직 헌법을 제정하지 못한 1790년에 화합으로 혁명을 끝내는 것은 기대하기 어려웠다. 사방에서 뜻하지 않은 사건이 터졌기 때문에, 제헌의회는 처음 계획한 대로 헌법을 만드는 일에 매달리기도 어려웠고, 초심대로 헌법의 구조를 고수하기도 어려웠다.

이 책에서 우리는 1790년에 화합을 상징하는 전국연맹제를 무사히 치렀다 할지라도 국내외 정세가 늘 불안했음을 짚고 넘어가야 한다. 국회가 모든 정치의 중심 역할을 하면서 의원들이 제정한 헌법, 법률, 명령이나 시행령을 왕에게 승인하고 시행하도록 요구하는 과정에서, 겉으로는 간청하는 형식을 취하지만 실제로는 강요하다시피 의지를 관철시키는 모습을 보면서, 왕당파는 왕의 지위가 낮아지고 점점 권력을 잃어가는 것을 안타까워했다. 그래서 왕을 지지하는 세력은 틈만 나면 국회와 그 지지세력에 반대하는 여론을 조성했다. 아직 혁명/반혁명의 구도가 어느 한편의 완전한 승리로 깨지기 전이었기 때문에 애국자 신문 못지않게 왕당파 신문도 반혁명의 분위기를 띄우는 데 한몫했다. 게다가 파리에서 먼 남부 지방에서는 왕당파와 가톨릭교도들이 혁명파나 개신교도들과 갈등을 빚었다. 우리는 이들의 사례를 통해서 혁명이 나아갈 길이 험난하고 멀었음을 이해할 수 있다.

국내에서는 생활필수품이 늘 부족한 계층, 특히 농산물을 직접 생산하면서도 제대로 소비할 수 없는 농민들이 사방에서 들고일어났고, 국제적으로는 에스파냐와 영국이 멀리 아메리카 대륙의 바다에서 갈등을 일으켰을 때, 루이 16세는 부르봉 가문이 통치하는 에스파냐를 돕고 싶어했기 때문에 국회는 언제 일어날지 모르는 내전과 국제전쟁의 위기의식에 사로잡혔다. 우선 국회는 프랑스가 모든 침략전쟁을 부인한다고 선언하여 국제전쟁의 위협을 스스로 차단하면서 국내 문제에 전념할 수 있었다. 그러나 14세기 이후 교황령이던 아비뇽이 혁명의 바람에 노출되어 갈등을 빚으면서 스스로 프랑스에 편입되기를 바라는 사건과 마르세유, 몽토방, 님 같은 남부 도시에서 일어난 무력충돌은 1790년의 혁명을 이해하려면 반드시 짚고 넘어가야 할 요소다. 게다가 국회의원들은 의정활동에서 쌓이고 쌓인 불신과 증오를 토론으로만 해결하지 않고 결투로 해결하려 했으니, 이 또한 혁명에서 한번쯤 짚어볼 흥미로운 장면이다.

이 책의 제2부는 전통적으로 왕의 군대를 유지하는 방법을 먼저 이해한 뒤에, 군대에 혁명의 바람이 불어서 생긴 변화를 추적한다. 우리는 오늘날에도 유용한 말, "민주 군대는 있어도 군대 안의 민주주의는 없다"라는 말을 1790년 프랑스의 왕의 군대에서 이해할 수 있을 것이다. 병사들은 민간인의 정치 클럽에 드나들었고, 거기서 배운 정치생활을 병영으로 가지고 들어갔다. 그들은 일종의 의사결정기구인 위원회를 조직해서 자신들과 관련한 문제에 대해 토론하고 결정한 뒤 장교들에게 그 결정대로 해달라고 요구했다. 그리하여 일사불란한 명령계통을 중시하는 군대의 기강이 무너졌다. 특히 병사들은 평소 자신들을 업신여기던 장교들을 멋대로 심판하고, 그들의 명령을 듣지 않았다. 장교들의 비민주적 태도는 오늘날에도 사례를 찾을 수 있는데 하물며 신분사회의 군대에서 얼마나 흔한 것이었으랴! 병사들이 장교들로부터 인격적 대우를 기대하는 것은 군법에 저촉되지 않는다. 그러나 병사들이 군대 안에서 민주주의 방식을 도입해 위원회를 결성하고 자신들이 결정한 내용을 장교들에게 관철시키려고 한 것은 군의 존재이유까지 근본적으로 뒤흔드는 사건이었다.

그리고 그러한 풍조가 극단적으로 나아간 사례를 낭시 군사반란에서 찾을 수 있다. 낭시는 프랑스 왕국의 동부전선에 속한 중요한 도시였다. 군대와 관련해 염두에 두어야 할 배경은 왕이 가장 믿었던 부이예 장군이 메스에 주둔하면서 왕국의 동부전선을 모두 장악하고 있었다는 점이다. 그러므로 그의 휘하에 있던 낭시 주둔군이 반란을 일으켰다는 사실은 왕의 군대에 분 혁명의 바람을 상징적으로 보여준 사례였다. 낭시에는 왕의 연대, 메스트르 드캉 기병연대, 샤토비외 스위스인 연대, 다시 말해 보병, 기병, 외인의 3개 연대가 주둔했는데, 병사들이 평소 장교들과 마찰을 빚었고, 여느 부대처럼 위원회를 만들어 단체행동을 했으며, 장교들이 운영하던 군자금을 스스로 관리하겠다고 나섰다가 결국 군사반란으로 문제를 확대했던 것이다.

물론 제아무리 반란군이라 하더라도 군인들의 정신자세는 명령과 복종의 체계에서 벗어나기 어렵다. 반란군이 자기네 요구를 관철시키려고 극단적인 행동을 했다 하더라도, 자신들에게 불리한 상황이 나타나면 가장 두려운 벌을 생각하게 된다. 그 벌을 각오하면 목숨을 걸고 끝까지 싸울 것이며, 그 벌을 어느 정도 피하고 싶다면 항복할 구실을 찾게 되는 것이다. 더욱이 낭시 주둔군 가운데 반란군은 진압군보다 압도적으로 열세에 있다고 판단했다. 실제로 진압군의 병력이 그들이 판단했던 것보다 적었음에도 그들은 정신적으로 지고 있었다. 그렇게 해서 부이예 장군은 진압군을 이끌고 8월 31일까지 저항하던 반란군을 진압할 수 있었다. 이 반란이 점점 국회의 주목을 받게 되었을 때부터 반란을 진압할 때까지 파리의 국민방위군도 낭시에 개입해서 그곳 국민방위군과 공조했다. 그리고 국회는 8월에 서둘러서 군 조직을 개편하는 법을 마련했으며, 9월 초에는 진상조사를 철저히 해서 상처를 치유하는 한편 일상으로 돌아가 앞으로 그런 일이 재발하지 않게 하는 방안을 강구했다. 이렇게 해서 1790년에 국회는 새 질서를 만드는 과정에서 그 질서를 지켜줄 군대를 왕의 군대에서 국민의 군대로 바꾸는 작업까지 했던 것이다.

제4권에서도 마치 필리버스터를 방불케 하는 여러 의원의 다양한 목소리를 만날 수 있다. 오래전 프랑스 국회의원들의 발언이지만 지금 우리에게도 시사하는 바가 매우 크다. 치열한 토론과 의견 교환을 통해 이른 아침부터 늦은 밤까지 불철주야 법안 하나하나를 만들어나가는 과정은 현재에도 많은 국가의 국회에서 만날 수 있을 것이다. 그러나 우리의 현실은 자못 부정적이다. 2016년 2월 야당의 획기적인 필리버스터 진행 덕분에 우리 국회에도 상당한 인재들이 있으며 민주주의에 대한 열망이 깊다는 사실을 확인할 수 있었지만 여전히 국회와 국민 사이는 멀기만 하다. 제3권에 이어 제4권에서도 민주주의의 근간을 다지는 국회의 활동이 얼마나 중요한지를 곱씹으며 당시 현장의 생생함 속으로 들어가보자.

불안한
정세

제 1 부

1
애국자 신문과
왕당파 신문

"구체제의 종이 소비량을 보면서 놀란 사람들은 혁명기 소비량을 보면서 더 놀란다. 혁명을 일으킨 사람들이 제일 먼저 생각한 출판의 자유 덕택에 공화국의 구성원들은 거의 저마다 손에 펜을 들었다."(루이 세바스티앵 메르시에, 『새로운 파리』)

검열제도가 있는 사회가 좋은가, 없는 사회가 좋은가? 물론 없는 사회라고 대답하는 사람이 더 많으리라. 그러나 제아무리 민주화 수준이 높은 사회에도 제도화된 검열이 필요하다고 생각하는 사람이 있기 마련이다. 우리가 프랑스 혁명과 관련해서 검열제도를 생각해볼 때, 구체제에는 검열제도가 있었기 때문에 당연히 언론의 자유가 없었다고 생각하겠지만, 그 나름대로 법을 어기면서 할 말을 한 사람들이 있었다. 우리는 그들이 남긴 출판물의 정보를 다각도로 파악할 수 있다. 구체제의 공식 검열제도는 출판행정총감의 지휘를 받는 검열관들이 남긴 등록부, 검열제도를 피하고 발간한 불법간행물을 추적한 경찰이 남긴 보고서, 납본제도가 만든 장서 따위로 오늘날의 연구자에게 그 시대를 이해할 수 있는 풍부한 자료를 제공하기 때문이다.

그러나 1788년 루이 16세가 전국신분회를 소집하면서 누구라도 1614년 이전의 전국신분회에 대한 자료나 의견을 제출하기 바란다고 했을 때부터 사실상 검열제도가 사라진 것 같았다. 물론 그렇다고 해서 모든 사람이 자유롭게 표현하고 출판했다고 말하기는 어렵겠지만, 이때부터 수많은 사람이 자기 나름의 의견을 인쇄해서 내놓았다. 그리고 기존의 신문에 덧붙여 새로운 신문도 발간되었다. 1788년에는 파리와 지방에서 모두 합쳐 여남은 가지 신문을 읽었지만, 1789년에는 200가지 이상, 1790년에는 400가지 이상 읽을 수 있었다. 그러나 오늘날까지 보존된 자료는 당시에 나온 것의 일부에 지나지 않을지 모른다. 파리 같은 중심지뿐만 아니라 프랑스 전국의 차원에서 구체적으로 어떤 신문이 언제부터 또 얼마나 오랫동안 발간되었는지는 정확히 알 길이 없다.

자크 피에르 브리소Jacques Pierre Brissot(1754~1793)는 파리 남쪽의 샤르트르에서 태어났다. 그는 파리에서 계몽주의자가 즐겨 다루는 주제로 글을 쓰기 시작했다. 그는 영국에서 『유럽신문Courrier de l'Europe』을 발간하는 새뮤얼 스윈턴의 주의를 끌었고, 1777년부터 런던에서 그와 함께 일했다. 그 뒤 신문사 몇 곳에서 일하다가 혁명이 일어나는 제네바를 방문했고, 1784년에는 빚을 지고 감옥에 두 달 동안 갇히기도 했다. 1785년에 그는 네덜란드의 '애국자들'이 자유를 위해 싸우는 곳으로 달려갔다. 1788년 7월에는 신생 미합중국을 방문했다. 그는 여러 나라를 돌아다니면서 출판의 자유가 얼마나 소중한 것인지 깨달았다. 그리고 전국신분회를 소집했다는 소식을 아메리카에서 듣고 급히 귀국했다. 그는 샤르트르에서 전국신분회 대표로 뽑히고 싶었지만 소원을 이루지 못했다. 이것이 그가 신문을 발간하기로 결심하게 된 배경이다.

브리소는 1789년 4월 10일부터 1주 4회(화, 목, 토, 일)씩 『프랑스 애국자le Patriote français』를 발간한다고 예고했다. 1년 구독료가 24리브르인 이 신문의 간행 취지문이 나오자마자 도서출판행정총감 메스미Maissemy는 국새경에게 아주 대담한 신문이므로 금지해야 한다고 알렸다. 5월 6일, 브리소는 정식허가를 받지 않고 『프랑스 애국자 또는 자유롭고 공평한 민족신문Le Patriote françois, ou Journal libre, impartial et national』의 첫 호를 내놓았다. 그는 영국인 제브Jebb*가 한 말을 신문의 부제로 채택해 제2호부터 썼다.

"자유로운 신문은 인민을 위해 전방에서 부지런히 살피는 파수꾼이다."

그는 자기가 발행하는 신문이 왜 필요한지 다음과 같이 설명했다.

오늘 같은 현실에서 이 신문이 쓸모 있고 필요하다는 사실을 길게 설명하는 것은 프랑스 국민을 모욕하는 일일 것이다. 프랑스 국민은 지금 자유를 영원히 확보해줄 헌법을 손에 쥐는 순간을 맞이하고 있다. 이 헌법은 국가의 모든 구성원의 조화가 이루어낸 열매인데 구성원의 조화는 전반적인 교육을 통해서만 존재할 수 있다.

혁명이 시작될 때부터 쏟아진 수많은 소책자는 모두 그 나름대로 교육을 시작했다. 그러나 그 많은 소책자를 일일이 읽기는 어렵다. 단지 한두 가지를 골라서 읽어야 하겠지만 읽어보기 전에 고르기란 불가능하다. 또 읽으려면 사서 읽어야 한다. (……) 따라서 별로 돈도 들이지 않고 피곤하게 만들지도 않으면서 모든 프랑스인을 끊임없이 교육할 만한 수단을 찾아야 한다. 그 수단은 정치 신문 또는 가제트다. 자신의 능력을 제대로 발휘하지 못하고 글도 잘 읽지 못하지만 무지와 노예상태에서 벗어나고자 하는 수많은 국민을 교육할 수 있는 유일한 수단이 바로 그것이다.

---

* 제브가 실제로 누구인지 확인할 수 없었다. 미쇼Michaud의 사전Biographie universelle에 새뮤얼 제브와 존 제브가 나오고, 프랑스도서관Bibliothèque nationale de France 도서목록에 리처드 제브가 나오지만, 브리소가 인용한 사람이 정확히 누구인지는 확인하지 못했다.

가제트(정치 신문)가 없으면 프랑스가 영광스럽게도 한몫했던 아메리카 혁명이 성공할 수 없었으리라. 예를 들어 모든 신문이 『상식론』을 다루었다. 이성의 승리를 보여주는 이 글은 의기소침한 정신을 일깨웠다. 가제트가 도와주지 않았다면 『상식론』은 별로 영향을 끼치지 못하는 소책자로서 사람들의 기억에 남지 못했을 것이다.

브리소는 신문이란 인민을 위한 파수꾼이라고 말한 제브의 말이 자유로운 신문을 뜻했으며, 그래서 자기 신문은 "모든 종류의 영향과 특히 검열과 상관없는 자유로운 민족지"라고 강조했다. 그리고 그는 토머스 페인이 쓴 『상식론』이 제아무리 좋은 책이라도 그것을 유통시킨 것은 신문의 힘이었다고 강조했다. 그는 1788년 파리에서 '흑인의 친구 협회Société des Amis des Noirs'를 설립해서 노예의 인권문제에 관심을 가졌듯이 1789년에 발간한 『프랑스 애국자』에서도 노예무역을 반대했다.

1788년 미라보 백작은 언론의 자유가 얼마나 중요한지 역설했다. 그는 밀턴이 언론의 자유를 옹호하려고 쓴 「아레오파기티카」(1644)를 번역하고, 그것을 모방하여 『출판의 자유에 대하여Sur la liberté de la presse, imité de l'anglois de Milton』라는 책을 발간했다. 그는 왕이 전국신분회에 대한 정보를 아무나 내놓을 수 있다고 하여 출판의 자유를 허용하는 것처럼 보이지만, 실질적으로 자유를 제약하는 장치를 더욱 늘려놓았을 뿐이라고 비판한 뒤, 밀턴이 150여 년 전에 영국 왕과 언론의 자유에 대해 말한 내용을 거의 그대로 프랑스에 적용했다. 그는 다음과 같이 책의 본질을 설명했다.

"사람을 죽이면 단지 합리적인 생명을 하나 없앨 뿐이겠지만, 책 한 권을 죽이면 이성 그 자체를 죽인다. 수많은 사람은 그저 식물처럼 이 세상에 번식하는 생명체다. 그러나 책은 그보다 우월한 정신의 순수하고 값진 본질이다. 그것은 천재성이 영원히 존속하도록 인간의 영혼을 준비시켜준다."

미라보 백작은 이성과 양심을 솔직히 표현한 저자를 벌하면 결국 대중의 성실성과 정직을 외면하는 책만 세상에 남게 될 위험이 있다고 지적하면서 검열제도의 역기능을 말했다. 그리고 영국의 번영은 바로 언론의 자유에서 나왔기 때문에, 영국에서 언론의 자유를 빼앗는다면 영국은 한낱 가련한 나라로 바뀔 것이라고 주장했다.

"영국에서 언론의 자유를 없애보라. 다른 나라처럼 영국의 대신도 자기 임기가 끝날 때까지 제멋대로 실수를 저지르면서 기존의 질서를 무너뜨릴 것이다. 영국에 언론의 자유가 있는 한 외국에 비해 대신들이 잘못을 저지르는 일이 적다. 그러나 영국이 제아무리 훌륭한 헌법을 가지고 이 세상에서 가장 번영하는 나라로 뭇사람의 부러움을 사고 존경받는다 할지라도 언론의 자유를 잃는다면 한낱 동정이나 받는 나라로 전락할 것이다."

1789년 5월 전국신분회가 처음 모였을 때 미라보 백작은 허가를 받지 않고 『전국신분회 신문』 첫 호를 발간했다. 그는 왕, 네케르, 국새경의 연설이 아주 지루했다고 평하면서 앞으로 전국신분회가 제몫을 해주기 바란다는 염원을 에둘러 표현했다.

"재무대신이 더는 갈팡질팡할 시간이 없음을 깨닫고, 그 누구도 여론의 흐름에 저항할 수 없게 되기를 바랍시다. 이제부터 국민의 대표들은 자신의 임무와 기능과 성격이 얼마나 존귀한 것인지 느끼기를 바랍시다."

도서출판행정총감 메스미는 미라보 백작과 브리소가 발행하는 신문이 위험한 여론을 조성한다고 생각하고, 마지막 숨을 거칠게 몰아쉬는 구제도를 구하려고 애썼다. 그의 영향을 받은 루이 16세는 5월 6일, 브리소와 미라보 백작이 발간하던 신문이 "언론의 자유를 표방하면서 방종으로 흐르고 있기 때문에" 더는 발간하지 말라고 명령했다. 아직 파리에서 선거인단이 전국신분회 대표를 완전히 뽑지 않은 상태에서 왕의 명령은 큰 반향을 불러일으켰다. 그러나 그 반응은 아직까지도 신분제 사회의 특징을 보여주었다. 제3신분은 왕이 여론과 언론의 자유를 심각하게 공격한다고 보았고, 귀족은 미라보의 신문이 국가의 통일보다 분열을 조장한다고 하면서 왕의 명령을 적절하다고 평가했기 때문이다. 아무튼 미래의 지롱드파 지도자인 브리소나 국회에서 크게 활약할 미라보 백작이 왕의 명령에 굴복하지 않을 것은 1789년 5월의 분위기로 보아 불 보듯 뻔한 이치였다.

브리소는 6월『언론의 자유에 대해 전국신분회에 드리는 글Mémoire aux Etats généraux sur la liberté de la presse』을 발간해 자유를 힘차게 옹호했다. 미라보 백작은『전국신분회 신문』의 이름을『유권자에게 보내는 미라보 백작의 편지Lettres du comte de Mirabeau à ses commettants』로 바꾸면서 맞섰다. 프로방스 지방의 전국신분회 대표가 자신을 뽑아준 유권자에게 현실의 이모저모를 보고하는 것에 대해 누가 트집을 잡을 수 있겠는가? 미라보는 7월에 신문 제목을 다시『프로방스 소식Courrier de Provence』으로 바꾸었다. 그러나 브리소와 미라보 백작이 발간하는 출판물은 수많은 신문에 파묻히게 되었다. 혁명사가 자크 고드쇼는 5월 중순 이후 7월 말까지 파리에서만 42종의 정기간행물이 나왔다고 말한다. 전국적으로 같은 종류의 출판물이 늘어나자 도서출판행정총감 메스미도 두 손을 들고 말았다. 메스미는 5월 말 서남부의 툴루즈 사람이 불평하자 그에게 자신도 그의 걱정에 공감하지만 팸플릿이 하도 많이 쏟아져 나오기 때문에 손을 들고 말 정도라고 대답했다. 구체제에도 법을 무시하고 여러 가지 수법을 동원해 유통시키는 인쇄물을 막지 못했는데, 옛 제도가 문란해지는 혁명기에 인쇄물 유통을 막기란 더욱 어려워졌음이 분명하다.

1789년에는 혁명의 흐름을 지지하는 신문과 반대하는 신문이 함께 나왔다. 온건한 신문은 대체로 혁명의 흐름을 긍정적으로 보았다. 그러나 당시 진행되던 혁명을 반대하는 신문은 크게 두 방향으로 갈라졌다. 극좌파 신문은 아직 혁명다운 혁명이 일어나지 않았으므로 더 근본적이고 급진적으로 흘러야 한다고 주장했다. 그리고 우파는 벌써부터 혁명이 희생을 너무 많이 강요한다고 주장했다. 극좌파의 신문은 혁명이 지지부진하다고 하면서 조급해했고, 우파의 신문은 당시 보수적인 사람들(귀족이나 종교인처럼 구체제의 특권층이나 농민처럼 구체제의 희생자)과 마찬가지로 변화를 두려워했다. 온건한 신문 가운데 주목할 만한 것으로는 『파리 소식La Chronique de Paris』이 있다. 친구 관계인 밀랭과 노엘이 1789년 8월 24일에 창간한 『파리 소식』은 곧 파리에서 가장 훌륭한 일간지 가운데 하나가 되었다. 콩도르세, 들로네 당제, 아나샤르시스 클로츠 같은 정치가가 사설을 썼고, 아주 다양한 소식을 전해주었다. 이들은 장차 브리소파 또는 지롱드파로 분류할 수 있는 지식인들이었다. 1790년 10월에 콩도르세, 브리소, 가랑 쿨롱, 콜로 데르부아, 케르생, 니콜라 드 본빌 같은 사람들은 힘을 합쳐 『이달의 소식La Chronique du mois』이라는 월간지를 발행하고 '사회동인Le Cercle social'을 결성하여 공화정신을 대중화하는 운동을 벌였다.

극좌파 신문으로는 장 폴 마라의 『인민의 친구』를 꼽을 수 있다. 장 폴 마라는 1743년 스위스 뇌샤텔 공국의 칼뱅파 집안에서 태어나 네덜란드, 영국, 스코틀랜드에서 의학을 공부했다. 그는 혁명 전 말브랑슈와 콩디야크를 다룬 『인간의 원리에 대한 논고Traité sur les principes de l'Homme』를 써서 오만한 인간의 무식과 정신적 한계를 꼬집었다. 그는 계몽사상가 대열에 끼고 싶었지만 볼테르의 혹독한 비판을 받고 웃음거리가 되었다. 그는 1776년 파리로 갔고, 1786년 왕의 둘째 동생 아르투아 백작의 근위대 주치의가 되었다. 그는 1789년 4월부터 잇달아 『조국에 바치는 제물*Offrande à la Patrie*』, 『조국에 바치는 제물 부록*Supplément à l'offrande à la patrie*』, 『헌법안*Plan de la constitution*』을 발표하면서 벌써부터 9월에 발간할 신문에서 발전시킬 정치사상을 선보였다. 예를 들어 그는 왕위를 세습하고 왕을 신성시하며 대신들만 소추할 수 있다고 주장했다. 그리고 고위성직자, 재정가, 왕의 관리들에게 투표권을 주지 말자고 제안했다. 그는 처음에는 비교적 온건하게 시작했지만 날이 갈수록 과격해졌다. 특히 파리 주민들이 7월 14일에 바스티유를 정복한 뒤부터 500명만 머리를 자르면 혁명을 완수할 수 있다고 큰소리쳤다. 그는 사람들이 자기 충고를 따르지 않았다고 섭섭해했다. 오래전부터 카미유 데물랭이나 프레롱이 함께 일하자고 그에게 제안했지만, 그는 잡새나 무리를 짓지 자기 같은 맹금류는 혼자 논다고 오만하게 말하면서 거절했다.

"칠면조는 무리를 짓지만, 독수리는 언제나 혼자 다닌다."

마라는 툭하면 정부 요인을 여론의 법정에 고발하다가 그 자신도 고발당했다. 그는 1789년부터 항상 가장 과격한 의견을 표현했기 때문이다. 그는 코뮌의 활동을 정확히 보고하는 신문이 필요하다고 주장하면서 허가를 내달라고 요청했다가 거절당하자 점잖지 않은 표현으로 코뮌을 비방했다는 혐의를 받았다. 파리 코뮌 의회는 그를 체포하라는 명령을 내렸다. 치안위원회는 마라를 체포해 신문했다. 마라는 자신이 『조국에 바치는 제물』의 저자이며 의사라고 밝힌 뒤 자신은 오직 애국심과 자유만 사랑하며 공중에게도 그 정신을 널리 퍼뜨리려 했다고 주장했다. 코뮌 의회 의장은 마라의 충정을 이해하지만 너무 과격한 점에 대해서 경고하지 않을 수 없다고 말했다.

"우리는 당신이 원칙에 순응하기 바라며 당신이 더는 겉모습만 선한 것에 유혹받지 말라고 권고합니다. 또 당신의 모든 행동에서 공공의 행복은 언제나 온건한 슬기에서 나오고 모든 시대와 장소에서 유일한 법이라 할 일반의지에 복종하는 데서 나온다는 사실을 기억하기 바랍니다."

1789년 9월 12일, 그는 『파리의 정치평론가Publiciste parisien』를 발간했다. 그리고 16일에 그 이름을 『인민의 벗 또는 파리의 정치평론가L´Ami du peuple, ou le publiciste parisien』로 확정했다. 그리하여 그의 별명은 '인민의 벗'이 되었다. 18일에 그는 "인민에게 드리는 말씀Discours au peuple"에서 벌써 죽음을 각오한 사람처럼 말했다.

"오, 프랑스인이여, 자유분방하고 경박한 사람들이여, 지금 불행이 당신을 위협하고 있는 사실도 깨닫지 못하는가? 끝 모를 깊은 구덩이 입구에 서서 잠만 자려는가?"

9월 23일에도 그는 자신의 각오를 밝히고 다짐했다.

"나는 나라의 적들과 싸우면서 사기꾼을 가차 없이 공격하고 위선자들의 가면을 벗기고 반역자들을 고발하고 조국에 봉사할 능력도 없는 비겁한 자들과 탐욕스러운 자들을 공직에서 물러나게 하겠다. (……) 민중이 현재 진행되는 혁명에서 피를 몇 방울만 흘려도 티베리우스, 네로, 칼리굴라가 퍼부은 불행의 홍수 속에서도 자유를 회복할 수 있지 않겠는가?"

과연 그는 '흡혈귀'였던가? 구체제의 불평등한 상황에 몸서리치던 사람이 말할 기회를 찾으면 과격하게 말할 수도 있다. 그가 죽여야 한다는 사람의 수는 그 뒤로도 계속 늘어났다. 그러나 마라가 실제로 그만큼 죽여야 한다고 생각했다기보다는 분노를 그렇게 표현한 것으로 보아야 할 것이다. 그의 표현이 과격하다고 해서 그의 성격이 포악하거나 또는 사리사욕을 채우려고 그렇게 했다고 보기는 어렵다. 그는 무지한 민중을 깨우치고 그들의 분노와 좌절을 표현하는 언어를 찾았던 것이다.

9월 25일, 파리 코뮌 의회에서는 또다시 마라가 입에 올랐다. 생필품위원회는 코뮌 의회에 마라의 『인민의 벗』 15호를 고발했다. 마라는 파리 코뮌에 대한 기사에서 생필품위원회뿐만 아니라 그 밖의 위원회에 대해서도 그릇된 사실을 근거로 비난했다는 것이다. 코뮌 의회는 이미 치안위원회가 마라를 고발했다는 사실을 확인하면서 다음과 같이 의결했다.

"이 신문의 발행인에게 신문에 실은 사실과 주장에 대해 소명하도록 하며, 코뮌 의회는 그 내용에 대해 그를 신문한다."

마라는 꿈쩍하지 않고 계속 과격하게 주장했다. 코뮌 의회도 더는 그를 두고 볼 수 없었다. 9월 28일, 의회에서 의원 한 명이 마라를 고발했다. 마라는 코뮌의 여러 위원회만 공격하는 데 그치지 않고 의원들도 공격했기 때문이다.

마라는 10월 5~6일의 사건(파리 여성의 행진과 왕의 파리 튈르리 궁 정착)이 일어난 뒤 신문을 발행하지 못하고 몸을 숨겼다. 그의 신문이 그 사건을 일으키는 데 큰 역할을 했기 때문이다. 10월 8일, 파리 샤틀레 법원은 그를 체포하라는 명령을 내렸다. 그는 먼저 베르사유로 피신했다가 사태가 조금 진정되자 파리의 몽마르트르로 숨어들어가서 11월 5일부터 『인민의 벗』을 다시 발행하기 시작했다. 그러나 그는 마침내 12월 12일에 붙잡혀 조사위원회로 끌려갔다. 거기서 당한 일을 12월 19일자 『인민의 벗』 71호에 보도했다. 그는 끊임없이 고발하는 조사위원회 위원들에게 이렇게 답했다.

여러분, 노예상태에서 자유를 향해 가는 길에는 크고 작은 불쾌한 일이 많다고 생각하지 않으십니까? 여러분은 이러한 혁명이 아무런 피해를 입지 않고 또 피 한 방울 흘리지 않고 일어날 수 있다고 순진하게 믿으십니까? 나는 여러분에게 적대행위를 하려고 마음먹은 적이 없습니다. 그러나 치안위원회를 슬프게 만드느냐 자유를 슬프게 만드느냐 가운데 하나를 선택해야 한다면, 나는 기꺼이 치안위원회를 슬프게 만들겠습니다. 더욱이 나는 가로등에 (목매달리러) 끌려가지 않기 위해 앞으로 여러분에게 훌륭한 비밀을 넘겨드리겠습니다. 여러분에게 훌륭한 애국자가 누구인지 보여드리겠습니다.

마라는 코뮌의 위원 한 명이 자기가 보여준 애국심에 감동해서 이렇게 자신을 격려해주었다고 자랑했다.

"친구여, 늘 좋은 글을 쓰시고 사기꾼들의 가면을 벗겨주시오."

코뮌의 위원이 모두 자신을 적으로 생각하지 않았음을 확인한 마라는 신문을 받고 나온 뒤 『네케르를 공공의 법정에 고발함 *Dénonciation faite au tribunal du public contre Necker*』을 써서 재무대신 네케르의 정책을 매섭게 비난했다. 마라는 이 원고를 여남은 인쇄업자에게 돌렸으나 아무도 선뜻 인쇄해주겠다고 나서지 않자 비에유 코메디 길 39번지에 인쇄소를 차리고 직접 발간했다. 그는 코르들리에 선거구의 보호를 받았지만 정부와 국회의 미움을 샀다. 예를 들어 코르들리에 선거구 의회 의장인 당통은 샤틀레의 명령을 집행하러 간 병력을 가로막고 이렇게 말했다.

"만일 우리가 경종을 울리면 생탕투안 문밖에 사는 주민 2만 명이 몰려와 여러분의 낯빛을 하얗게 질리게 만들 것이오."

코르들리에 선거구는 1790년 1월 22일 국회에 대표를 보내 샤틀레 법원의 명령을 취소해달라고 간청했지만 국회는 다음과 같이 명령했다.

"국회의장은 코르들리에 선거구가 사회의 주요 원칙을 제대로 이해하지 못한다는 사실, 법원의 판결을 반드시 집행해야 한다는 사실, 그 누구도 그것을 방해해서는 안 된다는 사실, 그리고 그 선거구가 법원 관할구역 안에서 집행해야 할 명령을 인증하면서도 그 집행을 취소해달라는 취지로 내린 결정은 공공질서를 해치고 사회의 기본 원칙을 뒤집어엎는다는 사실을 일깨우는 공문을 보내도록 한다. 국회는 코르들리에 선거구가 법원 판결을 방해하는 대신 애국심을 발휘하여 판결을 집행하도록 도와주기를 기대한다."

마라는 배우 플뢰리 양의 집에 숨었다가 베르사유의 생루이 성당 사제 바세의 집으로 가서 숨었다. 그리고 결국 런던으로 도피해 거기서 『국민에게 고함*Appel à la nation*』, 『네케르를 다시 고발함*Nouvelle dénonciation contre Necker*』을 잇달아 내놓았다. 그는 1790년 5월 18일, 파리로 돌아가 『인민의 벗』을 다시 발간하기 시작했지만 여전히 국회의 체포 명령이 유효했으므로 숨어서 활동했다. 그는 세상 사람들이 자신에게 한 일을 이렇게 설명했다.

"내가 네케르를 고발한 뒤 그에게 아첨하는 글이 홍수처럼 쏟아져 나왔다. 수많은 모욕과 중상비방을 일삼는 사람들은 나를 무참히도 갈기갈기 찢어놓았다. 이러한 싸움에서 사람들은 입에 풀칠이나 하려고 일하는 사람보다 1,500만 리브르나 되는 재산을 주무르고 수많은 자리를 나눠줄 수 있는 사람 편에 서는 것이 훨씬 이롭다고 느꼈다."

1789년 7월 12일부터 혁명기의 첫 번째 우파 신문인 『국내 정치 신문 *Journal politique national*』이 한 주에 3회씩 발간되었다. 이 신문의 소유주는 반계몽주의자 사바티에 드 카스트르였으며, 그는 이름만 편집인으로 걸어놓고 대신 머리 좋기로 이름난 앙투안 드 리바롤이 대부분의 기사를 쓰도록 했다. 사바티에 드 카스트르는 7월 14일에 바스티유가 정복되자 외국으로 망명했기 때문이다. 리바롤은 이탈리아 출신 가정에서 1753년 6월 26일에 태어났다. 그는 아비뇽의 신학원에서 매우 우수한 신학생으로 공부했지만 사제가 되는 길 대신 문필가의 생활을 택했다. 그는 파리로 가자마자 곧 살롱에 드나들면서 음악예술 애호가, 재사, 뛰어난 이야기꾼으로서 경구와 조롱의 재능을 인정받았다. 그의 누나는 보베르 남작과 결혼했다가 나중에는 뒤무리에 장군의 애첩이 되었다. 리바롤은 1784년 베를린 아카데미에 「프랑스어의 보편성에 대한 논문」을 내서 주목받았다. 베를린의 대법관은 이 논문을 볼테르의 작품과 같은 수준으로 평가했다. 그는 경구와 재담에 능했기 때문에 파리 사교계에서 유명했고 혁명 전에는 정부의 지원을 받는 문학계 소식지 『메르퀴르 드 프랑스*Mercure de France*(프랑스 소식)』에도 잠깐 참여했다. 그는 1788년에 『우리의 위대한 인물들에 대한 작은 연감*Le petit almanach de nos grands hommes*』을 썼지만 오늘날 우리가 아는 계몽사상가보다는 평범한 사람들을 위한 작가와 시인을 다루었다.

리바롤의 경구를 몇 가지만 살펴봐도 그의 문체를 알 수 있다.

"마치 해가 지고 어둠이 깔리면 부엉이들이 좋아하듯 위대한 천재들이 사라지면 무능한 인간들이 득세한다."

"『법의 정신』은 나일 강 같다. 알 수 없는 곳에서 시작한 희미한 물길이 어느새 넓고 풍부한 물줄기로 도도하게 흐른다."

"장 자크 루소는 문체 속에서 외치고 몸부림친다. 그는 글을 쓰지 않는다. 그는 언제나 발언대에 서 있다."

"볼테르는 서사시를 흑연으로, 역사를 색연필로, 덧없는 시를 붓으로 그린다."

오늘날 볼테르와 몽테스키외와 장 자크 루소를 모두 훌륭한 계몽사상가로 아는 사람이 대부분이지만 당대에는 볼테르를 좋아하는 사람과 몽테스키외를 좋아하는 사람이 나뉘는 경향을 보여주었다. 리바롤도 볼테르보다 몽테스키외와 루소를 더 높이 평가했음을 알 수 있다. 다음의 일화도 계몽주의 시대 지식인들이 서로 좋아하고 싫어하는 인물에 대해 어떤 식으로 표현하는지 보여주는 예다.

어느 날 리바롤은 달랑베르와 만났다. 『백과사전』을 만드는 데 참여했던 수학자 달랑베르는 자연과학자 뷔퐁을 좋아하지 않았다. 그래서 달랑베르는 리바롤이 뷔퐁의 얘기를 꺼내자 이렇게 말했다.

"당신의 뷔퐁 백작에 대해서는 내게 말씀하지 마세요. 그 사람은 단순히 말이라고 불러도 좋을 것을 인간이 정복한 가장 고상한 동물이며 당당하고 혈기왕성한 동물이라고 불렀죠. 한마디로 말이라고 부르면 될 것을 그렇게 복잡하게 불렀죠."

"네, 옳은 말씀입니다. 저 바보 같은 시인 장 바티스트 루소처럼 말입니다. 그는 단순히 동쪽에서 서쪽이라 하면 될 일을 '동이 트는 신성한 가장자리부터 저녁노을이 활활 타오르는 가장자리까지'라고 했지요."

리바롤은 1789년 10월 말부터 나오는 『사도행전Actes des Apôtres』에도 참여했다. 그의 이름은 혁명기에 계속 등장한다. 특히 1792년 루이 16세를 재판할 때 비밀금고에서 나온 '왕실비' 목록에서 왕이 여론을 조작하는 데 돈을 썼다는 증거와 함께 여론 조작에 참여한 사람이 리바롤이었다는 사실이 드러났다.

수많은 신문이 겨우 몇 호에서 길어야 몇 달 동안 나오다가 사라지는 경우가 많았지만 『파리의 혁명*Révolutions de Paris*』은 두터운 독자층을 확보했다. 『프랑스와 브라방의 혁명들*Les révolutions de France et de Brabant*』을 발행하던 카미유 데물랭은 『파리의 혁명』의 독자가 20만 명이나 된다고 말했다. 정확한 수를 알기는 어렵고 데물랭이 과장했을 가능성도 있지만, 아무튼 『파리의 혁명』은 1789년 7월 12일부터 첫 호를 발행한 뒤 일주일 단위로 풍부한 정치 기사와 분석을 실었다. 그 발행인은 프뤼돔Louis-Marie Prudhomme이었다. 그가 혁명을 판단하는 방식을 보면 그 신문이 어떤 성격인지 짐작할 수 있다.

"이 세계를 껴안는 철학자는 모든 시대가 앞 시대를 이어받고, 수많은 제국이 나타나 세력을 넓히다가 서로 파괴하고 짓밟으며, 그 폐허에서 새 제국이 나타나고 사라지기를 거듭하는 것을 본다. 그리하여 철학자는 지금 일어나는 혁명을 보고서도 별로 놀라지 않는다. 그것은 겉보기에는 잇달아 권좌에 오른 군주와 대신들이 정치를 잘못했기 때문에 일어나는 것 같지만, 사실 신의 섭리의 변함없는 질서 때문에 일어난 것임을 철학자는 잘 알기 때문이다. 신이 마련한 질서는 변화무쌍함 속에서도 이 세상의 안정을 추구한다."

프뤼돔은 혁명을 당연한 것으로 보았으며 자신의 신문 제호 밑에 다음과 같은 글을 집어넣었다.

"거인은 우리가 무릎을 꿇었기 때문에 그렇게 보일 뿐이다. 그러므로 우리 똑바로 서자!"

프뤼돔은 엘리제 루스탈로, 실뱅 마레샬, 피에르 가스파르 쇼메트, 파브르 데글랑틴을 잇달아 고용해서 신문을 발행했다. 혁명가들 가운데 혁명의 흐름이 빨라지면서 더욱 과격파가 되거나 온건파가 되거나 또는 너무 소심해져서 결국 반혁명분자로 의심을 받듯이 프뤼돔도 공포정이 시작된 뒤까지 버티면서 1794년 2월 말까지 신문을 낸 뒤 더는 발간하지 않았다.

지금까지 겨우 몇 가지 신문만 살펴보았다. 혁명기에 새로 나오거나 혁명 전부터 나오던 것이 새로운 내용과 형식으로 발간된 것은 많았다. 그리고 아주 단명한 것도 많았다. 또 발행인의 정치적 생명이 다한 뒤 사라지거나 다른 발행인이 같은 제목으로 발행하는 신문도 있었다. 지방에서 발간된 신문 중에는 파리에서 성공한 신문의 기사를 받아서 다시 싣는 것도 있었다. 게다가 지방의 독자는 자기 지방에서 발간하는 신문을 읽으면서 혁명의 소식을 늦게 또는 왜곡된 형태로 접하는 경우도 많았다. 아무튼 혁명이 시작되면서 다양한 신문이 저마다 혁명을 지지하거나 반대하면서 목소리를 높이는 시대가 왔던 것이다. 그리고 신문은 분명히 사건의 흐름에 영향을 미쳤다.

2
불안한 국내 정세

모든 사람이 일치단결해서 혁명에 참여하면 얼마나 좋을까? 그런데 과연 그것을 혁명이라 말할 수 있을까? 이상하게 들릴지 모르겠지만 반혁명은 혁명보다 더 오래전부터 존재했다. 기존질서 속에서 특권을 누리던 사람들은 조그만 변화에도 반발하며 더욱이 혁명이 시작되기 전부터 반혁명세력, 아니 더 정확히 말해 수구세력이 되기 때문이다. 그리하여 이렇게 말할 수 있다.

"태초에 반혁명이 있었다. 그러던 어느 날 갑자기 뜻밖의 사건이 일어나고, 사람들은 그것을 혁명이라 했다. 그때부터 혁명이 아닌 것, 혁명에 저항하는 기존의 것을 반혁명이라 불렀다. 마치 새 체제가 생기면서 이미 존재하던 체제를 구체제라 부르듯이."

혁명이 단순한 사건이고, 반혁명은 단지 그 대척점에 있는 것이라면 비교적 실체를 파악하고 이해하기 쉬울 것이다. 그러나 혁명의 흐름을 방해하는 것이 어디 정치적 문제뿐이랴. 또 혁명기의 모든 사건이 작용과 반작용의 연쇄라면 차라리 혁명의 흐름을 이해하기 쉬울 테지만 실상은 그렇지 않아서 훨씬 복잡했다. 파리에서 일어난 일로 자극을 받아 다른 지방에서 그것을 본받고 모방하여 일어나는 일도 있었기 때문이다. 1789년 7월 파리를 본받아 지방 도시에서 일어난 혁명이나 농촌을 휩쓸고 간 대공포가 그러하다. 그 뒤 제헌의원들이 종교문제, 재정문제, 법원문제, 군사문제와 씨름하는 동안, 파리와 지방에서는 계속 크고 작은 소요사태가 잇달았다. 그것의 원인은 파리와 지방 사이의 생활필수품 공급문제, 지방정부가 혁명을 겪으면서 나타난 갈등, 다시 말해 한 지방에 2개 정부가 서로 정통성을 주장하면서 더욱 깊어진 원한, 왕당파와 애국파의 갈등이었다. 더욱이 애국파끼리도 갈등을 빚었는데, 애국파 가운데 질서를 존중하는 온건한 사람들과 어떻게든 혁명을 적극적으로 지지하고 지켜야 한다는 급진적인 사람들이 있었기 때문이다. 『파리의 혁명』(1790년 5월 1~8일)은 국회의 애국파 의원들 가운데에도 너무 자기중심의 사고방식에 젖은 사람이 많기 때문에 사실상 애국파라는 이름을 붙이기 어렵다고 말한다.

파리 북쪽의 베르농에서 일어난 사건은 생활필수품의 공급문제 때문에 일어났지만 그 과정에서 지방정부의 주도권을 다투는 사례를 볼 수 있다. 10월

28일, 파리 시장 바이이는 국회에 나가 파리 북쪽의 베르농에서 일어난 일을 보고했다.

"파리 시민 플랑테는 생활필수품을 공급하는 임무를 띠고 베르농에 갔다가 주민들에게 붙잡혔습니다. 물자 부족에 시달리던 주민들은 플랑테가 물건을 타 지방으로 빼돌려 자신들을 더 힘들게 만든다고 하면서, 플랑테를 목매달아 죽이려 했습니다. 다행히 그를 매단 줄이 두 번이나 끊어졌습니다. 군인들이 그 소식을 듣고 급히 그를 구하러 달려갔지만, 민중은 그를 놔주지 않았습니다. 국회가 베르농 시정부에 편지 한 통을 보내주면 베르농의 소요사태는 가라앉고 플랑테의 목숨도 구할 수 있으리라 믿습니다."

국회는 베르농에서 일어난 소요사태의 배경을 조사했다. 플랑테는 파리 코뮌의 생필품위원회가 파견한 사람이었다. 그가 베르농에 나타나자 베르농 주민들은 가뜩이나 생활이 어려운 판에 그가 파리로 생활필수품을 빼가기 때문에 더욱 어려워진다고 화를 냈다. 빵을 구하기 어려워 값이 치솟는 판에 불만이 쌓일 대로 쌓인 베르농 주민들이 격렬한 시위를 벌이기 시작했다. 베르농에는 예전부터 지방정부와 민병대가 있었지만, 7월 중순 이후 지방의 혁명을 겪으면서 자치정부가 생겼다. 이렇게 해서 10월 소요사태를 놓고 2개 정부가 서로 다투었다. 베르농의 혁명 자치정은 플랑테를 살려주려고 노력했다. 이 소식이 파리에 도착했을 때, 수도의 국민방위군이 플랑드르 연대의 병력을 지원받아 베르농으로 출발했다. 그들은 베르농에 들어가 계엄령을 선포한 뒤, 먼저 혁명정부의 권한을 정지시키고 옛 정부에 권한을 돌려주었다. 그리고 나서 주민총회를 소집해 새로운 지방정부 위원들을 뽑아 권위를 인정해주었다.

파리의 국민방위군이 개입해 사태를 수습하는 경우만 제외한다면, 베르

I at.

*Nau wie soll mir's gefallen, s'is
außer a Baeumche ohne Wurtzel, un
a Kaepla ohne Kopf.*

"자유의 나무", 1792년 괴팅겐에서 발행한 달력 그림.
프랑스 헌법이 전제정과 미신을 타파하고 새 시대를 열었음을 축하하는 내용이다.
삼색 표식과 빨간 모자 같은 프랑스 혁명의 상징이 두드러진다.
괴팅겐은 가까운 알자스로부터 프랑스 혁명의 표어인 "자유, 평등, 우애"와 함께 이 상징도 받아들였다.
이렇게 자유의 나무가 번식하긴 했지만, 반어적인 설명도 함께 따라다니는 경우가 있었다.
마인츠에서는 늙은 유대인이 재치 있게 "뿌리 없는 나무 위에 머리 없는 모자만 씌우면
어떻게 할 것인가?"라는 설명을 달아놓기도 했다(작자 미상, 프랑스국립도서관BNF 소장).

보르도의 성벽을 낀 항구 모습.

리옹의 론 강 나루.

생장 요새와 생니콜라 요새의 보호를 받는 마르세유 항구.

Citoyen Actif.

Le Prince des Aricots
reçu Citoyen a Gifle le 28 Fevrier

Citoyen Passif.

그림 왼쪽에서 오른쪽으로 능동시민, 귀족, 수동시민.
수동시민이 불만스럽게 팔짱을 끼고 보는 가운데
귀족이 능동시민에게만 사회적·정치적 역할을 맡긴다.

루이 16세의 재무대신 출신으로 1787년 이후 영국에 망명한 칼론.
1790년에 아르투아 백작을 위해 봉사하면서 1792년까지 '토리노위원회(망명자들의 반혁명세력)'를 이끌었다.
그는 정치적으로 실패를 거듭하면서도 막대한 재산을 망명자들을 위해 아낌없이 퍼부었다(BNF 소장).

제헌의회는 프랑스 주교 선출권을 바티칸으로부터 빼앗았다.
제헌의회는 옛 전국신분회 대표였던 장바티스트 조제프 고벨J.-B. J. Gobel을 파리 주교로 뽑았다.
그 뒤 고벨은 중요한 역할을 했다. 특히 오툉의 주교인 탈레랑을 도와
최초의 입헌파 고위성직자 서임 성사를 주관했다(파리 고문서보관소Archives nationales 소장).

농에서 일어난 일은 나라 전체에서 흔한 사례의 하나였다. 그런데 대부분의 지방은 생필품이 부족했기 때문에 경제적인 면에서 '우애'를 기대하기는 어려웠다. 당시의 보고서에서 이 같은 현실을 확인할 수 있다.

"루시용은 랑그도크 지방이 도와달라는 요청을 거절합니다. 오랑그도크 Haut-Languedoc는 그 지방의 다른 지역 주민들을 외면합니다. 부르고뉴는 리요네 지방을 외면하고, 도피네 지방은 외부에 문을 닫았습니다. 노르망디 지방의 어떤 지역에서는 파리에 보내려고 밀을 팔았다가 취소했습니다. 브르타뉴 지방의 해안 도시들은 생활필수품을 하나도 보급받지 못했습니다."

분명히 지난해보다 농사가 잘되어서 훨씬 많이 거두었고, 농가마다 곡식이 가득했다. 심지어 외국으로 수출도 했다. 어떤 이는 누군가 매점매석을 하기 때문이라고 생각했다. 또 어떤 이는 지역 이기주의 때문이라고 생각했다. 더욱이 구체제의 관행이 아직도 깊이 뿌리를 내리고 있고, 그러한 상황에서 농촌이 힘겹게 생산한 곡식을 파리처럼 특권을 누리는 도시가 앗아가는 착취구조가 작동하기 때문에 생필품이 제대로 유통되지 못했다.

봉건제의 잔재를 뿌리 뽑는 일은 여전히 힘겨웠다. 1790년 1월 중순에는 브르타뉴 지방, 부르고뉴 지방, 프랑슈 콩테 같은 곳에서 농민들이 들끓기 시작했다. 수많은 귀족이 지난해 7월 하순의 기억을 떠올리면서 영지에서 도시의 저택으로 피신했다. 마침내 1월 말, 브르타뉴 지방의 여러 곳에서 농민이 들고일어났다. 그들은 영주의 성관을 공격하고 약탈했다. 수많은 성관 중에서 방화로 불타버린 곳도 있었다. 봉기한 농촌의 인근 도시정부는 농민을 진정시키려고 위원들을 보냈고, 다행히 농민은 차츰 평온한 상태를 되찾았다. 신기하게도 성관을 공격한 사람들은 자신들이 저지른 일을 자발적으로 수습하고 성관을 원상태로 복구시켜주려고 노력했다. 그럼에도 농민 봉기의 불

길은 다른 곳으로 번졌다. 귀족들은 농민의 위협에 굴복하고 혁명에 동참하겠다고 맹세해야 했다. 일부 귀족은 대표를 지방정부에 보내 국민과 법과 왕에게 충성하겠다고 맹세했다. 브르타뉴 지방에서 일어난 농민 봉기는 이처럼 다행스럽게 끝났다.

1790년 2월 16일. 국회는 남쪽 지중해 연안의 베지에서 일어난 사건을 보고받았다. 베지에 입시세관원들이 소금을 몰래 사고파는 사람들을 파악했지만 쉽게 잡지 못했다. 세관은 그들을 밀매업자로 규정했지만 사실상 가난한 사람들이었다. 구체제 시대에도 가난한 사람들은 잡히면 큰 벌을 받을 줄 알면서도 등짐을 지고 국경이나 지역 경계의 산을 넘고 강을 건넜다. 이번에 밀매하다 들킨 사람들은 무기를 들고 세관원들을 공격했다. 베지에에 주둔한 메독 연대 지휘관 보드르는 시정부의 허가를 받지 않고 직접 밀매업자들을 잡으러 갔지만 허탕을 쳤다. 세관원들은 겁을 먹고 시청으로 피신했다. 연대장 보드르는 상업재판관이 단 한 명이라도 밤새 시청을 지켜야 한다고 주장했다. 그러나 그의 말을 듣는 이는 없었다. 오히려 민중은 세관원들을 내놓으라고 소리쳤다. 그들은 세관원이 가난한 사람들을 박해한다고 생각했음이 분명하다. 보드르는 세관원들을 가엾이 여겨 시청으로 들어가려는 민중을 한 시간이나 막으며 보호해주었다. 그러나 민중은 문을 부수고 들어가 세관원들을 잡으러 다녔다. 그리고 그들을 잡아서 끔찍하게 팔다리를 베고 다섯 명이나 목매달았다. 그 광경을 보던 사람들이 보드르에게 어떻게 좀 해보라고 간청했고, 보드르는 늦게나마 그들을 진압했다. 먼 남쪽에서 일어난 사건에 대한 보고를 들은 국회의원들은 격분해서 너도나도 앞 다투어 발언대에 올랐다.

먼저 메스 바이아주 제3신분 출신 에므리 의원이 나섰다. 장 루이 클로드 에므리는 1742년 메스에서 태어나 메스 고등법원에서 변호사로 일했다. 그는 자유가 필요한 것임에도 국시國是에 종속해야 한다고 생각했다. 그는 의정활동에 대해 개인적으로 수많은 기록을 남겼다.

나는 방금 몸서리치는 말을 듣고 할 말을 잃었습니다. 우리는 이 같은 일이 다시 일어나지 않도록 모든 수단을 찾아야 합니다. (……) 나는 행정부를 이끄는 왕이 소요사태를 막는 온갖 수단을 쥐고 있다고 생각했습니다. 관리들은 봉기가 일어날 때 군대의 지원을 요청할 수 있습니다. 이것이 원칙입니다. 그러나 관리들은 봉기의 표적이 될까봐 두려워하면서 군대의 지원을 요청하지 않습니다. 지금 지방정부조직법을 적용해서 새 정부가 들어섰습니다. 우리는 새 관리들을 믿어야 합니다. 그리고 곧 법원들도 새로 설립할 예정입니다. 그때는 우리를 괴롭히는 모든 악덕에 대처할 확고한 방법이 생기리라 믿습니다. 그러나 지금 일어나는 모든 폐단에 대처할 방편을 세워야 합니다. 나는 그 어떤 방법도 내놓지 못하겠습니다. 단지 헌법위원회에 내일까지 법안을 마련해달라고 요청합니다.

페리고르 출신 귀족 푸코 의원이 뒤를 이었다. 1755년에 태어난 루이 푸코 드 라르디말리 후작은 18세기 궁정에 세 번이나 들어간 가문 출신이었다. 군인 출신이며 전국신분회에 가지고 간 진정서에서 그는 신분별 투표를 옹호했다. 한마디로 보수 성향의 의원이었다.

"나는 어제 보고위원회에 들렀습니다. 거기서 내 고장 페리고르에서 일어난 봉기에 대해 자세히 알았습니다."

푸코 후작은 페리고르의 영주들의 성관이 불에 타고 '도적떼'는 마치 국회와 왕으로부터 자기네 행동에 대해 승인을 받았다는 듯이 행동했다고 말했다. 그들은 지주들의 문서를 빼앗아가지고 '5월의 나무Arbre de mai' 아래 모아놓고 불살라버렸다. '5월의 나무'는 만물이 소생하고 나무에 잎이 돋는 5월의 생명력을 기리는 나무였다. 이 나무를 심는 전통은 교회가 옛날부터 뿌리 뽑으려던 민간전승의 하나였지만 계속 살아남았고, 어느 지방에서는 공적인 인물을 기릴 때 그의 집 앞에 나무를 심어주는 방식으로 변형되기도 했다. 페리고르의 농민은 '5월의 나무' 위에 이렇게 써놓았다.

"왕과 국회의 명령으로 모든 지대地代를 영원히 지불했노라."

1789년 8월 4~11일의 봉건적 특권을 포기하는 법이 나온 뒤 후속조치를 제대로 마련하지 않았기 때문에 농민이 화가 났던 것이다. 그러나 푸코 후작은 국회가 단호한 조치를 취해야 한다고 주장했다.

"이러한 행위에 대해 즉시 처방이 필요합니다. 기병대로 하여금 기마순찰대를 지원하도록 해야 합니다. 폭력을 써서라도 폭력적인 행동을 억눌러야 합니다. 군부대를 도시에 주둔시키고 인근 농촌과 긴밀히 연락하게 해야 합니다. 아무리 '농민들에게 드리는 글'이나 발표하면 무슨 소용이 있습니까? 무력으로 막는 것이 더 훌륭한 방법입니다."

그레구아르 의원은 페리고르 후작의 의견에 찬성하는 의원들이 있다고 하더라도 겁나지 않는다고 운을 뗐다. 낭시의 종교인 대표로 제헌의원이 된 바티스트 앙리 그레구아르 신부는 랑쥐네 의원을 사귀고 그에게 이끌려 브르통 클럽에 드나들었다. 그는 1789년 7월 3일과 18일에 국회 총무로 선출되었고 1791년 1월 18일에는 국회의장이 되었다. 그러니까 그가 발언한 날은 국회의장직에서 물러난 지 20일도 안 된 때였다. 앞으로 보겠지만 그도 발언대에 자주 오른 웅변가였다.

덕은 자연스럽게 이성의 빛과 자유의 편입니다. 푸코 의원이 말씀한 사건에 대한 문서는 어제 보고위원회가 입수한 것으로서, 우리는 그 문서를 면밀히 검토하겠습니다. 우리는 헌법위원회와 협력해서 문서를 검토한 결과를 내일 2시에 이 자리에서 보고하겠습니다. 오늘 여러분께 바라는 것은 다량으로 퍼뜨리는 중상비방문 때문에 이러한 사건이 일어난다는 사실을 직시해달라는 것입니다. 그리고 여러분이 만든 법령에 대해 민중이 제대로 알지 못하기 때문에 일어나기도 합니다. 나는 작년 7월에 이러한 소요사태가 같은 날 수많은 지방에서 한꺼번에 일어났음을 지적합니다. 이처럼 소요사태가 닮은꼴이라는 사실에 주목할 필요가 있습니다.

그레구아르 신부는 중상비방문이 사건을 부추기며, 여러 지방이 서로 모방한다는 사실과 함께 국회의 법을 널리 홍보해야 한다는 사실을 분명히 지적했다. 푸코 후작은 빨리 진압해야 한다는 처방을 제시했지만, 그레구아르 신부는 원인을 분석하고 법치주의를 강조했던 것이다. 파리 국민방위군 사령관 라파예트 의원이 나섰다.

인류의 친구들이 우려하는 무질서한 사태가 발생해 나라를 휩쓸고 있습니다. 자유의 친구들도 우려합니다. 그들은 그것이 자유를 위협한다고 생각하기 때문에 걱정합니다. 민중의 친구들도 우려합니다. 민중의 안녕과 존속이 위태로워지기 때문입니다. 사람들은 민중이 무슨 죄나 지은 양 혐의를 씌우기 좋아하는데 우리가 그들을 보호해줘야 합니다. 민중은 질서를 되찾아달라고 요구하고 그날만 기다립니다. 그들은 필요한 힘을 갖춘 지방정부 관리들이 그렇게 해주기 바랍니다. 만일 지방정부 관리들이 의무를 소홀히 하는 대신 인기에 영합한다면 그들이야말로 죄를 짓는 것입니다. 그들은 행정부가 질서를 되찾아주기를 기대합니다. 질서는 폐허에서 찾는 것이 아니라 마땅히 그것이 있어야 할 곳인 헌법에서 찾아야 합니다. 질서는 헌법에 의해 그리고 헌법을 위해 존재합니다. 지금 우리가 마주하는 문제에 대해서는 에므리 의원의 말대로 헌법위원회가 안을 마련하도록 기다려줘야 합니다.

라파예트의 말이 끝나자 '프로방스의 햇불'이라는 웅변가 미라보 백작은 헌법위원회가 명령이 아니라 법을 제정할 안을 만들어야 하고, 특히 민간 관리들이 맡은 수단을 사용하지 않으려 드는 경우에 대한 대책을 마련해야 한다고 주장했다.

이처럼 국회는 헌법을 제정하는 일도 힘겨워했는데, 더욱이 프랑스 전역에서 계속 민중이 들고일어났기 때문에 더욱 힘들었다. 지방 도시와 농촌에서는 대체로 빵값이나 생활필수품 때문에 들고일어났으며, 툴루즈나 님 같은 곳에서는 종교적인 문제도 소요사태의 중요한 동기가 되었다. 마르세유에서도 왕당파와 혁명 지지자가 충돌했고, 교황령 아비뇽은 교황의 지배에서 벗어나 프랑스에 통일되고, 프랑스 헌법을 적용해 시정부를 세우려고 노력했다. 몽토방, 바 리무쟁Bas Limousin 같은 곳에서도 사람들이 피를 흘려야 했다. 한마디로 혁명이 진행되는 1790년은 화합보다는 극복해야 할 불화가 훨씬 더 많은 한 해였다.

3
불안한 국제 정세

1790년 5월, 북유럽은 전쟁상태에 있었다. 예카테리나 황제는 터키와 평화조약을 체결하지 못한 채 스웨덴과 핀란드에서 전쟁을 계속했다. 러시아 군대는 폴란드 국경도 노렸다. 폴란드 의회가 모여서 군대를 조직하는 문제를 토론했지만, 공화파 귀족은 국내의 혼란때문에 쉽게 결정을 내리지 못했다. 농민은 자유를 요구하고, 도시의 부르주아들도 자기네 지위를 높이려고 노력했기 때문이다. 폴란드는 프로이센과방위조약을 맺었고, 프로이센은 폴란드를 지켜주려고 무장했다. 한편 프로이센이 무장한 것은 신성로마제국 황제로 하여금 터키와 평화조약을 맺도록압력을 넣으려는 속셈 때문이라는 소문도 돌았다. 당시 신성로마제국 황제는 2월에 세상을 뜬 요제프 2세의 동생인 레오폴트 2세였다. 그는 토스카나대공으로서 사형제도를 최초로 폐지한 사람이었다. 만일 그가 좀더 오래 살았다면 유럽의 국제관계가 달라질 가능성도 있었겠지만 그는 2년 뒤에 사망했다. 아무튼 1790년 초반에 새 황제와 프로이센 사이에는 협상의 가능성이열려 있었다. 그리고 두 군주가 보헤미아에서 만난다는 소식도 들렸다.

이때 영국은 오늘날 캐나다 밴쿠버 섬의 누트카 만에서 무장선단을 꾸렸다. 에스파냐 함대에 붙잡힌 자국 함대의 배상을 받으려는 목적이었다. 스웨덴과 러시아의 전쟁소식은 네덜란드에서 발행하고 프랑스에서도 두터운 독자층을 확보한 『가제트 드 레드*Gazette de Leyde*(라이든 신문)』 같은 데서 계속전했지만, 아메리카에서 일어나는 일은 유럽에서 일어난 사건보다 제때에알기 어려웠다. 그러므로 5월 14일에 국회의장이 누트카 만 사건에 대해 외무대신 몽모랭이 설명한 편지를 읽었을 때, 국회는 발칵 뒤집혔다. 영국과 프랑스, 프랑스와 에스파냐의 관계를 생각하면 국회의원들의 반응을 쉽게 이해할 수 있다. 프랑스와 에스파냐는 부르봉 왕가의 친척관계, 이른바 '가문협정'의 관계였으며 영국은 7년 전쟁이나 아메리카 독립전쟁에서 프랑스의 적대국이었다. 게다가 유럽의 식민지에서 일어나는 분쟁은 유럽의 열강이 외면할 수 없는 현실이었다. 몽모랭은 이렇게 썼다.

> 전하는 이웃 나라에서 부랴부랴 선원을 모으고 선단을 무장하는 것을 보시며 몹시 걱정하십니다. 전하는 나라의 안전을 보살피는 것이야말로 당신의 첫째 의무이며, 모든 수단을 동원해 이 의무를 수행해야 한다고 생각하십니다. 그리하여 전하는 필요한 명령을 내리셨으며, 대서양과 지중해의 항구에서 전함 14척에 전투준비 태세를 갖추도록 하셨습니다. 그리고 분쟁지역의 해군 지휘관들에게도 군사력을 증강하는 수단을 강구해 필요할 때 적절히 활용하라고 명령하셨습니다.
> 전하는 이러한 명령에 대해 국회에 알려드리라고 내게 분부하셨습니다. 전하는 이처럼 해군을 무장시키는 명령이 오로지 예방조치로 내린 것일 뿐임을 알아주기를 바라십니다. 전하는 런던의 정부가 확신시켜준 대로 평화를 확실히 지키기를 희망하십니다. 해군을 무장시키는 이유는 단지 영국과 에스파냐의 분쟁 때문이라는 사실을 전하는 강조하십니다.

영국 정부와 에스파냐 정부가 전쟁을 막으려고 협상을 벌이고 있지만, 루이 16세는 국가 안보를 지키려고 해군에 준비를 시켰음을 국회의원들이 이해해주기를 바랐다. 루이 16세는 에스파냐와 영국 사이에서 전쟁이 일어나지 않도록 중재 역할을 잘 수행할 것이며, 에스파냐와 영국도 평화의 중요성을 인식한다는 것이었다.

전하는 전쟁이 얼마나 끔찍한 불행을 가져다줄 것인지 잘 아시기 때문에, 우리나라가 전쟁에 끌려들어가는 것이 몹시 고통스러운 일이라고 생각하십니다. 전하는 전쟁을 막으려고 그 어떤 노고나 비용도 아끼지 않으실 것입니다. 그래서 전하는 이 편지의 첫머리에서 말씀드린 조치를 취해야 한다고 믿으셨던 것입니다. 그런데 이러한 조치를 취하려면 해군부에 특별예산이 필요할 것입니다. 전하는 국민의 대표들이 보여준 애국심을 굳게 믿으시면서, 의원들이 현 상황에 대해 아는 즉시 이 문제에 대한 특별법을 서둘러 마련해주리라 확신하십니다.

국회의장이 이 편지를 다 읽은 뒤, 몇몇 의원이 잇달아 발언권을 신청했다. 의장은 발언할 의원 명단이 있으니 순서를 지키라고 말했다. 샤를 드 라메트 의원은 곧바로 항의했다. 3형제가 함께 아메리카 독립전쟁에 참가했고, 동생 알렉상드르와 제헌의원으로 활동한 샤를 말로 프랑수아 드 라메트는 18세기에 여섯 번이나 궁에 들어간 귀족 집안 출신이었지만 1788년에 '흑인의 친구 협회' 회원이 될 만큼 새로운 사상을 받아들였다. 그는 동생 알렉상드르와 마찬가지로 국회에서 자주 발언한 의원이었다.

"도대체 방금 읽어준 편지에 대한 발언권을 신청한 사람들의 명단이 있다니, 이게 과연 믿을 수 있는 말입니까? (……) 국회가 어떤 사실을 알기도 전에 누군가 그 사실에 대해 자기 의견을 결정했다면, 또 이 사실을 알기 전에 발언자 명단을 작성했다면 의사표현의 자유는 어떻게 되는 것입니까?"

크리용 백작이 말했다. 형인 크리용 후작과 함께 제헌의원으로 활동한 프랑수아 펠릭스 도로테 브르통 데 발브 크리용 백작은 장군 출신이며 1788년 명사회에도 참여했다. 1789년 국회가 파리에 정착한 뒤에는 보수 성향인 발루아 클럽의 회원으로 활동했다.

"오늘 아침, 의원 20명 정도가 와서 의장에게 온 편지에 대해 발언권을 신청했습니다. 이것은 국회에서 늘 이용하는 방법입니다."

의원들이 명단을 공개하라고 요구했다. 미라보 백작이 일어섰다.

"명단을 읽어준다고 뭐가 달라질지 모르겠습니다. (……) 우리가 이 자리에서 결정해야 할 일이 있습니다. 앞으로 왕이 보낸 편지에 대해서는 그다음 날 토의하기로 결정합시다. 그러나 현재 이러한 법이 없고 지금의 편지는 아주 중요하기 때문에, 지금 당장에라도 이 문제를 토론해도 무방하다고 봅니다. 그리고 의원들이 잇달아 요구하는 데 대해, 그리고 의장이 그 요구를 듣고 내리는 결정에 대해 말하는 방법이야말로 이 토론을 끝내는 길이라고 생각합니다."

의원들은 다음 날부터 왕에게 답할 내용을 토의하기로 결의했다. 대부분의 의원은 몹시 흥분했으며, 좌파 의원들은 그 사태를 아주 고통스럽게 여겼다. 당장 그날 저녁, 자코뱅 클럽에서 헌우회가 모여 몽모랭이 보낸 편지를 안건으로 삼아 토론을 벌였다. 극작가인 루이 세바스티앵 메르시에가 창간하고 장 루이 카라와 함께 발간한 『애국문예신문Les annales patriotiques et littéraires』(226호)에서 카라는 그날 발언한 사람들의 말을 옮겼다.

"전쟁과 평화에 대한 권리, 외교적 동맹권은 모두 국민에게 속했습니다. 국회는 모든 종류의 법을 발의할 수 있는 권한을 가졌으며, 국회만이 이러한 사태에 대응할 조치를 결정할 수 있습니다."

"대신들은 오직 국회의 활동을 방해하고, 아시냐의 신용을 떨어뜨리고, 우리에게 남은 마지막 빵 조각을 빼앗고, 항구와 해상무역의 도시를 파괴하고, 국가를 파산상태로 몰아가고, 헌법을 파괴하려는 속셈으로 전쟁을 부추깁니다."

당시 수많은 파벌 가운데 왕비의 측근들을 '오스트리아 위원회'라 불렀는데, 이들이 전쟁을 부추긴다고 주장하는 사람도 있었다.

"이러한 수작은 튈르리의 오스트리아 위원회 작품입니다."

어떤 사람은 단결을 하자고 외쳤다.

"모든 도시의 상인, 연맹파 국민방위군, 전선의 용감한 병사, 지방정부의 품위 있는 관리, 그리고 애국협회를 만든 시민 여러분, 우리 모두 뭉칩시다. 대신들의 믿을 수 없는 계획과 그들에 맞서 고함을 칩시다. 왕의 근처에서 끊임없이 귀족의 독기를 뿜어내는 그들을 몰아냅시다."

1790년 5월 15일, 국회에서는 전쟁과 평화의 권리에 대한 토론이 벌어졌다. 원칙상 1년 전만 하더라도 절대군주는 전쟁과 평화의 원천이었고 법의 원천이었다. 실제로 루이 16세는 대신들의 말을 들었지만, 어쨌든 그가 원했기 때문에 프랑스는 1778년 아메리카 독립전쟁에 참전했다. 그러나 1790년 그는 입헌군주가 되어 있었다. 헌우회에서 누군가 말했듯이, 전쟁과 평화의 권리는 그의 손에서 빠져나갔다. 물론 우파 의원들은 그 사실을 인정하려 들지 않았고, 그 때문에 국회에서는 한바탕 격렬한 토론이 벌어졌다. 먼저 케르시 출신의 귀족 비롱 공작이 나섰다. 그는 정식 칭호가 로청과 비롱 공작 아르망 루이 드 공토다. 18세기에 로청 공작 칭호를 덧붙인 그의 가문은 18세기에 열두 번이나 궁에 들어갔다. 1773년에 프리메이슨 단원이 되었고 1788년에 '헌법클럽'의 회원이 된 그는 자유와 혁명을 지키려면 힘이 있어야 하며, 에스파냐가 든든한 우방이므로 도와야 한다고 강조했다.

"나는 다음과 같은 안을 올리겠습니다.

국회의장은 왕에게 그가 프랑스와 무역을 안전하게 지키려고 취한 조치에 감사하고, 영국과 에스파냐의 협상에 노력한 데 대해 감사하도록 한다. 그리고 국회는 전하가 해군부에 필요한 모든 조치를 취해달라고 간청한다."

그르노블에서 1754년에 태어난 비리외 백작은 1768년 흑총사*로 군 경력을 시작한 뒤 1778년 부연대장, 1786년 루아얄 리무쟁 연대 연대장으로 승진했다. 그동안 그는 여러 도시에서 프리메이슨 단체에 가입해 활동했으며 지방의회를 열렬히 지지했다. 그는 비롱 공작의 안에 동의했다. 알렉상드르 드 라메트가 발언대에 올랐다.

"나는 우리가 결정할 의제를 찾기 위해 발언권을 신청했습니다. 맞습니다. 왕이 내린 조치를 비난할 사람은 한 사람도 없습니다. 우리는 지금 이 문제를 논의할 수 있겠지만, 이 문제는 원칙의 문제로 넘어가게 마련입니다. 우리는 원칙의 문제를 먼저 토론해야 합니다. 국회가 과연 적임자인가, 주권자인 국민은 전쟁과 평화의 권리를 왕에게 위임해야 하는가, 이것이 바로 우리가 답을 구해야 할 문제입니다."

우파 의원들이 아우성을 치면서 라메트의 발언을 오랫동안 방해했다. 라메트는 다시 입을 열었다.

"우리는 현 상황이 만들어낸 문제를 논의하기 전에 바로 이 문제를 다루

---

* 화승총으로 무장한 부대를 총사대라 불렀는데, 나중에 그들이 탄 말에 회색 옷을 입힌 부대를 회색총사대라 하고, 검은 말을 탄 부대를 흑총사대라 불렀다.

어야 하며, 그것은 지극히 간단한 일입니다. 만일 그렇게 하지 않는다면, 우리는 외무대신의 편지에 대해 속단하게 됩니다. 우리가 해군부에 특별보조금을 주는 데 동의한다면, 우리가 신중하게 정해놓았던 선 밖으로 국민을 끌어낼 수 있습니다. 그러므로 우리가 어떤 선입견을 갖기 전에 모든 상황을 알아야 합니다. 그 선행조건에 대해 알아야 합니다. (……) 선전포고를 해야 할 이유가 있을 수 있습니다. 여러 나라의 이해관계를 조정하는 일도 가능합니다. (……) 그러나 국회는 왜 우리가 무장을 해야 하는지 알아야 합니다. 국회는 전쟁과 평화의 권리를 왕에게 넘겨줄 수 있는지 검토해야 합니다. 국회에서 이 문제를 다루는 일에 의심할 사람은 하나도 없습니다. 가장 훌륭한 시민 수천 명을 가정의 품에서 멀리 떠나보내 피를 흘리게 하고, 국가의 재산을 위험에 빠뜨릴 권리가 과연 누구에게 있는지 알아야 합니다. 이런 끔찍한 권리를 왕에게 맡길 수 있습니까? 따라서 나는 먼저 이 헌법상의 문제를 토론하자고 요청합니다. 왕은 이미 무장하라고 명령을 내렸기 때문에, 우리가 행동해야 할 때 의결하라고 말할 사람은 아무도 없습니다."

의원들은 라메트의 말에 우레와 같은 박수로써 답했다. 구체제에서는 중농주의자로 진보적인 지식인이던 피에르 사뮈엘 뒤퐁 드 느무르는 알렉상드르 드 라메트의 안을 3주 뒤에 다루자고 제안했다. 훗날 미국 뒤퐁 나일론 창업자의 조상이 될 그는 루이 16세의 권리를 지켜주려고 어떻게든 시간을 끌고자 다른 미끼를 던졌던 것이다.

"그 문제는 확실히 가장 중요합니다. 그러나 지금 원칙에 대한 사상을 논할 자리가 아닙니다. 먼저 시급한 문제부터 검토합시다."

라메트, 뒤포르와 '삼인방'을 이끄는 바르나브도 국회에서 가장 발언을 많이 한 의원 50여 명 이내에 들었는데 그가 일어나지 않을 리 없었다. 그는 중도좌파 성향을 보여주면서 1790년의 정국에 영향을 끼쳤다. 그는 원인보다 결과를 먼저 보여줘야 한다면, 라메트가 제기한 문제도 맨 나중에 논의해야 한다고 운을 뗐다.

"그러나 우리가 사물의 자연스러운 순서를 논의하고자 한다면, 먼저 우리가 무장의 필요성에 동의하거나 반대할 권리를 가졌는지 결정해야 한다는 사실을 쉽게 알 수 있습니다. 대신들이 이 권리를 가로챈 이 시점에, 우리는 그 권리가 과연 누구의 것인지 따져야 합니다. 이 문제를 따지지 않는다면 우리는 비난받아 마땅합니다. 왜냐하면 외무대신 몽모랭은 그 문제를 자기 멋대로 해석했고 사실상 전함 14척을 무장시켰다고 말했기 때문입니다. (……) 이 문제를 3주 미룬다면, 우리의 의사와 관계없는 결정을 내리게 될 것입니다. (……) 여러분은 대신들의 믿을 수 없는 간계에 저항할 수단을 잃게 될 것입니다. 여러분은 스스로 전쟁에 휩쓸려 헌법마저 위태롭게 만들 것입니다. (……) 원칙을 토론하는 데에는 3주가 아니라 3일이면 충분합니다. 나는 라메트가 발의한 안을 채택할 것을 요청합니다."

알랑송의 제3신분 의원인 구피 드 프레펠른은 지금은 원칙을 따질 때가 아니라고 말했다. 기욤 프랑수아 샤를 구피 드 프레펠른은 할아버지와 아버지가 모두 변호사인 집안에서 1727년에 태어났고 전국신분회에 나갈 때에는 상당히 고령이었다. 그는 1748년 아르장탕의 민형사 대리인으로 출발해 1762년 루앙 고등법원의 서기장이 되었고, 1771년부터 1774년까지 루앙 고등법원 판사로 일했다. 그도 자주 발언하는 의원이었다.

"일부 의원은 대신들이 설치한 덫을 고발했습니다. 나보다 더 대신들을 두려워할 사람은 없으리라 믿지만, 그들을 늘 의심할 필요는 없다고 생각합니다. 외무대신 몽모랭은 애국심이 넘치는 말로 편지를 썼습니다. 왕은 영국 왕과 평화상태를 유지하는 협상을 시작했다고 말했습니다. 그리고 에스파냐의 왕과도 평화를 지키라고 요구했다고 합니다. 왕이 중재하는 안대로 된다면 전쟁은 일어나지 않을 것입니다. 왕이 전함 14척을 무장시켰다 할지라도 그것은 단지 평화를 지키려는 목적 때문입니다. 그러므로 대신의 편지만 가지고 섣불리 판단하지 말아야 합니다. 나는 사법개혁을 마무리한 뒤에 이 문제를 다루자고 수정안을 내겠습니다."

아르투아의 제3신분 출신 로베스피에르 의원이 나섰다. 막시밀리엥 마리 이지도르 로베스피에르는 1758년에 아라스의 변호사 집안에서 태어났다. 1765년 아라스의 오라토리오회 중등학교에 입학했다가 1769년부터 1781년까지 생바스트 수도원의 장학금 450리브르를 받고 파리의 루이 르 그랑 중등학교로 가서 공부했으며 거기서 카미유 데물랭을 만났다. 1781년에 법학사 학위를 받고 파리의 변호사 자격을 얻었다. 그는 12년 동안 루이 르 그랑에서 품행이 방정했다는 이유로 600리브르를 특별상금으로 받기도 했다. 그는 처음부터 '조국'과 '애국자'라는 말과 함께 '민중'이라는 말을 많이 썼다. 연단에 자주 오른 53명에 속한 그는 언제나 불에 기름을 붓는 연설을 많이 했다. 그러나 좌파 성향의 그는 제헌의회에서 외로운 연사였다.

지금이 전쟁과 평화의 권리가 누구에게 속한 권리인지 판단해야 할 순간이라면, 이 권리를 행사하는 문제에 대해서도 논의해야 할 시간입니다. 여러분은 자신의 권리가 무엇인지 알지도 못하면서 어떻게 조치를 취한다고 하시겠습니까? 최소한 우리나라의 행복을 추구할 권리가 대신들에게 있다고 임시로 결정해야 합니다. 전쟁이란 제멋대로 여러 나라를 적대시하는 권력을 지켜주는 수단이라고 믿지 않으십니까? 그 권력은 여러 가지 결정을 내려야 할 문제를 멋대로 제시하려고 합니다. 나는 여러분이 동기도 제대로 알지 못하는 전쟁에 뛰어드는 대신 평화를 유지하시라고 주장합니다. 무장에 필요한 보조금을 허락하고 인정해주는 대신 그보다 더 큰 행동을 해서 더 큰 충성심을 보여주시기 바랍니다. 예를 들어 여러 민족을 불행하게 만드는 원칙과 아주 다른 원칙을 따르는 프랑스 국민은 자유로운 상태에 만족하면서 어떠한 전쟁에도 휩쓸리지 않는다는 사실, 그리고 자연의 명령을 좇아 모든 나라와 화목하게 지내기로 했다는 사실을 여러 나라에 보여주시기 바랍니다. 그러면 다른 나라도 프랑스를 보호해줄 것입니다. 왜냐하면 그들은 프랑스가 이 세상의 자유와 행복을 위해 노력한다는 사실을 인정해줄 것이기 때문입니다. 그러한 조치를 취하는 것이 유익하다고 인정하는 사람들은 그 조치를 취할 권리가 국민에게 있음을 알 것이며, 그렇다고 결론을 낼 것입니다. 따라서 우리가 필요한 조치를 검토하기 전에 전쟁과 평화의 권리가 왕에게 속한 권리인지 검토해야 합니다.

중도파에서 중도우파 쪽으로 기울던 미라보 백작은 조금 미묘한 차이를 보여주었다. 그의 목적은 혁명과 루이 16세를 적절히 화해시키는 데 있었기 때문이다.

그는 외무대신의 편지에서 왕이 전한 사연은 선전포고와 아무런 관계가 없다고 하면서, 전쟁과 평화의 권리가 국민에게 있다고 하더라도, 왕이 무장하라고 조치할 수 있다고 옹호했다. 그는 왕이 국내외 영토와 바다를 지키려고 대비할 권한을 가지며, 임시결정권을 발동해서 무장을 합법적으로 명령할 수 있다고 전제한 뒤, 왕이 요청한 전함 14척의 무장을 국회가 승인해줘야 한다고 주장했다. 영국이 무장하면 전함 14척만 가지고 대적하기 어려운 존재가 될 텐데, 이 시급한 상황에서 전함을 무장시킬 예산을 승인해주지 않으면 어떻게 할 것인지 걱정했다. 그는 왕이 특별기금을 요구하면서 국민에게 중대한 경고를 해준 것에 감사해야 한다고 왕을 두둔했다.

그 누구도 배 14척을 무장시킨다고 해서 헌법을 위태롭게 만들 거라고 생각하지 않습니다. 헌법의 문제를 판단해보아도 왕은 그가 할 일을 할 수 있을 것입니다. 그는 마땅히 취할 조치를 취할 수 있을 것입니다. 여러분은 왕이 전한 말을 기탄없이 검토할 수 있습니다. 그러므로 문제는 왕이 무장을 명령할 수 있느냐를 알아야 하는 것이 아닙니다. 그가 요구한 자금이 꼭 필요한지 아는 것이 문제입니다. 내 결론은 왕의 요구를 즉시 논의해야 한다는 것입니다.

도피네 출신 귀족 의원 델레 다지에는 라메트 의원의 안에 동의한다고 말했다. 곧이어 콜마르 출신 제3신분 의원 뢰프벨이 나섰다. 그는 미라보 백작의 주장을 반박하면서, 국회가 이유도 모르면서 왕이 요구한 돈을 승인해줄 수 없다고 주장했다. 그는 전쟁의 원인을 낱낱이 알고 나서 승인을 할지 말지 결정해야 한다고 말했다. 프랑스가 이유도 모르면서 단지 에스파냐와 동맹국이라는 이유로 영국과 전쟁을 할지 모르니 정신 차리자고 말했다. 6개월 전에는 영국이 프랑스에 전쟁을 일으킬 것이라는 말이 있었지만, 그런 일은 일어나지 않았으며, 오히려 지금 프랑스가 영국과 전쟁을 하겠다고 나서는 일이 벌어졌다면서 결론 삼아 이렇게 말했다.

우리의 동맹국(에스파냐)을 더는 정당한 국가로 인정하지 맙시다. 가문 협약, 국민의 동의를 받지 않고 대신들이 일으키는 전쟁을 더는 인정하지 맙시다. 그것은 쓸데없이 피와 황금을 낭비하기 때문입니다.

외무대신은 편지에서 왕이 영국과 에스파냐를 화해시키지 못할 경우 영국과 전쟁할 것이라고 했습니다. 그러므로 우리는 이 전쟁의 원인을 검증해야 합니다. 우리가 그 원인을 검증할 권리가 있는지 알아야 합니다.

투렌 출신 귀족 므누 남작은 미라보 백작의 발언을 상기시키면서 이렇게 물었다.

"우리가 왕이 요구한 특별예산을 임시로 인정해준다면, 과연 정의와 윤리를 거스르는 전쟁에 휩싸일 위험을 두려워하지 않을 수 있을까요? (……)

그래서 나는 우리가 전쟁과 평화의 권리에 대해 확실히 규정하고 나서 두 나라 가운데 어느 나라가 잘못했는지 따져야 한다고 생각합니다. 만일 에스파냐가 잘못했다면 에스파냐를 설득하고 영국이 잘못했다면 영국을 설득해야 합니다. 그러나 영국이 평화를 거절한다면 전함 14척뿐만 아니라 육군과 해군의 모든 병력도 무장시켜야 합니다. 그렇게 해서 유럽 여러 나라가 우리의 전쟁이 한낱 대신이 일으킨 전쟁이 아니라 국민의 전쟁임을 알게 해야 합니다."

므누 남작의 말에 감동한 의원들이 환호하면서 동의했다. 므누 남작은 같은 취지로 계속 발언했다. 미라보 백작은 자신이 발언한 내용을 므누 남작이 문제 삼자 자존심이 상했는지 다시 발언대에 올랐다. 그러나 에기용 공작이 므누 남작을 편들고 나섰다. 미라보 백작은 간단히 제안하고 발언대에서 내려갔다.

"나는 내 의견은 아니지만 내가 동의하고 여러분의 의견도 모을 수 있는 간단한 안을 하나 내놓겠습니다. 그것은 왕의 조치를 승인하는 동시에 내일부터 그 권리가 헌법상 누구에게 속한 것인지 토론하자는 안입니다."

그 뒤에도 여러 의원이 발언하고 토론했지만, 그날은 미라보 백작이 제안한 내용을 정리하여 만장일치로 가결했다.

"국회의장은 오늘 왕에게 가서 평화를 유지하려고 내린 조치에 감사하고 내일, 5월 16일, 전쟁과 평화에 대한 헌법상의 문제를 다음과 같이 의사일정에 올리기로 의결한다.

국민은 전쟁과 평화의 권리를 왕에게 대신 행사하게 할 수 있는가?"

5월 16일은 일요일이었음에도 국회는 11시에 오전회의를 시작했다. 이 문제는 아주 중요했기 때문에 그날 하루에 다 다루기는 어려웠다. 그리하여 5월 23일까지 계속 토론하는 데 수많은 의원이 참여했다. 그들 중에는 앞에서 이미 나온 얘기를 반복하면서 거드는 차원의 발언도 많았다. 그러나 시간이 흐르는 동안 제헌의원들은 결론을 향해 한 걸음씩 나아갔다.

니베르네 출신 귀족 의원 세랑 백작은 혼란을 피하려면 문제를 단순화시켜야 한다면서 이렇게 주장했다.

"국민의 우두머리와 국민의 대표 중 누구에게 전쟁과 평화의 권리가 속했는지, 그리고 그 권리를 행사하는 주체는 누구인지 검토해야 합니다. (……) '국민은 누구에게 그 권리를 맡겨야 하는가?' 국민은 자기 재산과 명예가 위험해질 때에만 평화를 포기해야 합니다. (……) 국민의 이익을 생각하면 평화조약을 맺을 권리를 군주에게 맡겨야 합니다. 그는 이 권리를 남용하지 않을 것입니다. 그의 명예와 제국의 명예는 같은 것이니까요. 무역조약에 대해서도 단 한마디만 하겠습니다. 왕이 협상을 해야 합니다. 그리고 입법기관은 그 결과를 검토해야 합니다."

에기용 공작은 세랑 백작의 말을 반박했다. 그는 대부분의 전쟁이 아주 사소한 궁정음모의 결과로 시작되었음을 상기시키고 나서 결론을 내렸다.

"따라서 내 생각에 전쟁과 평화의 권리는 전적으로 입법부의 것입니다. 그리고 제국의 일부가 공격을 받을 때 군대를 국경으로 보낼 수 있는 사람은 오직 왕뿐입니다."

푸아투 출신 성직자 의원 잘레 신부는 다른 방식으로 문제를 제기했다.

프랑스 국민이 전쟁을 일으킬 권리를 위임하느냐 마느냐의 문제를 검토하기 전에, 모든 국민에게 이러한 권리가 있는지 알아야 합니다. 부당한 공격은 어떤 경우든 자연권을 거스릅니다. 개인이 서로 공격할 권리가 없듯이, 나라도 다른 나라를 공격할 권리는 없습니다. 그러므로 국민이 자신에게 없는 권리를 왕에게 줄 수 없습니다. 이것은 자유로운 나라가 지켜야 할 신성한 원리입니다. 모든 나라가 우리가 원하는 대로 자유로우려면 전쟁이 일어나지 말아야 합니다. (……) 프랑스의 국회는 이러한 원칙을 만천하에 선언하고 모든 자유국가에 알려야 합니다.

전쟁의 동기가 정당한가, 그것이 왕에게 속한 권리인가, 동맹을 맺고 평화를 유지하는 권리를 왕에게 맡겨야 하는가? 이러한 권리는 주권의 일부입니다. 그것은 근본적으로 국민의 것입니다. 국민이 언제나 자유롭기 바란다면, 또 언제나 정의롭기 바란다면 그 권리를 자기가 행사해야 합니다. 그래서 나는 다음과 같은 안을 올립니다.

"방어전쟁의 권리는 모든 국민에게 속한다. 공격전쟁의 권리는 자연권이 아니므로 그 어떤 나라도 소유할 수 없는 권리다. 그러므로 국민은 왕국을 방어하기 위해 왕에게 공공의 힘을 활용할 수 있는 권한을 맡긴다."

메스 출신 귀족 의원 퀴스틴 백작이 발언대에 올랐다. 그는 세랑 백작에게 동의하면서도 군사작전이 끝난 뒤 일주일 안에 대신은 전쟁의 원인을 입법기관에 알려야 하며 정당한 동기도 없이 전쟁을 일으킨 대신은 책임을 물어 사형시키자고 제안했다. 알렉상드르 드 라메트의 동생 샤를이 뒤를 이어 발언대에 올랐다.

"이 문제를 결정하려면 이미 우리가 내린 명령을 하나씩 재검토해서 원칙을 찾아야 합니다. 그러면 우리는 왕에게 선전포고권을 줄 수 없는 이유를 발견할 것입니다."

샤를이 앙리 4세의 사례와 역사적 사례를 섞으면서 말하는 동안 대표적인 보수파 모리 신부가 두 번이나 야유를 퍼부으면서 방해했다. 그러나 샤를의 연설을 지지하고 회의실이 떠나갈 듯이 박수를 치는 의원이 훨씬 많았다.

"전쟁과 평화의 권리는 국민의 것입니다. 이 권리를 행사하는 것도 국민의 몫입니다. 이것은 헌법의 원칙, 몽테스키외의 의견, 수세기의 경험으로 신성하게 지켜온 원칙이 되었습니다. 그러므로 우리가 토론하는 문제에는 한 점의 의심도 없습니다."

한편에서 우파 의원들이 웅성거리기 시작했다. 그러나 샤를은 아랑곳하지 않고 결론을 말했다.

"행정권은 단지 집행하는 것이므로 전쟁을 결정할 권한은 국민에게 속해야 하며, 그 대표들이 행사해야 합니다."

5월 23일에 국회는 마침내 모든 논의를 끝내고 다음과 같은 법을 통과시켰다.

제1조. 국회는 다음과 같이 헌법조항을 의결한다.

전쟁과 평화의 권리는 국민에게 있다.

국회만이 전쟁에 관한 법을 제정할 수 있다. 그러나 반드시 왕이 전쟁의 필요성을 제안해야 하며 국회가 반포한 법은 왕의 승인을 받아야 한다.

제2조. 왕국의 외교상 안보를 감시하고 왕국의 권리와 재산을 지키는 임무는 왕에게 있다. 왕만이 외교관계를 전담할 수 있고 필요한 경우 협상을 이끄는 관리를 선택하고 전쟁을 준비하며 전쟁이 일어날 경우 육군과 해군을 적절하게 배치할 수 있다.

제3조. 적대감이 고조되거나 적대행위가 시작되면 행정부는 즉시 입법부에 그 원인과 동기를 자세히 알려야 한다. 입법부가 회기 중이 아닐 때에는 즉시 소집해야 한다.

제4조. 만일 입법부가 접수한 적대행위가 대신들이 잘못해서 일어나거나 행정부의 다른 관리가 잘못해서 일어난 일이라고 밝혀질 경우, 외국의 공격을 초래한 사람을 국가반역죄로 소추한다. 국회는 프랑스 국민은 어떠한 침략전쟁도 일으키지 않을 것이며 다른 나라의 자유를 해치는 행위에 군대를 동원하지 않겠다고 선언한다.

제5조. 왕의 전쟁 제안을 검토한 국회가 전쟁을 일으켜서는 안 된다고 판단할 때 행정부는 당장 적대행위를 중지하거나 막는 조치를 취해야 하며 시간을 끈다면 대신들에게 책임지게 할 것이다.

제6조. 선전포고는 언제나 '국민의 이름으로, 왕의 명령으로'라는 형식을 따른다.

제7조. 전쟁을 수행하는 동안 입법부는 행정부에 평화협상을 하도록 요구하고, 행정부는 이 요구에 순순히 따라야 한다.

제8조. 전쟁이 끝나는 순간 입법부는 평화 시보다 많은 병력을 해산할 시한을 정하고 그때까지 병력을 평화 시 수준으로 되돌린다.

초과 병력의 봉급은 해산하는 시점까지 지급한다. 만일 그 뒤에도 평화 시보다 많은 병력을 유지한다면 그 책임은 전적으로 관계대신이 지도록 하며 그를 반역죄로 재판에 부친다. 헌법위원회는 이 사안과 관련해서 대신들의 책임에 대한 규정을 마련한다.

제9조. 왕은 국가의 행복에 필요한 모든 협약을 외국과 맺을 수 있다. 평화조약, 동맹조약, 무역조약은 입법부의 비준을 받은 뒤 효력을 갖는다.

제헌의원들은 재정, 고등법원 폐지, 성직자 시민헌법의 문제로 눈코 뜰 새 없이 하루하루 바쁘게 일했지만, 이처럼 느닷없이 발생한 전쟁문제에 한바탕 휘둘렸다. 그들은 마침내 프랑스는 어떠한 형태의 침략전쟁도 거부한다는 원칙을 헌법에 집어넣기로 했다.

그러나 국제 정세는 늘 불안했다. 더욱이 국회는 모든 식민지의 군대에도 혁명의 바람이 불어서 장교와 사병 간에 갈등이 일어난다는 보고를 받았다. 혁명이 일어난 뒤 병사와 부사관들이 연대 참모들에게 복종하지 않는 사례가 점점 더 늘어나고 불복종행위는 더욱 악화되었다. 예를 들어 전쟁대신 라투르뒤팽은 푸아투 연대가 연대장을 감금했으며, 루아얄 샹파뉴 부대는 왕이 임명한 소위를 받아주지 않았고, 스트라스부르의 7개 연대는 합동회의를 구성했다고 국회에 알렸다. 명령에 복종해야 할 부사관이나 병사들의 기강이 흐트러진 것은 국가안보에 치명적인 결과를 가져올 만했으니 큰 걱정거리였음이 분명하다. 라투르뒤팽은 국회가 군대의 기강을 바로잡을 법을 한시라도 빨리 제정해주기 바란다는 왕의 희망을 전달하면서 이렇게 말했다.

"군인들의 불복종행위는 가장 큰 골칫거리입니다. 그런데 모든 장교직은 귀족과 특권층이 차지하지 않았습니까? 그들이 혁명에 충성한다고 생각해야 합니까? 병사들은 어떻습니까? 병사들은 애국자입니다만 식견이 많다고 말하기는 어렵습니다. 장교들은 식견이 많지만 애국자가 아닙니다. 이러니까 불행한 일이 발생합니다."

전국연맹제가 끝나고 8월이 되어서도 식량사정이 나아지지 않는 곳이 많았다. 방데 지방의 대서양에 가까운 쪽에 있는 퐁트네 르 콩트 근처의 여러 마을에서 곡식을 확보하지 못한 사람들이 들고일어났을 때 동북쪽 국경지대, 특히 로렌 지방의 스트네에서는 인근 지역의 국민방위군이 3만 명이나 모였다. 그들은 오스트리아 군대가 국경을 침범한다는 소식을 들었기 때문이다. 8월 9일 월요일, 베르됭 바이아주 제3신분 의원 조르주는 보고위원회에 여러 곳에서 일어난 봉기에 대해 보고하면서 자신이 받은 특별서신을 언급했다.

"나는 스트네에 주둔한 기병대가 추격기병 장교를 신문해 오스트리아군이 왕(루이 16세)에게 우호적이지 않은 사람들을 벌하려고 국경을 넘어 들어올 것이라는 정보를 얻었다고 들었습니다. 이 소식이 퍼지자 주민들이 들끓었고, 그 소식을 전한 추격기병 장교는 신변의 위협을 피해 도망쳤습니다."

혁명기가 아니라 할지라도 당시 국제관계 속에서 모든 나라는 외교관, 군인, 민간인을 동원해 다른 나라의 정보를 캐냈다. 이번에는 숫자 편지를 보내서 정보를 알렸다. 이러한 편지를 해독하려면 쌍방이 미리 책 한 권을 정해놓아야 했다. 예를 들어 몽테스키외의 『법의 정신』의 몇 쪽 몇 째 줄의 몇 번째 낱말을 숫자로 찾아내서 문장을 만들어야 내용을 이해할 수 있었다. 7월에는 국경에서 첩자를 잡았는데 그는 열쇳말을 알아야 해독할 수 있는 편지를 지니고 있었다. 다시 말해 사람, 도시, 요새를 특정한 부호나 별명으로 지칭하고, 기병대나 보병대의 위치와 숫자를 알려주는 암호 편지였다. 왕은 십자표, 파리 시장은 세모, 리케티 레네Riquetti l'aîné(미라보 백작은 귀족 칭호를 쓰지 않는 법을 제정한 뒤 이렇게 불렸다. 레네는 형이라는 뜻이며 미라보 자작과 구별하는 말이다)는 V, 모리 신부는 Y로 표기했다. 잡힌 첩자 리올(일명 트루아르)은 그 밖에도 여러 가지 정보를 수집했다.

"그는 각 도시의 인구, 국민방위군과 정규군 숫자, 지휘관의 성격, 상인, 수공업자, 자본가 현황, 파리에 대한 여론, 선거에 영향을 끼칠 수 있는 인물, 국회가 제정하는 법에 대한 지방민의 생각, 신문발행인이나 작가의 현황을 조사했다."

그가 감췄다가 들킨 문서 가운데에는 리케티 레네를 평가하는 문서도 있었다.

"형 미라보는 악당이다. 그는 모든 당파에게 매수당할 준비를 갖추었다."

루이 16세 또한 1791년 여름밤에 튈르리 궁에서 도망치려고 준비할 때 숫자 편지를 이용했다. 실제로 페르센과 부이예처럼 알파벳과 자주 쓰는 낱말을 숫자로 약속해놓고 글을 작성하기도 했다. 프랑스 외교부 문서보관실에도 혁명을 전후한 시기에 영국에서 받은 평범한 편지에 여러 가지 뜻 모를 숫자가 적혀 있는 문서가 많이 있다. 국내외의 중요한 문제에 대해 정보를 주고받는 방법이 정교하게 발달했음을 알 수 있다.

4
아비뇽 합병 문제

아비뇽은 프랑스 국내에 있는 교황령으로 혁명이 시작된 뒤 프랑스 국내외의 정세를 민감하게 반영한 곳이었다. 그곳의 유대인 문제도 중요한 변수였으며, 혁명이 시작되어 프랑스 곳곳에 애국심이 고취되었을 때 아비뇽에서도 교황보다는 프랑스에 소속되고 싶다는 희망이 일기 시작해서 국제적인 관심을 끌었다. 지금부터 아비뇽의 역사를 추적한 뒤 혁명을 겪고 혁명에 참여하는 아비뇽의 모습을 살펴보려 한다.

중세 아비뇽 백작령은 프로방스 백작 가문의 소유였다. 1266년 루이 9세의 동생인 앙주 가의 샤를 1세는 프로방스 백작으로서 나폴리 왕이 되었다. 그런데 프로방스 백작 가문의 잔 드 나플(나폴리의 잔)은 1336년 나폴리와 아비뇽 백작령을 상속받고, 아홉 살에 두 살 연하의 남편을 맞이했다. 남편은 헝가리 왕의 동생 루이였다. 12년 뒤인 1348년, 잔은 남편을 목 졸라 죽였다는 혐의를 받았다. 헝가리 왕은 복수심이 끓어올라 군대를 끌고 나폴리로 쳐들어갔고, 잔은 아비뇽으로 도망쳐 목숨을 구했지만 아르누 성에 갇혔다. 당시 교황은 클레멘스 6세로서 아비뇽에 살았다. 잔은 살인혐의를 벗으려고 교황에게 아비뇽을 8만 플로린에 팔았다. 오늘날의 금값으로 환산할 때 약 1,200만 달러 정도겠지만, 단순히 금값으로만 환원하기 어려운 가치를 지닌 액수임이 분명하다. 교황이 돈을 제대로 주지 않았다는 말도 있지만 아무튼 아비뇽의 주인은 바뀌었다. 그렇게 해서 아비뇽은 1세기 이상 역대 교황이 거주하는 곳일 뿐 아니라 교황의 소유가 되면서 프랑스 왕국이 통일되는 과정에도 섬 같은 존재로 남게 되었다.

아비뇽이 교황령이 되기 1세기 전에 교황은 툴루즈 백작의 영지인 브네생 백작령을 빼앗았다. 툴루즈 백작인 레이몽 6세는 교회의 승인을 받지 않고 12세기 말부터 청빈한 생활을 설교했기 때문에 이단으로 몰린 발도Waldo파를 지지한다는 혐의를 받았다. 프랑스의 왕과 교황 오노리우스 3세는 발도파 이단과 전쟁을 벌였고, 레이몽 6세를 잡아 랑그도크 지방 생질 교회 문 앞에서 교황대리대사 밀롱의 손으로 채찍질을 하도록 했다. 1228년에 루이 9세(성왕 루이)는 열네 살이었기 때문에 어머니가 섭정 노릇을 했는데, 교황과 파리 노트르담 성당에서 레이몽의 영지를 나누기로 합의했다. 이렇게 해서 루이 9세는 론 강 서쪽의 땅을 가지고, 교황은 동쪽의 브네생 백작령을 가지게 되었다. 종교재판 제도를 창설한 교황 오노리우스 3세는 완전한 소유권을 누리지 못하고 그해에 죽었는데, 그 뒤를 이은 그레고리우스 9세와 첼레스티노 4세를 거쳐 1243년 인노켄티우스 4세부터 완전한 소유권을 주장하게 되었다. 그리고 브네생 백작령의 중심지는 아비뇽이 아니라 카르팡트라였다.

교황이 로마에 거주한 뒤에는 교황대리대사가 교황령인 아비뇽과 브네생 백작령을 다스렸다. 혁명기에 교황대리대사는 카조니였다. 카조니와 그의 명령을 받는 행정관들은 모두 횡포를 부렸기 때문에 그곳 주민(15만 4,000명)의 원성을 샀다. 특히 주민 2만 6,500명을 가진 아비뇽의 부르주아 계층은 열심히 일해도 교황 대리인들의 가혹한 착취와 공금횡령 때문에 빚이 늘어갔다. 아비뇽은 무려 400만 리브르나 빚을 졌다. 가난한 사람들은 십일조의 무거운 짐에 허덕였다. 민간법원에서는 정의를 실현하기는커녕 판사가 뇌물을 받고 피고를 무죄로 풀어주기도 했다. 게다가 잔혹한 에스트라파드 고문(손을 뒤로 묶어 공중으로 올렸다가 갑자기 떨어뜨리는 고문)을 일삼는 종교재판도 있었다. 그러나 교황대리대사와 그 하수인들은 카르팡트라의 공금에는 손을 대지 못했다. 카르팡트라의 귀족과 주교들의 회의가 공금을 마음대로 주물렀기 때문이다.

1788~1789년 겨울의 한파는 농업국가에 치명적인 상처를 남겼으며, 아비뇽과 브네생 백작령도 그 영향을 받았다. 1789년 봄에는 여느 농촌 지방처럼 곡물 파동을 겪고 여름에는 대공포의 물결에 휩쓸렸으며, 그 영향으로 민병대를 창설했다. 그곳에는 유대인도 많이 살았는데 그들은 불만이 많았다. 남자는 초록색 모자를 쓰고 여자는 노란 리본을 달게 했으며, 유대교를 비방하고 로마 가톨릭 교리를 찬양하는 사제의 설교를 강제로 듣게 했기 때문이다. 이러한 대우를 받던 유대인은 마침내 1789년 9월에 반란을 일으켰다.

당시 프랑스에는 유대인이 거의 4만 명이나 살았는데, 절반이 알자스 지방, 그 나머지가 로렌, 보르도, 베이욘, 그리고 아비뇽에서 공동체를 이루고 혁명이 일어날 때까지 박해받으면서 살았다. 보르도와 베이욘에 정착한 유대인은 주로 중세 이베리아 반도에 살던 유대계인 세파르딤이었고, 다른 세 지역에는 주로 독일과 폴란드에 살던 유대계인 아슈케나짐의 후예였다. 물론 두 계통이 혼합하는 경우도 있었다. 『아비뇽 유대인의 반란La révolte des juifs à Avignon, ou Le noir complot contre le vice-légat』을 쓴 아비뇽의 어떤 '부르주아 명사'는 유대인이 교황에게 무거운 세금을 내면서도 제대로 대접을 받지 못했기 때문에 불만이 많았다고 말했다. 교황대리대사는 유대인 교회당 다섯 개를 대상으로 각각 200만 리브르를 걷었던 것이다. 아비뇽의 유대인 지도자는 학식과 덕망이 높은 랍비였다. 그는 1789년 9월 1일에 아비뇽, 카르팡트라, 카바이용, 베종, 오랑주, 생폴 트루아 샤토의 6개 주교구, 그리고 일 쉬르 소르그같이 브네생 백작령에 속한 도시로서 유대 교회당을 가진 지역의 모든 랍비를 불러 모았다. 그들은 15일에 교황대리대사와 종교재판장인 아비뇽 대주교, 시정부 관리들을 학살하고 프랑스 편에 붙으려는 계획을 세웠다.

그러나 9월 13일, 정치적인 야망 때문에 개종하고 교황대리대사 카조니의 친구가 된 거물급 유대인이 음모를 폭로했다. 카조니는 백작령의 모든 기독교도를 무장시켜 아비뇽에 모이게 했다. 기독교도는 유대인 지도자들을 잡아들였다. 그리고 곧 이 소식이 널리 퍼졌고 기독교도는 모두 무장했다. 카조니는 음모를 고발한 유대인을 안전하게 로마로 빼돌리는 한편, 모든 유대인을 그들이 사는 지역의 감옥에 가두었다. 기독교도들은 여느 때보다 더 옥문을 튼튼하게 만들고 모두 6,000명이 옥문을 나누어 지켰다. 그리고 나서 그들은 주요 지도자 다섯 명을 아비뇽에서 마술르망massoulement이라 부르는 방식으로 처형했다. 사형수의 눈을 가리고 무릎을 꿇린 뒤 양쪽 관자놀이를 몽둥이로 한 대씩 때려서 쓰러뜨렸다. 망나니는 첫 매에 죽었을 사형수의 머리와 사지를 도끼로 잘라 사형대 주위에 갈고리로 걸었다. 다른 유대인에게 무기를 공급한 부자 열 명도 같은 방법으로 처형했다.

교황대리대사, 대주교, 귀족, 종교인, 부르주아 명사들은 이튿날 테 데움 미사를 장엄하게 올렸다. 그때 유대인을 더 죽여야 한다는 여론이 우세했다. 열 명씩 짝을 맞춘 뒤 그중에서 추첨으로 한 명씩 뽑아 죽이자는 의견이 나왔다. 옛날 로마 백인대가 적군 앞에서 기강을 잡을 때 쓰던 방식을 유대인에게 적용하자는 것이었다. 그러한 미움은 아마 중세 이래 유대인 공동체가 번영한 것에 대한 질투에 뿌리를 두었을 테지만, 아무튼 유대인의 음모가 밖으로 새나가면서 피를 부르는 사건이 되었던 것이다. 교황대리대사 카조니는 수많은 생명이 사라지면서도 아무런 소득이 없다는 이유로 추첨해서 죽이자는 안을 거부했다.

여기서 잠깐 유대인의 지위문제를 살펴보고 지나가자. 1789년 12월 1일, 국회에서 알브레와 네락 세네쇼세 의원 브뤼네 드 라튀크는 '비가톨릭교도 non-catholiques'의 시민자격을 거론했다. 국회의원들은 잇달아 나흘 동안 그 문제를 토론하고 마침내 24일 목요일에 이렇게 결정했다.

"1. 비가톨릭교도라 할지라도 이제까지 나온 명령에서 규정한 대로 모든 조건을 갖춘다면 앞으로 예외 없이 모든 등급의 행정에 선거인과 피선거인으로 참여할 수 있다.

2. 비가톨릭교도는 여느 시민처럼 민간과 군대의 모든 직책을 수행할 수 있다."

그러나 아직 비가톨릭교도는 유대교도가 아니라 개신교도만 뜻했다. 국회는 유대인의 지위에 대해 좀더 두고 보기로 했다. 마침내 1791년 1월 28일, 탈레랑이 유대인 문제에 대해 보고하고 나서 국회는 이렇게 결정했다.

"포르투갈 유대인, 에스파냐 유대인, 아비뇽의 유대인으로 알려진 모든 유대인은 특별허가를 받는다면 오늘날까지 누리던 모든 권리를 계속 누릴 수 있다. 따라서 그들은 국회가 요구하는 조건을 충족할 경우 능동시민의 권리를 누린다."

1789년 11월 12일, 엑스 세네쇼세 의원 부슈는 영토와 재정에 관한 문제라면서 아비뇽을 합병하는 문제를 국회에서 거론했으나 의원들은 토론을 연기하자고 결의했다. 21일에 부슈는 다시 한번 정식 안으로 발의했다. 그러나 당시 의원들은 교황에게 친서를 보내는 선에서 끝내려고 했다. 아직 교황과 마찰을 빚는 것을 꺼리는 의원들이 많았기 때문이다. 부슈의 안에 대한 브네생 사람들의 반응은 지방신분회에서 나타났다. 브네생 백작령은 한때 신분회를 가졌다가 혁명이 일어나기 2세기 전부터는 그 권한을 행사하지 못했지만, 이제 상황이 바뀌어 카조니는 브네생 백작령의 신분회를 소집했던 것이다. 신분회는 카르팡트라에 모여 부슈의 안이 "브네생 백작령 사람들의 권리를 침해하고 국회의 원칙도 거스르는 것"이라고 하면서 이렇게 선언했다.

"그 무엇도 합법적인 통치자에 대한 충성맹세에서 벗어나게 만들지 못한다. 우리의 충성심은 가장 확고한 바탕 위에 놓인 것이며 절대로 변하지 않는다. 우리는 5세기 동안 온건하고 너그러운 통치를 받았으며 우리의 신성한 권리를 갖고 있다. (……) 우리는 우리의 동의를 받지 않고 우리가 모르는 사이에 또 우리가 직접 개입하지 않은 가운데 맺는 협정에 정면으로 반대한다는 사실을 유럽에 알린다."

브네생 백작령은 교황의 통치를 계속 받아들인다는 사실을 이렇게 당당히 밝혔다. 그런데 1790년 2월에 민중이 들고일어나 행정관들을 강제로 물러나게 했다. 애국자 레퀴예는 프랑스식 정부를 세우고 아비뇽과 브네생 백작령을 하나로 통일하자고 제안했다. 교황대리대사는 압력을 받고 아비뇽에 지방정부를 세울 수 있게 허락했다. 그러나 프랑스에서 일어나는 혁명을 못마땅하게 생각하고 3월 29일에는 '인권선언'을 공식 비난한 교황 비오 6세^{Pie} VI가 4월 21일 아비뇽에 교서를 보내 그동안의 개혁을 모두 무효화했다. 곧 아비뇽 주민들은 대대적인 시위를 벌여 교황대리대사의 손에서 입법권을 되찾고 프랑스 헌법과 법률을 받아들이는 한편, 시민 30인으로 특별회의를 만들어서 헌법과 법률을 현지사정에 맞게 적용하기 시작했다. 주민들의 의지가 강했기 때문에 교황대리대사의 정부를 쉽게 굴복시킬 수 있었다.

교황이 이제 실질적인 주인행세를 하면서 이탈리아인 첼레스티니에게 그 문제를 협상할 임무를 주어 아비뇽으로 보냈다. 아비뇽은 특사를 받아들이지 않았다. 아비뇽 사람들은 교황이 프랑스 헌법을 말살하려는 음모를 꾸미면서 그 계획을 아비뇽에 처음으로 적용하려 한다고 생각했다. 교황은 카르팡트라도 저항하자 지방신분회를 소집하도록 허가하면서 회유했고 그렇게 해서 특사는 카르팡트라로 들어갈 수 있었다. 5월 27일에 카르팡트라에서 신분회가 모였다. 그들은 첫날 이렇게 선언했다.

"우리 주는 교황의 지배를 계속 받으며, 존엄한 군주의 권리를 침해하는 모든 법을 국민의 법정에 고발하는 것이 우리 주의 한결같은 염원임을 천명한다."

5월 29일, 그들은 국회가 만든 프랑스 헌법, 법, 명령을 받아들이기로 결정했다. 그러나 그것은 "교황의 주권을 존중하고 우리 고장의 이익과 맞을 때에 한한다"라는 단서를 달았다. 그리고 그들은 '백작령의 대표자회의 Assemblée représentative du Comtat'를 출범시켰다. 그와 함께 아비뇽과 아주 독자적으로 행동하기로 결의했다. 이제 아비뇽과 카르팡트라는 오랜 경쟁관계에서 적대관계로 바뀌었다.

아비뇽의 반혁명세력은 혁명 지지자들을 공격할 준비를 갖추었다. 국민방위군 가운데 거의 전부가 도장인都匠人으로 이루어진 4개 부대는 은밀하게 계획을 세우고 6월 10일을 혁명세력을 공격하는 날로 정했다. 그날 전국적으로 그리스도 성체성혈 대축일 행사(성체첨례축일 행사)가 열렸다. 파리에서는 국회의원들이 6월 3일 목요일에 이어 10일에도 루브르 궁 앞에 있는 생제르맹 로세루아 대성당에 참석했을 때, 아비뇽에서는 반혁명세력 800명이 종교행렬을 보호한다는 핑계로 무기를 들고 셀레스틴 수도회 소속 교회에 모였다. 그들은 전날 밤에 준비해둔 탄약통을 나눠가지고 각자 공격할 지점과 대상을 지정받았다. 4개 부대 가운데 하나는 아비뇽 코뮌의 집으로 가서 새

정부를 무너뜨리고 옛 정부를 세우기로 했다. 그들은 오후 4시에 교회 밖으로 나가 분대별로 흩어져 거리를 뛰어다니면서 소리쳤다.

"귀족 만세, 악당을 쳐부수자!"

혁명을 지지하는 국민방위군은 잠시 후 무기를 들고 중요한 지점을 지키러 갔다. 그들은 교황청을 점령하고 대포와 탄약고를 지켰다. 또한 그들은 적을 향해 행진했다. 그때까지 반혁명군이 마구잡이로 사람들을 죽이면서 우세했지만 이제부터는 교전이 시작되면서 불리하게 되자 협상을 요구했다. 민중은 그들에게 철저히 복수했다. 음모의 수괴 네 명을 잔인하게 죽였다. 그 중에는 올랑 후작(일명 로슈커드 후작)도 끼어 있었다. 그는 몹시 독실한 신자이고 자비로운 사람이었는데 죽기 전에 사람들에게 화해하라고 권유했다고 한다. 그가 죽은 뒤 유언장을 보니 가난한 사람들에게 쓰라고 1만 2,000리브르를 남겨놓았다. 평소에 존경받는 사람도 전쟁이나 비상시국에는 오직 순간의 행동만으로 살해를 당하는 사례가 어디 이뿐일까. 이웃의 코뮌들이 아비뇽으로 국민방위군을 보내 살육을 막으려고 노력했다. 그러나 민중은 그들이 아무런 재판도 하지 않고 선량한 사람들을 죽였는데 도대체 무슨 이유로 그들에게 정의를 베풀어야 하느냐고 물었다. 더욱이 교황대리대사는 반혁명세력의 계획을 알았을 것이라고 추측하는 사람들이 있었다. 그렇게 추측할 수 있는 근거도 충분했다.

아비뇽 주민은 회의를 열어 국회에 아비뇽의 통치권을 맡기기로 결정했다. 티소, 뒤프라, 레퀴예 세 사람은 국회의원들을 설득해 아비뇽 법안을 발의하게 만들 임무를 띠고 파리로 갔다. 그리고 교황대리대사 카조니에게는 아비뇽을 떠나라고 명령하고, 모든 공식 문양을 로마의 3중관과 열쇠 대신 프랑스의 문장紋章으로 바꾸었다. 6월 17일 저녁, 국회에서 카뮈는 발언권을 얻고 연단에 올랐다. 아르망 가스통 카뮈는 1740년에 파리에서 태어났으며 보베 중등학교에서 인문학을 공부한 뒤 파리에서 법학을 공부하고 1760년 파리 고등법원 변호사가 되었다. 교회법 전문가인 그는 특히 얀세니즘 성향의 법학자였다. 수많은 저서를 발간했으며 1783년부터 죽은 뒤까지 발간된 14권짜리 『판례에 관한 새로운 판결과 관념 전집Collection de décisions nouvelles et de notions relatives à la jurisprudence』이 있으며, 1785년에는 '비명문학碑銘文學아카데미' 회원이 되어 고증학적 소양을 인정받았다. 카뮈는 먼저 그날이 국회 선포 1주년임을 강조하면서 아비뇽 주민들이 일치된 의견으로 프랑스에 합병을 요구한다고 말한 뒤 아비뇽 대표단이 전한 편지를 읽었다.

지난 10일 목요일, 우리의 도시는 가장 무질서한 무대가 되었습니다. 귀족주의자들이 모든 힘을 동원해 사방에서 총과 대포를 쐈습니다. 그들은 "귀족정 만세!"라고 외쳤습니다. 선량한 시민, 훌륭한 애국자 30명 이상이 열정과 애국심을 발휘하다가 목숨을 잃었습니다. 우리 인민은 그들을 사정없이 몰아붙였습니다. 잔인한 살인자들은 마침내 도망쳐 목숨을 구했습니다. 성난 인민은 악당 네 명을 잡아 끔찍하게 도륙했습니다. 넷 중 둘이 그들의 지도자였습니다. 시정부는 그들을 처형하는 것을 어떻게든 막으려 했지만 허사였습니다.

인민은 모두 스물두 명을 잡았습니다. 만일 오랑주, 쿠르트종, 종키에르, 바뇰, 르 퐁생테스프리, 샤토 르나르 같은 곳의 국민방위군이 오지 않았다면 그들은 모두 제물이 되었을 것입니다. 그러나 아비뇽 주민은 프랑스인을 동지로 믿기 때문에 그들의 얼굴을 봐서 복수를 멈췄습니다. 오랑주 국민방위군은 포로의 신변을 보호하는 임무를 기꺼이 맡았습니다.
우리는 오늘 그들을 돌려보냈습니다. 이제 아비뇽은 거의 질서를 회복했
습니다만 완전히 평화를 정착시키기 위해 여러 곳에서 온 국민방위군이
분견대를 아비뇽에 며칠씩 남겨두기로 합의했습니다. 그제 11일, 아비뇽
의 디스트릭트들의 대표들이 모여 만장일치로 의견을 모았습니다. 우리
는 교황의 문장 대신 프랑스의 문장을 쓰기로 하는 한편, 이를 기념해 성
대한 예식을 치르기로 했습니다. 오늘(13일), 테 데움 미사를 올리면서
사람들은 절망을 딛고 가장 생생한 기쁨을 누렸습니다. 거리에서는 사람
들이 계속 외치는 소리가 들렸습니다.

"국민, 법, 왕 만세!"

오늘날 파리와 아비뇽의 직선거리는 577.19킬로미터(서울과 부산 간 직선
거리는 약 320킬로미터다)이며, 고속도로 길이는 689.16킬로미터다. 아비뇽에
서 파견한 세 사람이 이용할 수 있는 운송수단은 파발마, 역마차, 개인마차,
배 가운데 한두 가지였다. 편지 내용으로 미루어 일러도 6월 13일에 출발해
서 늦어도 6월 17일 오전까지 파리에 도착해야 한다면, 티소 일행은 나흘 동
안 하루 평균 170킬로미터 이상 이동했음을 알 수 있다. 아비뇽의 혁명세력
이 얼마나 절박한 심정으로 파리와 교신하려 했는지 상상할 수 있다. 카뮈가
아비뇽의 편지를 읽은 뒤 샤를 드 라메트가 법안을 발의했다.

"국회는 내일 의장을 왕에게 보내 아비뇽 시정부 관리들이 보낸 편지를
전한다."

이틀 뒤 19일, 부슈도 아비뇽에서 보낸 13일자 편지를 국회에서 읽었다.

우리는 동포들에게 많은 은혜를 입었습니다. 우리가 위험해지자 그들은 만사 제쳐놓고 우리를 도우려고 달려왔습니다. 샤토 르나르, 오랑주, 생 테스프리, 로슈브룅의 국민방위군이 시정부 관리들과 함께 왔습니다. 우리는 그 밖의 도시가 잇달아 호의를 베푸는 데 동참하지 말도록 마르세유까지 파발마를 보냈습니다. 수많은 도시의 지도자와 군대가 우리에게 닥칠 불행을 막아주었습니다. 만일 우리의 선량한 이웃이 민중의 정당한 분노를 막지 않았다면 모든 사제는 목매달려 죽었을 것입니다. 범죄자들을 현행범으로 잡았으며, 이제 오랑주의 법원으로 이송해 재판을 받게 할 것입니다. 그들은 모두 2,000명이나 됩니다.

계속해서 편지는 그날의 피비린내 나는 살육을 묘사했다. 사람들은 사방에서 총을 쏴댔다. 창문이나 지붕에서도 쐈다. 귀족은 자기만 생각하는 자들이라서 비겁하게 도망쳤다. 무기도 없는 사람들이 사방에서 총탄이 날아오는데도 용감하게 귀족들에게 달려들었다. 두 시간 만에 적들을 물리치고 보니 시민 여덟 명만 다치고 나머지는 모자나 옷에 총알구멍이 났으면서도 멀쩡했다.

12일, 모든 디스트릭트가 모여 프랑스에 합치자고 결정했습니다. 모든 곳에서 교황의 문장을 정중하게 떼어내고 그 대신 프랑스의 문장을 달았습니다. 우리는 교황의 궁전 앞에서 테 데움 성가를 합창했습니다. 그 자리에는 국민방위군 6,000명이 함께 있었고 축포를 쐈습니다. 장교와 병사들이 서로 얼싸안고, 주민들과 프랑스 국민, 법, 왕에게 충성하겠다고 맹세했습니다. 또 마지막 피 한 방울까지 국회의 명령을 지키는 데 바치겠다고 맹세했습니다. 오랑주 시는 우리에게 300명을 남겨놓았습니다.

의원들은 박수를 치거나 웅성거렸다. 리비에르와 베르묑의 귀족 의원 카잘레스가 연단에 오르자 일부 의원들이 그의 말은 들을 필요도 없다는 듯이 의사일정을 다루자고 외쳤다. 그러나 보수적인 카잘레스는 이렇게 말했다.

"그러나 여러분, 옳건 그르건 통치자에게 들고일어나는 신민이 쓴 편지를 읽는 것을 참고 듣기란 불가능합니다."

카잘레스는 국회가 지난 1년 동안 무슨 일을 했는지 까맣게 잊은 듯이 말했다. 그리고 제헌의원 가운데에는 카잘레스처럼 혁명을 반란으로 생각하는 사람이 여전히 많았다.

6월 22일, 이번에는 국회의장이 카르팡트라의 대표자회의 의장인 제랑드가 보낸 편지를 공개했다.

"아비뇽은 지금 이 순간 마구 분열해서 온갖 종류의 잔학한 일이 벌어지고 있습니다. 이 소식을 들으면 몹시 놀라실 것입니다. 최근 민중은 피비린내 나는 살육을 저질렀습니다."

제랑드는 프랑스인과 같은 언어를 쓰고 같은 풍속에 젖었고 같은 의견을 가진 백작령 사람들이 당연히 프랑스와 같은 법의 지배를 받아야 한다는 것이 선거인의 뜻을 존중하는 일이라고 대표자들을 설득했지만, 대표자회의는 합병을 원하지는 않았다고 전했다.

6월 22일, 카르팡트라 대표자회의는 프랑스 지방정부를 본받아 각 지역의 정부를 구성했다. 각급 기관장, 부기관장, 위원회 구성원들이 가장 먼저 맹세했다.

"우리는 브네생 백작령의 헌법을 유지하고 법과 교황에게 충성할 것을

맹세한다.˝

이처럼 아비뇽은 프랑스에 합병되기를 바라는 반면, 카르팡트라 대표자회의는 교황과 관계를 끊지 않으면서 개혁을 받아들이려고 노력했다. 그러므로 아비뇽이 6월 13일 국회에 대표를 파견해 의원들을 설득하고 아비뇽을 프랑스에 통일한다는 법을 제정해달라고 애쓰는 한편, 7월 14일 전국연맹제에 대표를 참가시키기로 한 것은 당연한 일이었다. 그때까지만 해도 국회의원들은 아비뇽의 혁명을 반기는 사람과 달가워하지 않는 사람으로 나뉘었다. 아직은 교황과 유럽 열강의 눈치를 보자는 축이 조금 더 우세했다. 그러므로 아비뇽과 그 지지자들, 카르팡트라의 대표자회의와 그 지지자들이 서로 죽이면서 1790년을 넘기고, 성직자 시민헌법을 따르겠다고 맹세하는 종교인과 맹세를 거부하는 종교인 사이의 갈등이 더욱 심해지고, 교황 비오 6세가 성직자 시민헌법을 드러내놓고 비난할 때까지도 아비뇽 합병 문제는 해결되지 않았다.

아비뇽 합병 문제가 결정 나지 않은 1790년 7월 초, 아비뇽의 혁명 지지 세력은 어떻게든 프랑스의 일부가 되고 싶은 마음을 강력히 표현했다. 그리하여 7월 14일 전국연맹제에 아비뇽 국민방위군 대표단을 참가시켰다. 아비뇽 대표단은 파리에서 모든 일정을 마치고 8월 5일 귀환길에 올랐다. 10일 론 강을 이용해 아비뇽에 돌아간 국민방위군 대표단은 파리에서 보낸 한 달 동안 파리 시정부는 물론 전국에서 모인 대표들의 환대를 받았고 정신적으로 든든한 후원을 받았다. 그러나 아비뇽은 아직도 갈등을 완전히 해결하지 못한 상태였다. 아비뇽과 브네생 백작령은 1791년 9월에야 비로소 프랑스에 합병된다.

5
마르세유의 사태

　　마르세유는 남프랑스 지중해 연안의 항구 도시로서 18세기 초인 1720년에 인구 8만 명 정도의 큰 도시였다. 그러나 그해 5월 25일 시리아 지방에서 온 그랑 생탕투안호가 페스트를 퍼뜨려 2년 동안 문안의 인구 3만 139명, 문밖의 인구 8,976명, 이렇게 거의 4만 명의 목숨을 앗아갔다. 그 뒤에는 다행히 역병이 돌지 않은 덕에 인구가 두 배 이상 늘었다. 1789년 봄 전국신분회 대표를 뽑을 때 인구는 거의 12만 명이었다. 오늘날 재래식 빨랫비누를 '마르세유의 비누'라고 부를 정도로 예전부터 비누 제조업이 발달한 곳이다. 마르세유의 주민은 주로 농부, 어부, 뱃사람, 구멍가게 주인, 하역인부, 장인으로 구성되었다. 마르세유에는 중등학교, 종교인이 세운 신학교, 미술·조각·건축학교, 선원을 위한 외과의外科醫학교 같은 특수목적의 학교뿐만 아니라 아카데미도 있었다. 마르세유 문학아카데미는 그곳 사령관 빌라르 공작의 보호를 받다가 1726년에 왕의 특허를 받았다. 매주 수요일에 모여 활동하는 이 아카데미는 나중에 과학을 연구할 수 있는 특별허가도 받았다. 또 민간과 해군의 미술·조각·건축아카데미, 음악아카데미도 있었다. 간단히 말해 해상활동이 활발하고 지적·종교적으로도 중요한 도시였다.

　　이 도시도 혁명 전부터 사회적으로 불안했다. 프로방스 지방을 휩쓴 생활필수품 부족 현상 때문에 마르세유 민중은 몹시 화가 나 있었다. 그런데 1789년 3월 15일, 마르세유 시장은 주민의 의사를 반영하지 않고 자기 멋대로 부르주아 민병대의 장교들을 임명했다. 그들은 주민의 지지를 받던 옛날

민병대 대신 새로운 부르주아 부대를 만들었다. 3월 23일, 세 신분 대표들이 연합해 시정부를 접수하고 애국시민의 수비대를 조직했다. 시민들은 물자가 부족해 가뜩이나 화가 나 있었던 차에 격렬하게 시위를 벌이고 식육 도매업자 장 바티스트 르뷔펠의 집을 약탈했다. 또한 그들은 타이유세와 지방세에 저항했다. 부르주아 부대가 시위대에게 총을 쏴서 세 명을 다치게 했다. 그중한 사람은 중상을 입고 쓰러졌다. 왕은 엑스 고등법원에 마르세유와 프로방스의 일부 지역에서 일어난 일을 조사하라고 명령했다. 미라보 백작은 마르세유의 기초의회가 프로방스 지방의 고등법원과 지사에 반대해서 들고일어났다고 판단했다. 고등법원은 그곳 주민을 지켜주던 애국시민의 수비대 지휘관들을 잡아들이려 하고, 주민은 그들을 지켜주는 과정에서 충돌했다. 한마디로 마르세유 주민은 압제자에게 정당한 복수를 계획했다는 것이다.

1789년 7월 중순, 바스티유의 소식이 지방에 퍼지고 그 여파가 마르세유에도 밀어닥쳤다. 7월 23일, 마르세유 주민들은 봉기하여 살육·약탈·방화를 서슴지 않았고, 마르세유 시의 행정관 라플레슈의 집까지 공격했다. 프로방스 지방에 주둔하는 왕의 군대 지휘관 카라망 백작은 몇 개 연대를 끌고 들어가 시위자들을 잔인하게 진압해 모두 40여 명을 죽이면서 질서를 되찾았다. 시민들은 그 광경을 보면서 몸서리를 쳤다. 미라보 백작은 마르세유 사람들이 봉기한 이유로 엑스 고등법원이 봉기자들을 잔인하게 취급하려 했기 때문이라고 설명했지만, 왕당파 의원인 모리 신부는 미라보 백작이 사실을 왜곡하고 과장한다고 맞섰다. 왕당파와 이른바 '애국자'는 같은 사건을 이처럼 다르게 해석했다. 두 사람의 의견이 달랐지만, 한 가지 분명한 사실은 마르세유에는 아직도 혁명의 바람보다는 왕의 입김이 더 셌다는 것이다.

왕은 프로방스와 마르세유 지방정부의 의견을 듣고 조사위원을 파견했다. 그리고 그 지방에서 왕당파가 보기에 "청렴하기로 소문난" 프로방스 기마헌병대 사령관 상송 드 부르니삭(이하 부르니삭)에게 직접 마르세유로 가서 질서를 잡으라고 명령했다. 마르세유의 봉기자들은 동료 시민뿐만 아니라 판사들에게 아주 사납게 대했지만 부르니삭은 직접 군사법원을 설치했다. 군사법원은 몇 세기의 전통을 가진 제도였다. 그리고 16세기 앙리 2세 때 창설된 기마헌병대는 원래 프랑스 대원수 휘하에 있었지만 18세기에는 프랑스 민병대장들이 운영하는 최고법원에 속해 새로운 형태의 사법권이 되었다. 그들은 평화 시에 탈영병을 잡아 재판했다. 루이 14세는 1670년 형사범죄에 대한 왕령을 내려 기마헌병대에게 새로운 임무를 맡겼다. 1731년 대법관 다게소는 프랑스에 모두 33개 기마헌병대를 두고 그 밑에 114개 군사법원을 운영하도록 했다. 기마헌병의 수는 모두 5,000명 정도였으며 해마다 예산은 거의 400만 리브르면 족했다. 이러한 전통을 가진 기마헌병대가 중요한 범죄를 저지른 사람을 현장에서 체포해 심문하고 실제로 법을 어겼을 경우에는 민간법원으로 이첩해야 했다. 사령관 부르니삭은 주동자들을 잡았다가 사면해주었다.

그러나 일주일 뒤 8월 19일부터 이틀 동안 또다시 사람들이 "태평성대 Sans souci"라는 격문을 붙이고 투레트 광장에 모여 시위를 벌였다. 이때 가르생이라는 사람이 살해당하는 일이 벌어졌다. 부르니삭은 마르세유로 다시 가서 질서를 회복하려고 노력했다. 그는 왕의 대소인으로부터 소요사태를 일으킨 장본인들에 대한 사법상의 불만을 들었다. 그는 법정을 열고 피고들을 재판한 뒤 몇 명은 풀어주고 몇 명은 가두었다. 보고위원회 소속의 모리 신부는 왕당파의 성향을 보여주듯이 부르니삭이 마르세유의 질서를 잘 회복했다고 칭찬했다. 그러나 미라보 백작은 11월 25일의 회의에서 마르세유 사건의 재판을 다른 곳에서 진행하고 배석자들을 마르세유 법원의 구성원 가운데서 뽑도록 하자고 주장했다. 기마헌병대 사령관이 재판장이라 하더라도 민간법원의 판사들이 배석하게 해서 민간인 시위자를 보호하자는 취지였다.

나는 여러분에게 말했습니다. 기마헌병대 사령관은 민중을 하찮게 생각하는 한편, 재산을 가장 중시하는 사람들의 말을 듣고 있습니다. 그는 법을 냉정하게 집행하기는커녕 오직 옛 지방정부 관리들, 엑스 고등법원, 그리고 지사의 원한을 풀어주려고 노력합니다.

그의 재판은 아주 형편없는 것이었습니다. 그는 정직한 판사들을 보좌관으로 뽑아야 했습니다만 그렇게 하지 않았습니다. 그는 왕의 대소인과 배석자로서 부르주아 민병대원 두 명을 임명했습니다. 구속된 사람들은 그 두 사람을 판사가 아니라 적으로 여깁니다.

사령관은 이처럼 여론과 정반대로 행동했습니다. (……) 피고들이 이의신청을 했지만, 10월 27일에 기각되었습니다. 이의신청은 프로방스(엑스) 고등법원의 가장 훌륭한 법학자들의 의견을 들었기 때문에 법적으로 정당한 것이었습니다. 국회의 명령을 집행해야 하는 날짜로부터 8일 뒤, 사령관은 옛 법을 적용해 국회의 명령을 무시했습니다. 그러므로 사령관이 내린 결정은 무효입니다. 그럼에도 국회가 지난 11월 5일 마르세유 문제를 다룰 때 그 재판을 무효라고 선언하지 않았습니다. (……)

그러나 오늘 모든 상황이 완전히 뒤집혔습니다. 여러분은 이제 불확실한 근거를 바탕으로 명령을 내릴 필요가 없습니다. 마르세유에 있는 왕의 대리관이 정식으로 보낸 합법적인 문서는 국회의 명령을 집행하지 않겠다는 사령관의 의지를 분명히 증명하기 때문입니다. 불행한 피고들은 재판을 공개적으로 진행해달라고 요구합니다. 법은 그들에게 그런 권리를 인정했습니다. 그들은 지금 감옥에 갇혔습니다. 그들은 심문을 받았습니다. 그러나 그들은 자기가 무슨 죄를 지었는지 정확히 알지 못하기 때문에 변호인의 도움을 받을 수 없습니다. 사령관 부르니삭은 혐의 사실을 알려달라는 그들의 요청을 거부했습니다. 오직 그 혼자서 판결을 내렸습니다. 그는 생장 요새에서 판결을 내렸습니다. 사령관은 피고들이 기피한 부르주아 민병대 소위 라제를 왕의 대소인으로 뽑았으며, 라제가 내린 결론을 참고해 판결을 내렸습니다. 피고들은 11월 20일에 이의신청을 냈지만, 사령관 부르니삭은 25일에 기각했습니다. 그가 사건을 제대로 검토하지 않은 채 닷새나 부당한 일을 저지르는 데 허비했다는 것은 참으로 신기한 일이 아닐 수 없습니다.

그렇다면 이제 우리는 어떻게 해야 할까요? 무엇보다도 피고인들의 이익, 대중의 이익, 마르세유 시의 이익을 고려해야 합니다.

미라보는 재판을 공개적으로 한다면 피고인들에게 불리한 결정을 내릴 판사들이 재판에 관여한다고 해도 별 문제가 없을 것이라고 주장했다.

"그들이 자신을 방어할 유일한 수단으로 요구하는 것은 재판을 공개하라는 것입니다."

미라보는 국회가 내린 명령을 어긴 사례를 그대로 보아 넘긴다면 앞으로 국회의 명령을 누가 듣겠느냐고 볼멘소리를 했다.

"기마헌병대 사령관은 국회의 명령이 곧 법이라는 사실을 모른단 말입니까? 그에게 그 사실을 군이 일깨워줘야 합니까? 국회의 11월 5일자 명령이 비록 왕국 전체를 대상으로 삼았다고 해도, 특히 마르세유와 그에 대한 특별한 명령이라는 사실을 어찌 모른다고 하겠습니까?"

마침내 미라보는 다음과 같은 안을 상정해 통과시켰다.

"국회의장은 왕에게 지난 8월 19일 이후 프로방스 헌병대 사령관이 피고 르베키, 그라네, 파스칼에 대해 조사한 형사 사건을 마르세유 세네쇼세 법원으로 이송하는 명령을 내려달라고 간청한다. 또 사령관의 명령으로 구속된 피고인들을 마르세유의 왕립감옥으로 호송해 최종심이 날 때까지 지내도록 명령을 내려달라고 간청한다. 더불어 피고인 세 명이 프로방스 기마헌병대 사령관에게 제출한 청원서의 사본을 파리의 샤틀레 법원의 왕 대소인에게 보내 적절한 절차를 거치도록 한다."

이렇게 해서 기마헌병대 사령관은 시민들을 불안하게 만들던 재판권을 빼앗겼다. 그리고 마르세유는 모든 부대가 철수한 뒤 다시금 평온한 상태로 되돌아갔다.

1790년 1월, 마르세유에서 도매업자 에티엔 마르탱이 시장으로 뽑혔다. 이제부터 도매업자, 부르주아, 자유직업인이 시정을 장악하기 시작했다. 그럼에도 1월 말부터 2월까지 계속해서 마르세유 민중은 봉기했다. 국회는 기마헌병대 사령관의 군사법원 문제를 또다시 토론했다. 4월 22일과 23일에는 루아얄 마린 연대, 용기병, 포병이 마르세유에서 철수했다. 27일, 엑스 시정부가 잔치를 벌였을 때 혁명의 적들이 음모를 꾸미고 요새들을 되찾으려 한다는 소문이 돌았다. 30일, 시위대 50여 명이 보초를 위협하고 노트르담 드 라 가르드 요새를 기습해서 빼앗았다. 그들은 도시를 방어하는 성채와 생니콜라 요새를 향해 대포를 겨누었다. 민중은 생장 요새와 생니콜라 요새를 공격했다. 시정부 관리 한 사람이 거리를 뛰어다니면서 시위대를 부추겼다는 소문이 돌았다. 이것이 사실인지 조사하려 해도 목숨을 걸어야 하기 때문에 선뜻 나설 사람이 없을 정도로 분위기가 험악했다. 마르세유 시정부는 회의를 열고 요새의 군인들에게 항복하라고 권유하기로 결정했다. 그러나 생니콜라 요새에 주둔한 군인들은 전쟁위원회를 열고 요새를 왕과 국민에게만 넘기겠다고 했다. 마르세유 시정부는 왕도 아니고 국민도 아니었다. 그러나 생니콜라 요새의 주둔군은 백생 연대의 병사들이 시민들과 연통했다는 소식을 듣고 항복해야 했다.

보세가 참모장으로 있던 생장 요새는 끈질기게 저항했다. 그러나 마침내 성채를 빼앗기고 저녁 8시에 항복했다. 마르세유 시장은 시위대에게 명령을 내려 보세에게 화약과 소총을 보관한 창고의 열쇠를 받아오라고 했다. 보세는 열쇠를 가진 사람은 요새 사령관이라고 대답했다. 그러나 사령관은 찾아간 사람들에게 보세가 열쇠를 가졌다고 말했다. 보세는 시장에게 직접 얘기하고 싶다고 말한 뒤 마르세유 시청으로 찾아가겠다고 제안했다. 보세는 신변 안전을 이유로 뱃길로 시청에 나가도록 해달라고 요청했으나 시청 측은 거절했다. 그리하여 시청 관리 두 명과 국민방위군 분견대가 그를 데리고 시청을 향해 출발했다. 요새 문을 나서자마자 경사면을 따라 내려갈 때 민중이 보세를 심하게 욕하고 모욕했지만 보세는 묵묵히 갈 길을 갔다. 민중이 그를 더욱 심하게 구박했지만 아무도 그를 도와주지 않았다. 그는 도망쳐 근처의 가발가게로 들어가려 했다. 그러나 주인은 그를 보자마자 그의 앞에서 문을 닫아버렸다. 뒤쫓던 국민방위군이 그의 등에 총검을 꽂았다. 시위하는 민중 속에 국민방위군도 뒤섞여 있다가 보세의 주검을 잔인하게 훼손했다. 엑스 출신 귀족 의원 앙드레는 국회에서 이렇게 말했다.

"나는 보세의 죽음에 대해 말하고자 하는 것이 아니라 단지 그가 총검에 살해를 당하던 상황만 말하려 합니다. 보세는 시정부 관리 두 명이 보는 앞에서 무참히 죽었습니다. 사람들은 그가 화약에 불을 붙이려 했다고 주장했습니다. 믿을 수 없는 일입니다. 당시 요새에는 국민방위군이 잔뜩 있었기 때문입니다. 그리고 화약고는 칼을 든 보초가 항상 지키고 있었습니다. 나는 법안을 제출하려고 이 자리에 서지 않았습니다. 단지 시정부의 잘못을 지적하려고 이 자리에 섰습니다. 나는 이처럼 당시 상황을 정확히 보고하는 것만으로도 생명의 위협을 느낍니다. 나는 마르세유에서 5리외(20킬로미터) 떨어진 곳에 아내와 자식과 집을 둔 사람입니다. 나는 그들에게 닥칠 위험과 내게 가장 소중한 이익을 잊었습니다. 혁명과 자유를 지키고, 방종과 무정부상태를 물리쳐야 하기 때문입니다."

이처럼 마르세유에서 시위를 벌이는 사람들, 시정부, 프로방스 지방의 주둔군, 그들로부터 소식을 보고받는 국회의원들은 제각기 현실을 다르게 파악하고 있었다. 이는 마르세유에 한정된 일이 아니었다. 앞에서 지방의 정부가 굶주린 민중을 쉽사리 '도적떼'로 규정하는 사례를 보았듯이 혁명에 협조하는 정도가 서로의 관계를 규정했음을 알 수 있다.

혁명이 급진화하는 과정에서 마르세유는 심한 갈등을 겪고 혁명에 열렬히 동참하는 '애국자들'이 점점 더 큰 역할을 맡았다. 마르세유 애국자들은 7월 14일 전국연맹제를 앞두고 확실하게 혁명의지를 보여주었다. 그러나 전국연맹제가 끝난 뒤에도 마르세유의 혁명 지지자와 왕에게 충성하는 정규군은 계속 갈등을 빚었다. 마르세유 헌우회(자코뱅 클럽)가 카미유 데물랭에게 보낸 편지는 그 사실을 잘 보여준다. 그들은 데물랭이 발행하는 신문 『프랑스와 브라방의 혁명』이 진상을 왜곡하지 않고 전해주기 바라면서 이렇게 썼다.

최근 마르세유의 모든 구는 코뮌회의가 소집하여 모인 자리에서 거의 전 폭적인 지지로써 애국군대(국민방위군)의 새 사령관을 뽑았습니다. 마르세유 사회의 갈등은 최고조에 달했습니다. (프로방스 주둔군 사령관) 카라망(백작 칭호는 전국연맹제를 앞두고 쓰지 않기로 했음을 기억하자)과 (기마헌병대 사령관) 부르니삭이 머리를 꼿꼿이 쳐들기 시작했습니다. 이 두 사람과 시민의 수비대(국민방위군) 전 사령관 리외토J.-F. Lieuteau는 강력히 동맹을 맺어 선량한 애국자들에게 근심거리를 안겨주었습니다. 그들은 우리를 탄압하다 사라진 폭군들의 폐허 위에서 다시금 우리에게 끔찍한 독재의 굴레를 씌우려고 눈이 벌겋습니다. (……) 농촌에는 사제들의 강요로 발행된 선동적인 글이 잇달아 쏟아져 나와 널리 퍼졌습니다. 음흉한 도당들은 거짓말로 민중을 속였습니다. 그들은 우리가 존경하는 시장, 일명 마르세유의 아리스티드(2세기 현인)인 마르탱을 중상비방했습니다. 그들은 민중으로 하여금 우리가 소중히 여기는 시정부를 거부하면서 들고일어나도록 부추겼습니다.

마르세유의 왕당파는 그릇된 정보를 흘리면서 농촌과 도시의 가난한 민중을 부추겨 합법적인 시정부에 저항하는 시위를 일으키게 했다. 그곳 자코뱅 클럽은 그들의 시위를 막았지만 8월 17일 시위대에게 졌다. 시위대—헌우회는 이들을 '매수당한 도적떼'나 '살인자들'로 규정했다—는 헌우회 회원 600명 이상이 모인 회의장에 난입했다. 헌우회원들은 평화적으로 물러나 겨우 목숨을 건졌다. 폭동을 사주한 자들은 헌우회를 중상해 민중의 의심을 사게 만들었다. 다행히 시정부가 폭동을 진압하고 계속 포고문을 붙여 헌우회야말로 선량한 민중의 진정한 친구임을 알렸다.

마르세유의 왕당파는 끈질겼다. 그들은 새로운 헌법의 원칙을 적용해 탄생한 합법적인 시정부를 공공연히 부인하면서 오직 왕의 군대 지휘관만이 정통성을 지닌 지도자라고 선전했다. 리외토는 시정부를 새로 뽑기 이틀 전에 공공연히 도전했다. 그는 군대를 모아 선거 당일까지 반란을 일으켰다. 그리고 불법으로 의회를 구성하고 거기서 시정부에 반대하는 선동을 일삼았다. 마르세유의 모든 구는 화가 나서 이 범죄집단을 고발하는 한편 예정대로 국민방위군 사령관을 뽑았다. 마르세유 코뮌 의장으로 뽑힌 카브롤 드 몽쿠송도 시민정신과 애국심이 투철하고 사회적으로 명망이 높은 인물이었다. 이러한 합법적인 과정을 보면서 이를 가는 사람들은 오직 귀족주의자와 왕당파뿐이었다. 이 사건은 애국파의 승리로 끝났지만 마르세유뿐만 아니라 남부 여러 도시에서 혁명과 반혁명의 세력은 끊임없이 충돌했다. 그런데 남부의 몽토방에서는 시정부와 국민방위군의 갈등에 엉뚱하게도 종교적 갈등이 작용해 일을 더욱 복잡하게 만들었다. 이제 그것을 살펴볼 차례다.

6
몽토방 사태

버드나무saule로 뒤덮인 산 또는 흰 산이라는 뜻을 가진 몽토방은 1144년 툴루즈 백작 알퐁스 주르댕이 세운 도시였다. 몽토방은 12세기부터 영국과 교역했다. 몽토방 상인들은 북부의 샹파뉴에서 해마다 열리는 정기시에 참가하면서 13세기 후반에는 번영의 길을 열었다. 대성당의 시대라 불리는 13세기 말(1280)에 생자크 교회를 짓고 14세기 초에 다리를 놓았다. 100년 전쟁이 일어난 뒤 영국인에게 점령당했다가

흑사병을 겪고 다시 프랑스의 땅이 되는 동안 경제적 번영은 주춤했다. 16세기 후반 종교동란 시대에 몽토방은 개신교도들이 우세한 도시가 되었다. 앙리 4세는 왕이 되기 전 개신교도일 때 몽토방에 자주 머물렀다. 17세기 초, 루이 13세 시대의 총리대신 리슐리외 추기경은 대서양 쪽의 개신교도들을 정복한 뒤 몽토방으로 내려가 생자크 교회에서 가톨릭교를 회복시켰다. 그렇게 몽토방이 가톨릭으로 개종한 뒤 1635년 지사청이 들어서고 1661년 소비세aides 재판소까지 갖추어 경제적으로 중요성을 인정받았다. 특히 18세기에는 제분업, 비단과 모직물 직조업이 발달해 번영하는 도시가 되었다. 2만 7,000명 남짓한 당시 인구 가운데 절반 이상이 직조업에, 2,000명 정도가 제분업에 종사했다.

1789년 7월, 몽토방 주민도 국민방위군을 창설했다. 그리고 9월 11일에 조직과 복무규정을 만들어 3개 대대를 갖추고 각 대대를 장교까지 포함해 100명씩의 8개 중대로 나누었다. 거기에 덧붙여 60명으로 용dragons 부대를 창설했다. 모든 장교는 6개월마다 투표로 뽑았다. 단지 참모부 요원들은 업무의 특성을 고려해 1년씩 복무하게 했다. 국회가 지방정부조직법을 마련하기 전에 생긴 옛 시정부는 이 규정을 승인했고, 그렇게 해서 초기에는 아무런 문제가 없었다. 그러나 1789년 12월 14일에 지방정부조직법으로 탄생한 새 정부 관리들과 국민방위군이 1790년 2월부터 갈등을 빚기 시작했다. 떼강도가 몇몇 성관을 약탈하고 불을 질렀을 때 국민방위군이 나서서 진압했다. 이때 국민방위군에 들어가지 못한 일부 시민이 의용대를 조직하고 떼강도를 추적한 뒤 국회에 자신들이 한 일을 보고했다. 국회는 2월 18일 회의에서 이 사실을 보고하고 20일에는 국회의장 이름으로 그들에게 답장을 보냈다. 의용대는 그 편지를 시정부의 등기부에 기록하게 하고 공익을 위해 자신들이 한 행동을 공식적으로 인정받았다. 몽토방 국민방위군은 이 사실을 알고 의용대에 대한 불만을 담아 3월 7일 시정부에 탄원서를 제출했다. 국민방위군은 자신들만이 몽토방에서 유일하게 합법적인 조직이라는 사실, 그리고 리용에서는 두 개 조직이 싸우면서 혼란이 일어났다는 사실을 지적하면서 몽토방 시정부가 국회의장이 의용대에 보낸 편지를 등기부에 기재한 것은 의용대를 합법적인 기관으로 인정해주는 것이며 그 때문에 불화가 발생할 수 있다고 한탄했다. 그리고 옛 시정부처럼 의용대를 인정하지 않는 결정을 공식적으로 내려달라고 요구했다.

"몽토방에는 국민방위군의 이름으로 활동하는 국민의 군대만이 존재하고, 의용대는 국민방위군에 소속하기 전에는 아무 곳에서도 모일 수 없다."

국민방위군은 만일 시정부가 자신들의 요구를 들어주지 않으면 국회에 정식으로 탄원하겠다고 으름장을 놓았다. 몽토방 시정부는 바로 다음 날인 8일에 포고령을 내렸다. 포고령에서 비록 불쾌감을 감추지 않았지만, 시정부는 의용대를 상설기구로 인정하지 않는다는 사실을 밝혔다. 이렇게 해서 그 문제는 해결되었다. 3월 19일, 국회 차원에서도 의장이 몽토방에 편지를 보내 의용대를 창설하는 것은 국회의 명령을 위반하는 일임을 밝혔다.

몽토방 국민방위군은 다른 지방에서 연맹협정을 맺는 사례를 보면서 자기 고장에서도 연맹협정을 맺어 혼란의 싹을 잘라야겠다고 결심했다. 그들은 이웃의 국민방위군에게 회람을 돌렸다. 그러나 그들은 새 정부와 다시 갈등을 빚었다. 새 정부는 옛 정부의 결정을 인정하지 않았기 때문에 국민방위군이 관리하는 무기고와 탄약고 열쇠를 시정부가 관리하겠다고 나섰던 것이다. 국민방위군은 결국 무기고와 탄약고 열쇠를 시정부에 넘겼다.

3월 29일, 몽토방의 국민방위군과 그 지역에 주둔한 정규군인 랑그도크 연대가 연맹협정을 맺고 다른 지역에서 했던 것처럼 맹세한 뒤 협정 사실을 몽토방 시정부와 국회에 알렸다. 아울러 국민방위군은 시정부 관리들이 앞으로 있을 연맹협약에 참가해 함께 맹세를 하자고 제안했다. 그날 몽토방 시정부는 국민방위군과 랑그도크 연대의 협정을 승인하지 않았다. 또 앞으로 시정부의 허가를 받지 않고서는 어떠한 연맹도 제안할 수 없다고 의결했다. 4월 8일, 국회에서는 몽토방 국민방위군과 랑그도크 연대의 연맹협정을 높이 평가했다. 그러나 곧 몽토방 시정부를 의식해 문제를 다시 검토한 뒤 4월 10일에 원칙적으로 몽토방 시정부의 편을 들어주면서 국민방위군에게 시정부와 협력하여 헌법과 질서를 지켜달라고 부탁했다. 국민방위군은 국회의 명령에서 시정부와 국민방위군이 협력하라는 대목을 부각시키면서 몽토방 시정부가 일방적으로 명령하면 따르지 않겠다는 명분을 앞세웠다.

몽토방 시정부와 국민방위군, 그리고 국회가 서로 의사소통을 제대로 하지 못한 결과, 오해가 쌓이고 문제가 점점 복잡해졌다. 시정부는 국민방위군의 탄원이나 통보를 받고 그에 대한 반응을 보여주었고, 그사이 국민방위군은 시정부의 대답을 기다리지 않고 국회에 직접 경과를 보고했으며, 국회는 시정부의 반응을 제대로 알기도 전에 몽토방 국민방위군의 행위를 판단했던 것이다. 몽토방 시정부는 옛 시정부가 그곳 국민방위군에게 인정해준 권한을 때로는 무시한 채 새로운 결정을 내렸고, 그렇게 해서 불만을 사기도 했다. 4월 6일, 국민방위군에 복무하고 싶은 시민 300명의 청원을 받은 시정부는 무기를 들 수 있고 일정한 자격을 갖춘 시민을 국민방위군에 받아들이며, 한 중대를 64명으로 재편해 나머지 인원으로 새 중대를 창설하라고 명령했다. 이러한 명령을 받은 국민방위군은 옛날 의용대에서 활동한 사람이나 새로 국민방위군에 들어오고 싶은 시민을 받아들일 수는 있겠지만 새 중대를 창설하지는 못하겠다고 버텼다.

　시정부의 명령, 국민방위군의 불만, 시민병사가 되고자 하는 시민들의 청원, 그렇게 4월이 지나고 5월이 되었다. 5월 2일, 몽토방 시장 시외라크는 국민방위군 사령관 뒤퓌몽브룅 남작에게 공문을 보내 중대를 신설하는 일이 공공의 평화를 지키는 데 꼭 필요하므로 하루빨리 실천하라고 촉구했다. 뒤퓌몽브룅 남작은 국민방위군의 전쟁위원회를 되도록 빨리 소집하겠다고 대답하면서도 전쟁위원회는 오직 국회의 명령만 따를 것임을 분명히 밝히는 한편 몽토방 시정부의 명령을 이미 국회에 고발했다고 덧붙였다. 이처럼 전쟁위원회는 한 달 사이에 벌써 세 번이나 국회에 시정부의 명령이 적법한지 묻는다는 핑계를 대면서 시정부의 명령을 거역했다. 국회가 4월 30일에 내린 명령이 5월 5일 몽토방에 도착했다. 그것은 모든 지방의 국민방위군은 결정적인 조직을 갖출 때까지 처음의 체제를 그대로 따르고, 변화가 필요한 경우에는 현재 존재하는 모든 국민방위군과 지방정부와 협력해 변화를 꾀할 수 있다고 했다. 그날 저녁, 새 부대에 편입되기를 고대하는 사람들이 어둠을 틈타 국민방위군 병사들을 공격했다. 이튿날 그 소문이 몽토방 전역에 퍼졌다. 몽토방 국민방위군 참모부는 국회의 명령을 시정부 관리들에게 보내면서 새 중대를 창설하는 문제를 보류해달라고 다시 한번 요청했다. 그날 시정부는 참모부에게 8개 중대로 제4대대를 창설하라는 4월 6일의 시정부 명령을 확인시켰다. 시정부는 업무를 맡을 장교와 병사들의 명부를 참모부에 보내면서 국민방위군에 대한 결정을 내릴 군사위원회의 중대 대표들을 뽑으라고 압박했다. 그러나 참모부는 자기주장을 굽히지 않았고 오히려 시정부가 고집을 부리면 불행한 사태가 일어날 수도 있다고 경고했다. 몽토방 국민방위군의 사령관은 시정부에 협조적이었지만 참모부는 강경하게 맞섰음을 알 수 있다.

몽토방 시정부와 국민방위군이 이렇게 서로 대립하는 가운데 종교문제가 중요한 변수로 작용했다. 몽토방의 인구 중 6분의 1이 개신교도였다. 그들은 시 예산의 절반 정도를 부담할 만큼 부유했고, 그들 가운데는 아주 거물급 상인들도 있었다. 몽토방에는 그들을 비방하는 인쇄물이 나돌았다. 중상비방문은 그들이 군주정과 가톨릭을 없애려는 음모를 꾸민다고 선동했다. 계속해서 중상비방문은 개신교도들이 모든 면에서 체제를 뒤집어엎는 파벌이라고 비난했다. 그러므로 그들을 모든 공직이나 중요한 위치에서 몰아내야 한다고 주장했다. 4월에 국민방위군은 순찰활동을 하다가 이 같은 중상비방문 14부를 적발했고, 사령관 뒤퓌몽브룅 남작은 4월 16일 시정부에 보고서를 제출했다. 순찰대가 압수한 중상비방문은 "아르포르 공작이 님의 가톨릭교도, 개신교도, 그리고 모든 선량한 시민에게 보낸 편지에 답함"이었다. 이 밖에도 몇 가지 중상비방문이 몽토방과 남부 지방에 퍼졌다. 가톨릭교도에게 개신교도에 대한 경각심을 불러일으키려고 사실을 왜곡하는 글이었다. 4월 21일, 가톨릭교도들에게 이틀 뒤 오후 2시 코르들리에회 교회에 모이자고 촉구하는 글이 나돌았다. 가톨릭교도들은 23일에 모여 회장과 총무들을 선출하고 대표단을 시청으로 보내 자기네 모임의 목적을 명확히 알렸다. 그들의 목적은 가톨릭교만이 국교임을 확인하며, 모든 사람을 가톨릭교로 통일하게 해달라고 왕과 국회에 청원하는 데 있었다. 몽토방 주교구의 보좌주교들은 4월 25일에 주교 대신 교서를 내렸다. 그들은 시정부 관리들의 허락을 받아 합법적으로 모인 집회에서 청원한 대로 40시간 동안 기도를 하라고 명령했다.

국민방위군은 교회의 모임에서 대부분의 시간을 주로 개신교도를 공격하는 데 쓴다고 불평했지만, 일반인은 자신들이 겪는 고통의 원인을 개신교도에게서 찾았다. 개신교도들이 음모를 꾸미고, 모든 기도를 돈으로 독점하고, 더 나아가 랑그도크 연대까지 그릇된 길로 유혹한다고 비난했다. 이렇게 해서 가톨릭교도들의 미움이 폭발 직전까지 갔다. 5월 7일, 새로운 중대를 창설하라고 요구하던 사람들은 직접 행동으로 주장을 관철시키려고 또다시 청원했다. 8일, 국민방위군의 사령관과 일부 가장들이 합심해서 발등의 불을 끄려고 노력했다. 그들은 시청으로 갔다. 사령관은 시정부 관리들에게 양측이 조금씩 양보해 화해하라는 안을 제시했다. 그리고 국민방위군을 전국적으로 확실하게 조직할 때까지 되도록 평화를 유지하자고 제안했다. 양측은 5월 9일 일요일 오후에 협상안을 놓고 토론했다. 시정부는 현존하는 3개 대대에 각 1개 중대를 신설해 각 대대를 9개 중대로 만들든지, 현존하는 24개 중대에 새로 8개 중대를 추가해 각 8개 중대씩 갖는 4개 대대를 만들자고 제안했다. 병력을 늘리고 중대나 대대를 신설하지만 참모부는 바꾸지 않는다고 하여 국민방위군의 마음을 사려고 했다. 국민방위군은 두 가지 안을 모두 탐탁지 않게 여기면서도 10일에 전쟁위원회를 소집하기로 했다. 국민방위군은 참모부에 전권을 주어 전쟁위원회에 나가도록 했지만 그날 뜻밖의 사건이 터졌다.

5월 10일 월요일은 기도절jour des Rogations의 첫날이었다. 그리스도가 하늘로 올라가기 3일 전으로 이때부터 승천일까지 사흘 동안 신도들은 계속 기도하는 것이 중요한 관례였다. 그날 오전 11시, 몽토방 시정부 관리들은 국회의 명령으로 수도원 재물조사를 수행할 관리를 두 명씩 자코뱅 수도원, 카르멜 수도원, 코르들리에 수도원, 카푸친 수도원, 오귀스탱 수도원으로 보냈다. 그러나 조사위원들이 수도원 앞에 도착했을 때 여성 시위대가 문 앞으로 달려들면서 그들을 보고 힘껏 외쳤다.

"가톨릭교도들이여, 여기 모이세요. 지금 수도사들을 잡아가려고 합니다. 우리는 이 망할 위그노들로부터 그들을 지켜내겠습니다."

16세기 칼뱅(본명은 장 코뱅이지만 라틴어 이름 칼비누스에서 변형된 이름에 밀려났다)이 가톨릭교를 비판하면서 새로운 교리를 내세운 뒤, 프랑스 사람들은 칼뱅파 개신교도들을 위그노라 불렀다. 위그노에 맞서 수도원을 보호하려는 여성 시위대는 더욱 불어났다. 모든 수도원 앞은 인산인해였다. 특히 코르들리에 수도원 앞에는 거물급 가문의 여성이 많았다. 귀족 코몽 가문의 부인들, 몽토방 지사의 부인과 시장의 딸이 여성 시위대의 용기를 북돋아주었다. 그들은 용(드라공) 중대의 중위 뒤슈맹이 지나갈 때 야유를 퍼부으면서 돌을 던졌다. 다른 수도원 앞에서도 비슷한 일이 일어났다. 국민방위군 병사들이 욕을 먹고 돌에 맞았다. 몽토방의 질서가 무너졌다. 사람들은 무질서한 상황에서 가장 확실한 것이 사재기인 듯이 빵집으로 몰려갔다. 빵집에는 빵이 동나서 무질서에 불안감까지 더욱 부추겼다.

여성 시위대는 시정부 관리가 두 명씩 수도원을 방문할 것임을 며칠 전부터 알고 있었다. 그들은 9일 밤 여성들에게 표를 나눠주면서 다음 날 수도원 재물조사와 목록작성을 방해하자고 선동했다. 그리고 그 일에 성공한 뒤, 그들은 국민방위군 사령관 뒤퓌몽브룅의 집이 있는 몽주 광장에 모였다. 그때 사령관은 시청에서 시정부와 국민방위군의 타협안을 마련하려고 애쓰고 있었다. 그는 시위대 4,000명이 자기 집에 불을 지르려 한다는 소식을 들었다. 시정부 관리들이 그 소식을 듣고 달려가 시위대에게 해산해달라고 요청했다. 그러나 시위대는 뒤퓌몽브룅이 가톨릭교도 편이 아니라 개신교도 편이며 새 중대를 신설하는 데 반대했기 때문에 그의 집을 태워버리겠다고 으름장을 놓았다. 시장 시외라크가 현장에 나타나 설득했다. 시장은 그들을 돌려보낸 뒤 뒤퓌몽브룅에게 그날 일어난 일을 알려주고 나서 점심에 초대했다. 사령관이 용 중대원 몇 명의 보호를 받으면서 집으로 돌아가보니, 또다시 시위대가 모여 있었다. 이번에는 남성도 많았다. 그들은 사령관을 호위한 장교 몽테가 칼을 빼들고 민중을 위협했기 때문에 화가 났다고 말했다. 시장이 그 소식을 듣고 부랴부랴 현장에 달려가 시위대를 설득했다. 시위대는 사령관 집에 들어간 용 중대원들이 나오면 자신들도 해산하겠다고 약속했다. 시장은 사령관에게 그 말을 전했고, 사령관은 시장의 뒤를 따라 길로 나섰다. 시장은 시위대를 물러나게 한 뒤 사령관과 함께 자기 집으로 점심을 먹으러 갔다.

오후 2시 반, 시정부 관리인 디스, 미알라레, 비날이 시청 앞마당에서 용 중대와 국민방위군의 병사 몇 명이 모여 있는 것을 보고 시청으로 불러들였다. 네 명이 들어섰다. 그들에게 근무시간도 아니고 따로 모이라고 명령하지도 않았는데 왜 모였는지 묻자, 그들은 몽주 광장에 시위대가 있다는 소문을 듣고 진상을 알아보러 왔노라고 대답했다. 시정부 관리들은 시위대가 200명가량 모여서 소비세 재판소에 근무하는 왕의 변호사 델브레이 집을 공격하려 한다는 말을 듣고 진상을 조사할 사람을 보냈지만, 델브레이 집은 평온했고 그는 나가려고 옷을 차려입고 있었다. 그동안 시청 앞에는 용 부대와 국민방위군이 모여들었다. 시정부는 용 중대 대위 뒤슈맹을 불러들여 해산하라고 말했지만, 뒤슈맹 대위는 국민방위군 병사들이 자기 말을 듣지 않으므로 사령관에게 알려서 해산시키라고 대답했다. 관리들이 대책을 논의하는 사이에 남녀 주민들이 몰려들어 국민방위군과 용 부대원들을 향해 당장 물러가라고 시위했다. 위협을 느낀 용 부대원들은 무기를 들라고 외치면서 수비대가 근무할 때 소지하는 소총을 가지고 나왔다. 그러나 소총은 장전되지 않은 것이었다. 시정부 관리들과 부검찰관이 정복을 갖춰 입고 시청 마당 입구로 나가 사람들을 해산시키려고 애썼지만 애원, 권고, 위협, 그 어느 것도 그들에게 먹히지 않았다.

이번에는 수비대 막사 앞에 소총과 칼을 들고 있는 용 부대원들에게 해산하라고 했지만 그들도 말을 듣지 않았다. 시정부 관리는 용 부대원들이 해산해야 시위대가 해산할 것이라고 하면서 설득했지만 용 부대원들은 겨우 열아홉 명이었으며 신변의 위협을 느꼈기 때문에 말을 듣지 않았다. 마침내 시정부 관리는 국민, 법, 왕의 이름으로 시정부의 명령에 복종하라고 말했다. 그는 용 부대원들에게 쪽문으로 안전하게 빠져나갈 수 있으니 명령을 들으라고 말했지만 허사였다. 오히려 몇몇 병사가 갑자기 마당 입구로 가서 그 앞에 모인 시위대를 위협했다. 시위대가 흥분해서 마당 문을 밀고 안으로 들어섰다. 용 부대원들은 수비대 막사의 문 앞으로 밀리면서 소총에 돌을 장전해 시위대에게 쐈다. 시위대 몇 명이 다쳤고 피를 본 사람들이 더욱 화가 나서 무기와 탄약을 달라고 거세게 외치며 달려들었다. 시정부 관리는 시위대의 생명을 보호하려면 그들의 요구를 들어주어야 한다고 생각해서 곧 소총 150정을 보관한 무기고를 열어준 뒤 붉은 기를 걸었다. 붉은 기는 계엄사태를 알리는 것이었지만 시정부 관리들은 계엄령을 내리지 않은 채 붉은 기만 걸었던 것이다. 순식간에 사람들이 총을 나눠가지고 총소리가 나는 방향으로 달려갔다. 시정부가 국회에 올린 보고서는 용 부대가 방책을 쌓고 있는 쪽에서 먼저 총을 쐈다고 했다. 시위대는 수비대 대위 뇌빌에게 탄약을 내놓으라고 위협했다. 뇌빌 대위는 생명의 위협을 느끼고 탄약상자의 자물쇠를 땄다. 시위대는 탄약까지 갖추고 용 부대가 피신한 수비대 건물로 달려갔다.

용 부대는 창문과 문에서 총을 쐈다. 시위대 몇 명이 부상당했다. 시위대는 더욱 흥분했다.

시정부 관리인 비알레트 데냥은 조금 다친 쇼낙, 아벵크, 델브레이 형제들과 함께 수비대 막사 창문으로 다가가서 거기서 시위대와 싸우는 용 부대원들과 국민방위군 병사들에게 무기를 내려놓으면 목숨을 구할 수 있다고 설득했다. 시위대는 단지 시청을 그들에게서 되찾고 시정부 관리들을 보호하려는 목적만 가지고 있기 때문에 지금이라도 항복하면 왕립감옥으로 안전하게 넘기겠다고 말했다. 저항하던 병사들은 창문으로 무기를 넘겨주었다. 그러나 시위대는 아직 만족하지 못했다. 시위대는 자신들이 무장하지 않았음에도 용 부대원들이 총을 쏴서 죽이려 했다고 말했다. 그동안 시정부는 기마헌병대에 질서를 찾아달라고 요청했다. 기마헌병대는 오전에 수도원으로 가는 한길에 모인 사람들, 뒤퓌몽브룅 집 앞에 모인 사람들을 차례로 해산시킨 뒤 곧 시청으로 달려갔다. 시장은 랑그도크 연대장에게 기마헌병대와 힘을 합쳐 질서를 유지해달라고 부탁했다. 랑그도크 연대가 도착할 때까지 시장 시외라크는 시위대를 진정시키려고 온갖 방법을 동원했다. 아직 랑그도크 연대가 도착하지 않았지만 시정부 관리 미알라레는 기마헌병대 지휘관 달로제에게 시청 안마당으로 들어가 수비대 막사 문을 부수고 있는 시위대를 막아달라고 부탁했다. 기마헌병대가 도착하자 효과가 바로 나타났다. 시위대는 문에서 물러났다. 시위대는 그들을 보고 만족했다. 그리고 랑그도크 연대도 도착했다. 지휘관은 시위대가 수비대 막사에 갇힌 용 부대와 국민방위군 병사들을 탈 없이 넘겨준다면 군복을 벗겨 왕립감옥으로 데려가겠다고 약속했다.

시위대는 조용히 기다렸다. 랑그도크 연대 병사들이 수비대 막사의 문을 열었다. 용 부대 병사 세 명이 죽어 있었고 한 명은 중상을 입고 죽기 직전이었다. 그보다 덜 다친 병사가 서너 명 있었다. 랑그도크 연대의 척탄병과 추격기병 부대원들은 나머지 생존자의 제복을 벗기고 포박해 한 줄로 묶은 뒤 시청에서 감옥까지 안전하게 호송했다. 시장 시외라크, 관리 사튀르, 시위대가 그들의 뒤를 따라 감옥 앞까지 갔다. 시장은 대중을 근처 교회에 모이게 했다. 그는 평화, 안정, 용서를 간곡히 부탁했다. 그러나 대중은 아직 안전하지 않기 때문에 그렇게 할 수는 없다고 말했다. 방금 감옥에 들어간 마리에트의 집에는 대포, 탄약, 무기가 많기 때문에 그 패거리가 언제 그것으로 자신들을 공격할지 몰라서 불안하다고 했다. 시장은 그들을 안심시켰다.

"마리에트는 시청에 나와서 자기 집에 있는 대포는 쓸모없는 것이라고 확인했습니다."

그러나 대중은 시장의 말을 믿으려 들지 않았다. 관리 한 명이 마리에트 집으로 확인하러 간 뒤에야 대중은 해산했다. 시정부가 시청에 모여 밤새 일어날지 모를 사태에 대비할 방법을 마련했다.

지금까지 한 얘기에는 용 부대와 국민방위군의 일부 장교와 병사들의 증언이 빠졌다. 그들의 증언을 들으면 그날의 사건을 뒤집어볼 수도 있다. 시정부는 5월 10일 오전에 관리들을 수도원으로 보냈다고 하는데 어떻게 여성 시위대가 이른 아침부터 모여서 관리들의 활동을 방해할 수 있었을까? 사전에 그 계획이 새어나가고 사람들을 조직적으로 동원하지 않으면 가능한 일이었을까? 그리고 몽토방 국민방위군 사령관 뒤퓌몽브룅이 개신교도였으며, 그도 생명의 위협을 받았는데 하물며 다른 개신교도들은 얼마나 두려웠으랴. 용 부대원들은 감옥에서 증언하기를 시청 안마당에서 뒤로 밀리다가 수비대 막사 안으로 피신해서 자위권을 발동했을 뿐인데 그것을 선제공격이라고 뒤집어씌우니 억울하다고 했다. 그러니까 국회에서 그 사건을 다루는 의원들도 서로 다른 편에서 보고 들은 이야기에 의견이 갈렸다. 그러나 국회에서 사건을 보는 원칙은 혁명의 명분을 살리는 축이 더욱 힘을 얻느냐 마느냐 하는 문제와 직결되어 있었다.

5월 17일, 국회에서 라 망슈의 의원이며 보고위원회 소속인 비에야르가 몽토방에서 일어난 불행한 사태를 보고하면서 임시법이라도 빨리 마련해야 한다고 강조했다. 비에야르는 그 사태의 원인을 이렇게 분석했다.

"이러한 혼란은 종교적 광신 때문에 발생했습니다. 몽토방의 주교 이름으로 교서를 발행해서 모든 주민이 함께 기도하라고 명령했습니다. 사람들은 그 명령을 받고 피가 끓어올랐습니다. 그리고 그들은 크고 작은 모임에서 국회가 내린 명령을 실행하지 않는 방안을 찾으려고 노력했습니다. 국민방위군이 분열했습니다. 국민방위군에 제4대대를 창설하려 했습니다. 신설부대는 법조계 인사와 명예를 모르는 사람들, 그리고 그들에게 팔린 사람들로 구성할 예정이었습니다."

비에야르는 몽토방에서 사건을 목격한 페로레가 보낸 편지를 인용했다. 몽클라르 주민으로 몽토방에 일보러 갔다가 하룻밤 묵은 여인숙에서 사건을 보고 들은 페로레의 편지는 위에서 읽은 내용과 비슷하지만, 세부사항에서 몇 군데 달랐다. 페로레가 하루 종일 직접 보거나 들은 얘기가 여러 사람이 수집해서 작성한 보고서보다 더 정확하다고 보기는 어렵다. 페로레는 11일 정오에 몽토방을 떠날 때 용 부대원 가운데 중상자가 다섯 번째로 목숨을 잃었다는 소식을 들었다고 하면서 다음과 같이 썼다.

이렇게 광신, 아니 좀더 정확히 말해 광신을 부추긴 이기주의, 자만심, 어리석음이 자유를 위해 싸운 다섯 명의 목숨을 앗아갔습니다.

만일 국회가 이러한 반란을 부추긴 죄인들을 벌할 조치를 마련하지 않는다면, 혁명의 적들은 모든 일을 시도하려고 할 것입니다. 그리고 곧 사방에서 경종을 울리고, 사람들이 그들에게 달려들 것입니다.

나는 2리외(8킬로미터)를 걸어가는 동안 농민들을 만났습니다. 그들은 내게 경종을 울려 사람들을 모을지 물었습니다. 그들은 몽토방을 구하려면 5,000~6,000명을 모아야겠다고 말했습니다. 나는 그들에게 국회가 그것을 원치 않을 것이며 그저 가만히 있으면서 사태를 지켜보라고 권고했습니다. (……)

오늘 아침, 최하층민으로 구성된 새 부대가 개신교도의 집을 찾아다니며 무기를 찾는다면서 발칵 뒤집어놓고 있습니다. (……) 만일 이런 일이 계속 일어난다면, 이 불행한 도시는 산업과 부를 잃을 것입니다. 마치 낭트 칙령을 철회한 뒤 줄줄이 외국으로 망명길에 올랐던 것처럼. 사실 프랑스는 아직도 그 영향에서 완전히 벗어나지 못했지 않습니까? 사람들은 80만 리브르나 모은 재산가 뤼피오를 살해한 데 대해 놀라서 입을 다물지 못합니다. 그는 가난한 사람들을 먹여 살린 사람입니다. 가난한 개신교도들은 반쯤 죽은 목숨입니다. 어제저녁 다섯 시부터 사람들이 거리를 뛰어다니면서 삼색 표식을 달지 말라고 외칩니다.

페로레는 몽토방에서 일어난 사태가 반혁명임을 강조하면서 국회가 계엄령을 내려 질서를 바로잡고 학살자들을 벌하도록 촉구했다. 비에야르 의원은 페로레의 편지를 읽은 뒤 위원회가 마련한 법안을 올렸다. 그러나 모든 목격자가 똑같은 사건을 똑같이 보지 않듯이, 의원들도 같은 보고서를 똑같이 받아들이지 않았다. 카잘레스 의원은 말라르틱 의원의 동생이 보낸 편지를 인용하면서 페로레의 편지에서 말한 증거를 요구했다. 이처럼 비에야르의 법안을 놓고 여러 의원이 수정안이나 좀더 조사한 뒤에 법안을 올려도 늦지 않다고 토론했다. 의장은 마침내 다음과 같은 수정안을 올려 통과시켰다.

"국회는 보고위원회의 보고를 듣고 (……) 이 불행한 도시에서 프랑스인들이 피를 흘리는 이때 더 이상의 조사와 설명을 기다리는 것이 의무가 아니라고 생각하면서 다음과 같이 선언한다.

의장은 왕에게 이 도시에 평화와 질서를 되찾을 가장 효과적인 조치, 즉 모든 시민이 국민의 삼색 표식을 달고 다니며 비가톨릭교도를 법적으로 특별히 보호하라는 명령을 즉시 내려달라고 간청한다.

국회는 자기 의무를 소홀히 하거나 선동을 받아 무질서를 조장한 모든 사람이 정의를 실현할 수 있는 가장 확실한 조치를 취할 것임을 선언한다."

그 뒤 국회에서는 몽토방 문제를 몇 번 더 다루었다. 6월 2일 회의에서는 몽토방에서 5월 10일 감옥에 넣은 사람들을 풀어주었다는 소식을 전하면서 국회가 이에 대해 어떤 결정을 내려달라고 보낸 편지를 읽었다. 7월 22일 저녁회의에서 비에야르는 몽토방 사태에 대해 좀더 자세히 보고했다. 그는 먼저 사건의 배경으로 1789년부터 일어난 일을 간단히 정리한 뒤 사건을 상세히 묘사하고 분석했다. 그가 보고서를 읽는 데만 세 시간이 흘렀다. 그의 보고를 들은 비리외 의원은 너무 추론이 많다면서 보고서에서 인용한 문서의 원본을 보여달라고 주장했다. 몽토방이 속한 케르시 도의 의원 페이델은 자기 손에 진실을 들고 있기 때문에 잘 아는데 보고위원회의 보고는 지나치게 사태를 과장했다고 주장했다. 라메트 의원은 몽토방 시정부 관리들을 가로등에 목매달지 않은 것이 유감스럽다면서 당장 결의하자고 촉구했지만 밤이 너무 늦었으니 다음으로 연기하자는 중론이 우세했다. 7월 24일에 몽토방 시장 시외라크, 검찰관 라드, 시정부 관리 미알라레는 국회에서 증언하겠다고 말했다. 로베스피에르가 반대했지만 세 사람은 26일 국회에 출석해 증언했다. 몽토방 시정부와 국민방위군 대표단이 26일 국회에 들어서자 잠시 소란스러워졌다. 먼저 라드가 발언권을 얻었다.

"우리는 혁명에 헌신하겠다고 맹세했고 우리가 맡은 위치를 받아들이면서 우리의 존재와 운명을 혁명에 맡겼음에도 왕국 곳곳에서는 우리를 혁명의 적으로 생각했습니다."

그는 이렇게 한탄하고 나서 몽토방 시정부가 얼마나 혁명에 헌신했는지 해명했다.

"우리를 고발한 사람들은 누구입니까? 우리는 모릅니다. 그들은 어디에 있습니까? 우리는 모릅니다. 고발 내용은 대체 무엇입니까? 아무도 그 내용을 알려주지 않았습니다. 증거는 무엇입니까? 아무것도 없습니다. 이것은 역설이지만 진실처럼 통합니다. 보고위원회만이 내가 던진 질문에 대답할 수 있겠지요."

그는 국회의 보고위원회가 확실한 증거도 없이 몽토방 시정부의 잘못을 비난한다고 불평했다. 그리고 그 비난은 몽토방 국민방위군 측에서 나온 것이라고 말했다.

그다음으로 국민방위군을 대표해 콩브 두누가 증언했다. 그는 5월 10일 현장에 없었다고 말하면서도 몽토방 시정부가 잘못했다는 내용을 전했다. 그 말을 들은 국회의원 대다수가 그것을 기정사실로 받아들였음을 보여주듯이 손뼉을 쳤다. 얼마 전까지 자작 칭호를 유지하다가 잃은 뚱보 미라보가 툴툴거렸다.

"저 사람이 방청객을 모두 매수했군."

국회의장은 양측의 말을 들었으니 모두 물러나도 좋다고 했다. 말루에는 몽토방 시정부 측에서 콩브 두누의 증언에 대해 반론을 할 수 있게 하자고 제안했다. 샤를 드 라메트는 말루에의 제안을 표결에 부치자고 맞섰다. 카잘레스는 말루에를 거들면서 말했다.

"어떠한 사실도 증명하지 못했습니다. 나는 국민방위군이 방금 고발한 내용의 진위를 가려야 한다고 생각합니다. (……) 사람들은 몽토방 시정부를 비난하는 내용이면 무조건 무례하게 박수를 쳤습니다. (……)

몽토방은 내 고향이며, 이 도시가 임명한 시정부 관리들은 명예로운 대접을 받을 만한 사람들이며, 그곳 주민은 그들을 아직도 명예롭다고 생각합니다. 너무 섣부른 판단이 어떤 결과를 가져올지 생각해보시기 바랍니다."

의원들은 카잘레스가 말을 맺기도 전에 웅성거리고 또 발언을 멈추라고 떠들었다. 이미 밤 11시가 되었지만 논란이 끊이지 않았다. 마침내 좌파 의원 몇 명이 불만을 품고 의석을 떴다. 비에야르 의원이 법안을 읽었고 수정안이 나온 뒤 마침내 국회는 다음과 같이 결의했다.

몽토방의 옛 국민방위군을 시정부가 지난 4월 6일 명령을 내리기 전 상태로 회복시킨다. 그 명령과 후속조치는 옛 국민방위군에 속하지 않은 능동시민으로서 지난 6월 12일 국회의 명령에 따라 국민방위군에 편입된 사람들의 경우를 제외하고 무효다.

그리고 국회는 다음과 같이 명령한다.

1. 지난 5월 10일 몽토방에서 일어난 모든 사건 그리고 그 시기 전후로 일어난 모든 사건에 대해 몽토방 시정부 관리들을 조사하고 툴루즈의 형

3각 모자에 삼색 표식을 단 프랑스 애국자가
주머니에 자랑스럽게 토머스 페인의 『인권론』 원고를 내보이고 있다.
영국인 우드워드G. Moutard Woodward의 그림을
토머스 롤랜드슨Thomas Rowlandson이 판화로 제작했다(BNF 소장).

십일조의 속임수.
"신부님, 한 손으로 십일조를 거절하는 척하면서 실은 뒤로 받으려 하네요. 이번이 마지막이라면서요."
1789년 8월 11일, 제헌의회가 십일조를 폐지한 뒤 공식적으로 종교인의 수입은 줄었다.
그러나 수많은 종교인이 몰래 십일조를 계속 받았다(BNF 소장).

장엄한 루이를 다시 세우기, 『사도행전』 제8권의 표제(BNF 소장).

파리의 생탄 거리의 지붕 위에서 가발을 쓰고 퀼로트(반바지)를 입고 비단 양말을 신은 채
총을 들고 있는 사람은 모리 신부다. 국회의원으로서 반혁명파의 웅변가로 몹시 물의를 빚은 사람이다.
『프랑스와 브라방의 혁명들』에 실린 수채화(BNF 소장).

Noel sur l'air des Bourgeois de Chartre
Du Dieu qui le fait vivre
Maury defend les Droits
Mieux qu'il ne peut les suivre
Il exalte ses loix
Mais il perd son latin et cela ne m'etonne
Car au milieu de ce fracas
Dans la salle on n'entendroit pas
Dieu meme quand il tonne.

l'Enragé ou l'Avocat des Aristocrates.

모리 신부를 '고르곤'으로 묘사한 그림 〈과격파 또는 귀족주의자들의 옹호자〉.
입에서 뱀이 나오고 손에도 뱀을 들고 있다(BNF 소장).

사재판관들의 의견에 맡긴다.

2. 그 조사 결과를 모두 듣기 전까지 몽토방 시정부 관리들의 자격을 정지한다.

여기서 말하는 6월 12일의 국회 명령은 "모든 도시와 부르의 능동시민이 그 자격을 유지하려면 각자 자기 주거지나 중심지 행정기관에서 작성한 국민방위군 등록부에 이름을 올려야 한다"는 것이다.

몽토방에서 일어난 사건은 혁명이라는 급격한 변화에 제대로 적응하지 못한 사람들이 일으킨 사건이었다. 만일 시정부가 신중하고 슬기롭게 대처했다면 끔찍한 일을 어느 정도 막을 수 있었을 것이다. 그 사건은 몽토방 시정부와 국민방위군이 서로 갈등을 빚고 몽토방 주민들 가운데 다수의 가톨릭교도가 소수이면서 중요한 지위를 차지한 개신교도를 질투하고 의심하는 가운데 일어났다. 그 사건으로 목숨을 잃은 개신교도는 소수였지만 그들은 마치 혁명의 순교자 같았다. 6월 13일부터 15일 사이에 님에서 일어난 가톨릭교도 살해 사건을 보면 이 말을 쉽게 수긍할 수 있을 것이다. 몽토방에서는 개신교도 다섯 명이 목숨을 잃었지만 님에서는 가톨릭교도 500명 이상이 목숨을 잃었기 때문이다.

7
님 사태

오늘날에도 고대 로마인의 건축술을 자랑하는 수도교 퐁뒤가르가 근처에 있고, 시내에는 로마인의 신전 '메종 카레'가

남아 있는 님은 혁명기에 인구 5만 4,000명의 도시였다. 그중 1만 2,000명이 개신교도였다. 개신교도는 대개 부유하게 살면서 노동자 3만 명에게 일자리와 봉급을 주었다. 그들은 그 지역을 대표하는 전국신분회 의원 여덟 명 가운데 다섯 명이나 내보냈다. 그곳에서도 1789년 7월 19일, 시정부 관리들과 제3신분 대표들이 모여 부르주아 민병대를 창설하기로 결정하고 조직안을 마련할 위원을 선출했다. 7월 20일, 위원회가 마련한 조직안을 근거로 1,349명의 님 군단Légion Nimoise을 조직하고, 그것을 24개 부대로 편성하며 푸른색과 흰색의 제복을 입혔다. 그리고 10월에 이르러 님에는 민병대 조직안을 따르는 몇 개 부대가 생겼다. 어떤 부대는 전적으로 가톨릭교도로 구성되었다. 그중 3개 부대는 10월 15일 맹세를 하겠다고 신청했지만, 시 위원회가 다음 날로 행사를 미루라고 명령했다. 그 명령에 불복해 격렬한 시위가 일어났다. 새 부대의 지휘관인 변호사 프로망은 시청 문을 폐쇄하고 위원회를 협박해 그날 맹세를 해도 좋다는 명령을 받아냈다.

1790년 3월 28일, 님에도 새 정부가 공식 출범했다. 테시에 드 마르그리트 남작은 국회의원으로 활동하다가 님 시장으로 뽑혀 국회의 허가를 받고 부임했다. 시정부 출범식에는 님의 모든 단체를 초대했는데, 이때 프로망 부대는 쇠스랑으로 무장하고 행사장에 나타났다. 왕의 대리인이며 국민방위군 사령관인 켈라르는 그들을 행사장에 들이지 말라고 명령했다. 프로망은 저주의 말을 퍼부으면서 자기 부대를 데리고 버텼다. 이튿날 몇몇 국민방위군 병사들이 전날 쇠스랑을 들고 설치던 토목인부들과 시비를 벌였다. 그때 통제조인이자 개신교도인 알리앵이 외쳤다. "저들을 목매달자!" 그날 저녁 알리앵의 집 앞에 토목노동자들이 몰려들어 문을 부수고 들어가려 했다. 그들은 알리앵을 잡아 들보에 매달아 죽이겠다고 외쳤다. 그들은 실제로 밧줄을 가져다 목매달기 좋게 비누칠을 했다. 그리고 집 문을 부수었다. 마침 순찰대가 나타나 노동자 시위대를 해산시켰다. 그리고 밧줄을 들고 있던 노동자를 잡아갔다. 노동자들은 알리앵의 집을 노렸지만, 단순히 구경하던 개신교도 포르세르도 공격했다. 이 구경꾼은 심하게 다쳐 거의 목숨을 잃을 뻔했다. 공격자들은 개신교도를 그 지방 속어로 '검은 목gorge noire'이라고 불렀다. 이처럼 쇠스랑을 들고 노동자들이 설치고 다니는 것을 본 시민들은 불안에 떨면서 그에 대응하기 시작했다.

시정부가 조금만 더 적극적으로 나섰다면 쉽게 질서를 되찾았을 텐데 그렇지 못했고 그렇게 시간이 흘렀다. 그때부터 님에는 가톨릭교도와 개신교도 사이를 이간질하는 팸플릿이 나돌았다. 그중 하나가 『로마인 베드로가 님의 가톨릭교도에게 보내는 편지Lettre de Pierre Romain aux catholiques de Nîmes』였다.

"개신교도들에게 사법과 군대의 모든 직책을 허용하지 말라. 강력한 법원이 고대로부터 내려오는 원칙을 어기는 사람이 없는지 밤낮으로 지키면, 그들이 곧 개신교를 버리게 될 것이다. 그들은 여러분이 누리는 이익을 분배해달라고 요구한다. 여러분은 그들과 연합하지 않겠지만, 그들은 여러분의 이익을 모두 앗아갈 궁리만 할 것이다. 그리고 곧 그들은 성공할 것이다. (……) 그들은 여러분의 적이다. 여러분의 부모는 그들의 불경한 손으로부터 기적적으로 벗어났다. 그들이 우리 조상에게 얼마나 끔찍한 고통을 주었는지 듣지 못했는가. 그들은 옛날에도 그랬고, 요즘도 그렇다."

또 샤를 생세르(진지한 샤를)라는 필명을 쓴 사람은 왕국에서 개신교도를 쫓아내면 재미있으리라고 한 뒤 국회가 개신교도를 편든다고 불평했다.

"국회가 그들에게 공직에 취임할 권리를 인정해준다면 그다음에는 분명히 왕국이 분열하고 영원히 혼란에 빠지며 혁명이 일어날 것이라는 사실이 불을 보듯 뻔하다."

4월 20일, 이번에는 능동시민 다수가 '흰 옷의 회개자 신심회pénitents blancs' 교회에 모여 투표로써 라피에르 신부를 의장으로, 님의 공증인 협회 최고선임자 장 바티스트 시피옹을 총무로 뽑았다. 그들은 시정부에 헌우회를 폐쇄하라고 촉구하고 "님 가톨릭교도의 결의문Délibération des citoyens catholiques de la ville de Nîmes"을 채택했다. 그들은 로마가톨릭교와 입헌군주제를 유지해야 나라의 평화와 인민의 행복을 지킬 수 있다고 말했다.

> 가톨릭교도와 프랑스인이라는 영광스러운 칭호는 가톨릭교와 군주정을 위협하는 모든 위험에 대해 두려움을 표현할 의무를 요구한다. 따라서 우리는 종교를 지키고 왕의 권위를 회복하는 데 필요한 방법을 찾아야 한다. (……)
> 공공의 행복, 평화, 질서의 적들은 국회를 그릇된 길로 이끌려고 온갖 수단으로 노력하면서 왕좌와 교회를 뒤집어엎은 뒤 그 폐허 위에 자기 세상을 세우려 한다.
> 왕이 파리에 머문 뒤 왕권은 완전히 무너졌고 그 때문에 현재 왕국은 온갖 병폐가 판치는 무정부상태가 되었다.
> 왕이 파리에 머물기 때문에 국회의 활동까지 신망을 잃었다. 더 나아가 옛날의 폐단을 유지하려 하고 장차 왕은 자유롭지 못한 상태에서 헌법을 승인했다고 주장할 자들에게 헌법의 권위를 훼손할 명분을 줄 수 있다.
> 그러므로 님의 가톨릭교도 시민들은 왕과 국회에 다음과 같이 요청하자고 만장일치로 결의한다.

1. 로마가톨릭교는 국교이며 오직 그것만을 공식 숭배하도록 엄숙히 법으로 정해야 한다.

2. 교회의 질서를 조금이라도 바꾸거나 한 부분도 폐지해서는 안 되며, 재속성직자건 수도성직자건 모든 단체에 개혁이 필요하다고 생각할 때는 오직 전국 규모나 지방 규모 또는 주교구의 종교회의에서 왕국의 민법과 프랑스 교회 종규를 좇아 결정해야 한다.

3. 국회는 지난해 9월 23일 "최고행정권은 전적으로 왕에게 속한다"고 정한 법을 근거로 왕에게 행정권을 맡기도록 힘써야 한다.

4. 그 어떤 구실로도 헌법의 권위를 훼손하지 못하도록 하는 것이 필요할 때, 왕은 지난해(1789년) 9월 19일 이후 승인한 모든 법뿐만 아니라 앞으로 승인할 모든 법에 대해 토론할 수 있다.

5. 의장은 왕과 국회에 이 결의문을 한 부씩 보내고, 님 코뮌 의회에도 한 부 보낸다. 그리고 이 결의문을 인쇄해 모든 공동체와 왕국의 주요 도시에 한 부씩 보낸다.

그들은 결의문을 채택하고 3,125명의 서명을 받았다. 프로망이 고용한 서기 비알라가 원본을 베껴 쓴 결의문에 서명한 사람 가운데 국민방위군이 다수 있었고 또 토목노동자들이 많았다. 이들은 떼를 지어 몰려가 서명에 참여했다. 수많은 노동자가 서명하는 방법을 몰랐지만, 다른 사람들이 대신 서명하기도 했다. 현장에 나타나지 않은 사람을 대신해서 서명하는 경우도 있었다. 그들은 결의문을 사방에 보냈다. 님 시정부의 부검찰관 부아예는 자신이 발행하는 신문에 결의문을 실었다.

5월 1일, 가톨릭교도로 구성된 프로망 대대의 병사들과 토목인부들이 시장 마르그리트의 집 앞에 5월의 나무를 심고 밤까지 그를 칭송하는 행사를 벌였다. 이튿날 그들은 무기를 들고 5월의 나무를 지키러 갔다. 그때 그들은 왕의 색깔인 흰색 표식만 달았다. 그들은 가끔 시장의 집으로 드나들면서 술을 마시고 음식을 먹었다. 때로는 문 앞에서 먹고 마셨다. 가끔 "왕 만세! 국민 타도!"라고 외쳤다. 그들은 술김에 속에 품은 적개심을 노골적으로 드러냈다. 개신교도의 표시를 그들의 피로 적셔야 한다고 떠들었다. 그들은 병영을 드나들 때 경비대와 실랑이를 벌였다. 경비대가 왜 흰색 표식을 하느냐고 물으면 그들은 당당하게 왕의 표식이라고 대답했다. 경비대는 왕도 이제는 흰색 표식을 달지 않으며, 따라서 흰색은 반란의 표시이므로 그것을 달고 병영으로 들어갈 수는 없다고 했다.

수비대 부사관 라몽은 다른 부사관들과 길을 가다가 흰색 표식을 단 시민들을 보자 떼라고 말하고 심지어 직접 떼어버리기도 했다. 흰색 표식을 단 병사들이 모여 돌을 집어 들고 그들을 공격했다. 그들은 칼을 빼들었고 국민의 표식(삼색 표식)을 단 의용대 여럿이 합세했다. 그러나 그들을 향해 돌이 무더기로 날아오자 할 수 없이 병영이 있는 성채로 간신히 돌아갔다. 이제 삼색 표식과 흰색 표식의 싸움이 시작된 것이다. 몇 시간 뒤, 삼색 표식을 단 의용대가 성채에 합류하러 갔지만 격한 공격을 받고 근처의 집으로 피신했다. 흰색 표식을 단 병사들은 돌을 마구 던져 집 대문을 부수었다. 시장과 관리들이 소식을 듣고 제때 나타나지 않았다면 흰색 표식의 병사들에게 잡혀 끌려가던 병사는 목숨을 잃었을 것이다. 그 뒤 시장 마르그리트는 흰색 표식을 단 병사를 보면 떼라고 지시했지만 말을 듣지 않는 병사들이 많았다. 시정부는 수비대를 강화해 간신히 치안을 유지했다. 그러나 5월 2일에 아주 격렬한 시위가 일어났다. 아침부터 도시 여러 곳에 사람들이 모였다. 그들은 칼과 총검으로 무장하고 거리를 몰려다녔다. 그들은 개신교도에게 몹시 공격적이었다. 토목공사판의 인부들은 개신교도를 목매달겠다고 밧줄을 들고 다니다가 개신교도들이 피신한 집에 돌팔매질을 해댔다. 시장은 시내를 다니면서 노동자들의 적개심을 누그러뜨리고 해산시키려고 노력했다.

왕의 군대인 기엔 연대 병사들도 그들의 표적이 되었다. 어떤 병사는 근무를 마치고 돌아가는 길에 칼에 찔렸으며, 척탄병은 총에 맞아 중상을 입고 며칠 뒤에 숨졌다. 이제 님에는 두 세력이 팽팽히 맞섰다. 양편이 외치는 구호는 달랐다.

"왕 만세, 국민 타도!"

"왕 만세, 국민 만세!"

국민을 타도하자고 외치는 사람들이 바로 반혁명세력임이 분명했다. 기엔 부대 병사들이 함께 다니다가 그들과 마주칠 때면 병사들이 멈춰서 외쳤다.

"왕과 국민 만세!"

국민방위군에 속한 노동자들이 빈정댔다.

"왕 만세! 그러나 국민은 우리를 굶게 만든다. 국민, 지옥에나 가라!"

그렇게 외치면서 병사들에게 돌을 던졌고 병사들은 병영으로 피신했다. 기엔 연대 병사들은 복수하기로 결심했다. 그들은 자신들을 공격한 사람들이 모여 있다고 의심되는 집을 공격하러 갔지만 곧 장교들의 명령을 받고 병영으로 복귀했다. 이런 식으로 님은 하루도 평온한 날이 없었다. 그리고 6월 중순에 유혈사태가 일어났다. 그러나 그 소식이 국회에 도착하고 정식 안건이 되려면 시간이 걸렸다. 그러므로 6월 13일부터 사흘 동안 일어난 사건에 대해서는 잠시 뒤에 살피기로 한다.

국회에서는 먼저 님 가톨릭교도의 결의문에 대해 토론했다. 6월 15일 저녁, 보고위원회의 메케이 의원은 님 사태에 대해 조사한 내용을 국회에서 처음으로 보고했다. 그는 님에서 일어난 끔찍한 혼란은 프랑스 남부지방을 들끓게 만드는 종교적 갈등과 깊이 연결되었다고 말하면서 님 시정부를 고발한 의원이 있지만 아직 조사를 완전히 끝마치지 못했기 때문에 나중에 그 문제를 다루겠다고 말했다. 그는 지난 4월 20일, 님의 가톨릭교도들이 결의문을 작성해서 국회와 왕을 모독했음을 지적했다.

"그들은 왕을 인민의 노예처럼 묘사했습니다. (……) 그들은 법의 신성한 전당과 왕좌까지 광신으로 물들이려고 했습니다. 서명자 가운데 열 명이 주동자이며 아마 그들만이 범죄의 주모자일 것입니다. 그러므로 그들을 직접 징계해야 합니다."

그는 계속해서 말했다. 날마다 님의 소요사태에 관한 보고서가 조사위원회에 들어오지만 위원회가 혼자서 결정하기 어려운 면이 있으므로 의장이 왕에게 진상을 조사하도록 요청하면 좋겠다고 말했다. 그는 위제스의 가톨릭교도들이 작성한 결의문을 함께 읽다가 여러 번 반대에 부딪혔다. 위제스는 고대 로마인이 놓은 수도교 퐁뒤가르를 흘러가는 물의 샘이 있는 곳인데 그곳의 가톨릭교도들도 님의 가톨릭교도와 똑같이 주장했다. 그러므로 보고자 메케이 의원은 함께 보고할 만한 내용이라고 주장했던 것이다.

6월 17일 저녁, 그날의 의장 시에예스 신부가 팔레 루아얄의 89년 클럽에서 국회 선포 제1주년 기념행사를 할 때, 알렉상드르 드 라메트는 국회에서 님의 가톨릭교도들의 결의문을 주제로 목청을 높여 발언했다.

"님의 이른바 가톨릭교도의 결의문에 모두가 얼마나 격분했는지 잘 아실 것입니다."

라메트가 "이른바 가톨릭교도prétendus cathoiques", "자칭 가톨릭교도soidisant catholiques"라고 말하면서 그들을 비난하자 우파 의원들이 "그냥 가톨릭교도라고 말하시오"라고 반발했다. 라메트는 아랑곳하지 않고 발언했다.

"(그들의 결의문에는) 국회와 왕을 모독하고, 헌법의 권위를 훼손하려는 의도가 담겼습니다. 그들은 무엇을 요구합니까? 왕권을 완전히 회복하자는 것입니다. 이 요구는 무엇을 뜻합니까? 구체제를 회복하고 옛날의 악덕과 병폐를 되살리자는 것이 아니겠습니까? (……) 나는 그들을 '자칭 가톨릭교도'라 부르겠습니다. 첫째, 우리는 가톨릭교도의 모임이라는 이름을 건 정치적 모임을 하나도 인정하지 않으며 오직 시민들의 모임만 인정하기 때문입니다. 둘째, 그처럼 흉측한 음모를 꾸미는 그들을 님의 가톨릭교도라고 부른다면 진정한 가톨릭교도를 모독할 것이기 때문입니다. (……) 한 줌의 시민이 국민의 의지에 저항했습니다. 내가 한 줌의 시민이라고 한 말을 용서하시기 바랍니다. 아니, 차라리 이렇게 말하겠습니다. 그들은 시민이 아닙니다."

우파 의원들이야 속으로 뭐라 했건 라메트는 회의장이 떠날 듯한 박수를 받았다. 그는 계속해서 '결의문'의 내용을 조목조목 반박했다. 그는 국회 안에도 그것을 지지하는 의원들이 있다고 말했다. 우파 의원들은 그렇다고 맞장구치면서 웅성거렸지만 라메트는 말을 이었다.

"오늘 국회 헌법의 제1주년 기념일인데, 우리가 헌법을 파괴하려는 결의문을 지지한다면 참으로 부끄러운 노릇입니다. 나는 위원회의 법안을 그대로 통과시켜달라고 요구합니다."

라메트의 발언이 끝나자 보수 성향의 말루에가 님의 가톨릭교도들 편을 들었다.

"여러분, 능동시민 4,000명이 고발당했습니다. 그들을 한 사람이 변호하는 것을 허락해주십시오. 나는 여러분이 인정하지 않는 정서와 글을 변론하지 않겠습니다. 나는 여러분이 만든 법과 원칙을 가지고 님과 위제스의 시민들을 옹호할 것이며 라메트 의원과 조사위원회에 답하고자 합니다. (……)

여러분이 만든 법은 자기 사상을 글로 표현하고 출판하는 자유를 신성하다고 규정하면서도 글을 고발했습니다. (……) 헌법은 집회의 권리를 인정하는데 시민들의 모임을 고발했습니다. (……)

헌법은 인권선언을 근거로 삼고 있으므로 이러한 원칙을 여러분의 판단 기준으로 삼아야 합니다. (……)

여러분이 만일 국민에게 헌법에 대해 의견을 말할 권리를 인정해준다면 수많은 방법을 허용해야 합니다. 그래야만 개인들이 무엇을 바라는지 알 수 있고 그렇게 해서 전체의 바람을 알 수 있기 때문입니다. 만일 왕국의 방방곡곡에서 국회를 지지한다고 믿으신다면, 그것은 확실히 자유롭고 자발적으로 지지의사를 표현한 것으로 믿을 수 있을 것입니다. 그들의 지지가 강요나 겁박 때문에 나온 것이라면 여러분에게는 가당치 않겠지요. (……)

여러분, 님의 가톨릭교도 시민들의 행위와 언어는 바로 그런 것이었습니다. 물론 나도 표현이 지나친 부분이 있다는 점을 인정합니다만. (……)

나는 헌법의 필연적인 적으로 규정할 대상은 단 두 가지뿐이라고 생각합니다. 하나는 방종이고 다른 하나는 무질서입니다."

미라보 백작이 그의 말을 끊었다.

"나는 말루에 의원에게 '필연적'이 무엇을 뜻하는지 해명해줄 것을 요청합니다."

말루에가 해명했다.

"필연적이라는 말은 내 생각을 제대로 표현하지 못했습니다. 나는 방종과 무질서가 판을 치는 한 헌법이 수많은 악덕에 필연적으로 노출될 수밖에

114

없음을 말하고 싶었습니다. (……) 님의 시민들은 다음과 같이 단 한 문단에 그들의 원칙을 깔끔하게 표현했으며 그로써 모든 혐의에 답변했습니다.

'우리는 반혁명을 수행하려는 무모한 계획을 실천하려는 것이 아니라, 조국을 전체적인 혼란에 빠뜨리고 위협하는 무질서에서 벗어나게 하여 혁명을 완수하고자 한다. 그리고 헌법을 더욱 공고히 하고 혁명에 해를 끼치는 어떠한 구실도 제거하며 국회가 가져다주는 행복을 감사히 누리는 순간을 앞당기고자 한다.'

여러분, 만일 프랑스 전체의 의견을 묻는다면, 아마 이 같은 정서를 큰 소리로 표현하는 모습을 볼 수 있을 것입니다."

의원들은 그 뒤에도 토론을 이어나갔지만, 마침내 다음과 같이 결의했다.

"님과 위제스의 '자칭 가톨릭교도들'에 대한 결정

국회는 (……) (님과 위제스의 결의문이) 위험한 원칙을 담고 왕국에 혼란과 분열을 가져오기 적합하다고 생각하면서 다음과 같이 결정하고 명령한다.

(님 결의문과 위제스 결의문에 서명한) 사람들을 국회 증언대로 불러 자신들의 행위에 대해 해명하도록 하며, 그들이 능동시민 자격으로 누리던 모든 권리를 당분간 정지한다."

이렇게 해서 국회는 님의 혼란과 무질서의 책임이 4월 20일 님 가톨릭교도의 결의문에서 비롯되었다고 판단하고 그 책임자들을 증언대로 부르기로 했다.

6월 21일, 국회에서는 또다시 님 사태를 논의했다. 님과 보케르의 제3신분 의원 불랑은 자기 지역에서 온 편지를 근거로 6월 4일 이후의 사건을 보고했다. 6월 4일, 가르Gard 도의 선거인단이 님에 모였다. 선거인단의 회의장 앞에 시위대가 밀어닥쳤다. 선거인단이 디스트릭트와 도의 행정을 가톨릭교도와 개신교도 가운데 누구에게 맡기느냐가 중요한 관심거리였기 때문이다. 선거인단은 시정부와 왕의 대리인들에게 도와달라고 요청했다. 선거인 두 명이 회의를 마치고 돌아가던 중 '붉은 모자 군단légionnaires à pouf rouge'(이하 붉은 모자)의 병사가 휘두르는 칼로 공격을 받았다. '붉은 모자'는 '님 군단(국민방위군)' 소속으로서 특히 프로망 부대의 제복을 지칭하는 말이었다. 프랑수아 프로망은 자기 재산의 상당 부분을 자신이 지휘하는 부대를 위해 내놓았다. 그는 부대원들에게 칼, 멜빵과 소총을 사주었다. 그리고 자기 부대의 의용군에게 푸른색과 흰색의 제복 대신 푸르스름한 녹색에 붉은색을 곁들인 제복을 입혔다. 더욱이 프로망과 데콩비에는 자기 부대원들에게 붉은 모자를 씌웠다. 그것은 님 군단 안에서 특별한 부대의 표시였다. 다시 말해 그것은 가톨릭교도이며 흰색 표식을 단 사람들 편이라는 뜻이었다. 선거인을 공격한 붉은 모자 병사는 칼을 들고 그들을 따라다니면서 외지인이 님에 들어와 자신들을 다스리려 하는 꼴을 보고만 있을 수 없다고 협박했다 한다. 이 사실을 보고받은 시정부는 선거인단을 보호하려고 기옌 연대와 님 군단 소속 용기병 부대에 순찰을 명령했다. 용기병 부대는 도시 외곽지역을 보호하려고 모인 의용군이었다. 그들은 가톨릭교도와 개신교도가 반씩 섞였는데, 거기 모인 가톨릭교도는 비교적 개신교도를 너그럽게 대했다. 용기병 부대는 시정부 관리들을 싫어하고 선거인단을 좋아하는 성향이었다. 그래서 붉은 모자 병사들이 날마다 선거인단 회의장 앞에 모일 때마다 용기병 순찰대가 그들을 해산시켰다.

한마디로 님 국민방위군(이른바 님 군단)의 용기병 부대와 붉은 모자가 서로 적대관계가 되었다는 것이다. 붉은 모자를 쓴 몇 개 부대는 짐꾼과 토목노동자들의 지지를 받았다. 이 하층민들은 비록 개신교도 덕에 일거리를 찾고 임금을 받는 처지였지만 이들에게 계급적 반감과 종교적 반감을 동시에 품었다. 특히 붉은 모자 소속 토목노동자들은 국민방위군에서 자신들을 반대하는 편에게 가장 악착같이 대들었다. 그들은 특히 용기병 순찰대를 증오했다. 용기병은 평소 가난한 병사들을 깔보았기 때문이다. 용기병은 하층민이 점심에 오직 빵과 흰 파를 먹기 때문에 고약한 냄새가 난다고 멸시하면서 '세베cébets'라고 불렀다. 가난한 붉은 모자 병사들은 용기병을 모욕하고 웃음거리로 만들 계획을 세웠다. 그래서 그들은 노새에 올라타고 칼을 빼든 채 도시를 순찰했다. 그들은 북을 치면서 동네방네 자신들의 우스꽝스러운 행위를 보여주면서 용기병을 모욕했다. 시정부는 붉은 모자 측의 도발을 막으려고 고심했지만 헛일이었고 양측의 적대감만 더 커졌다. 그사이 용기병이 말을 함부로 몰았기 때문에 붉은 모자를 지지하는 사람들이 다쳤다는 소문이 나돌았다. 그래서 시정부는 11일에 기마 순찰을 금지하는 한편 선거인단 회의장인 주교청 문 앞에 용기병 스무 명을 배치했다. 13일 일요일, 자코뱅 교회에 붉은 모자 병사들이 모여 연설을 듣고 가톨릭교도의 결의문에 앞 다투어 서명했다. 그날 오후 5시, 붉은 모자 병사 한 명이 주교청에 나타나 문지기에게 안으로 들어가게 해달라고 하면서 모든 용기병을 철수시키라고 요구했다. 문지기가 거절하자 그는 저주를 퍼부으면서 물러갔다. 조금 뒤, 그는 다른 병사 둘과 함께 나타나 용기병 지휘관에게 주는 명령서를 전달했다.

"주교청 수비대는 오늘밤 이후 걷거나 말을 탄 용기병을 한 사람이라도 들여보내서는 안 되며, 만일 어기면 목숨을 걸어야 한다. 1790년 6월 13일."

수문장은 붉은 모자 병사들이 전하는 명령서를 받고 좋은 말로 달래면서 그 상황을 무사히 벗어났다. 용기병은 그대로 주교청 문을 지켰고, 붉은 모자 병사들이 손에 칼, 돌, 소총을 들고 몰려들었다. 붉은 모자 병사들이 용기병에게 돌을 던지며 도발했지만, 용기병은 잠자코 자리만 지켰다. 당시 주교청에 배치한 용기병 스무 명 가운데 근무자는 단 열둘이었다. 장교가 나머지를 모으려고 나팔을 불게 했다. 나팔수 에노는 명령을 받고 나팔을 불려고 주교청 앞마당에서 거리로 연결되는 구석으로 갔다가 붙잡혀 나팔을 빼앗겼다. 붉은 모자 병사는 나팔을 부숴버렸다. 그것이 신호인 듯 붉은 모자 병사 두 명이 용기병을 향해 총을 쐈다. 다른 병사들은 칼을 빼들고 다가서고 나머지는 돌을 던졌다. 용기병 부대의 콩스탕이 응사하고 이렇게 해서 양편이 전투를 시작했다. 그사이 용기병 지휘관은 부하를 시청으로 보내서 지원을 부탁했다. 곧 시정부 관리 두 명(페랑과 퐁티에)이 공식 휘장을 달고 수비대 병사와 붉은 모자 병사들의 호위를 받으며 나타났지만 이미 부상자가 많이 생겼다. 붉은 모자 병사들이 주교청 앞의 세 갈래 길에서 주교청을 향해 총을 쏘고 있었다. 시정부 관리들은 목숨을 걸고 싸움을 말리고 용기병을 가까스로 주교청 안으로 들여보냈다. 그러나 용기병이 다시 문을 열고 나머지 대원이 있는지 살필 때 또다시 공격받았다. 용기병 지휘관은 기동대를 이끌고 관리 한 명과 함께 시청으로 도주했다. 그들의 뒤로 돌팔매와 총알이 날아들었고 그들은 응사해서 한 명을 죽였다. 용기병은 수많은 사람을 다치게 하고 모두 일곱 명을 죽였다. 그때부터 도시 전역이 싸움터로 바뀌었다.

시내 곳곳에서 폭동이 일어났다. 개신교도 '애국자들'이 시청을 점령하고 벨몽 신부를 위협해서 계엄령을 알리는 붉은 기를 들려 시내를 돌게 했다. 벨몽 신부는 내키지 않았지만 용기병 네 명, 님 군단 병사 몇 명, 기엔 연대 순찰대의 호위를 받으면서 시내를 돌아야 했다. 시내를 돌아다니는 길에 그들은 벨몽 신부를 모욕하고 주먹질까지 해댔다. 벨몽 신부는 붉은 기가 폭동을 진정시키는 데 얼마나 효과를 발휘할지 의심했고 과연 그의 의심은 확신으로 바뀌었다. '붉은 술houpe rouge' 병사들이 프로망의 집 근처 성벽을 지키고 있었고 그중 몇 명은 푸르스름한 녹색 제복을 입고 있었다. '붉은 술'은 님 근처 농민들이 제복을 마련할 여유가 없기 때문에 모자에 달아 자신들을 구별하는 표시였다. 붉은 술 병사들이 벨몽 신부의 호위대에게 총을 쐈다. 호위대가 대응했지만 결국 흩어졌다. 쇠스랑이나 소총을 든 붉은 술 병사들이 벨몽 신부를 잡았다. 붉은 모자 병사 가운데 모자를 벗어들고 다가서는 이도 있었다. 벨몽 신부는 그들에게 해산하라고 간청했지만 그들은 그의 붉은 기를 빼앗아 프로망의 집으로 가져가고 벨몽 신부를 이웃집에 데려갔다. 나중에 증인들이 붉은 기를 빼앗으러 간 사람들은 데콩비에와 그 부대원이었다고 말했다. 시정부 관리 로랑도 목숨을 잃을 뻔했다. 그는 붉은 모자 병사 네 명이 칼과 쇠스랑으로 용기병을 공격하는 것을 보고 막다가 손을 크게 다쳤지만 무릎을 꿇고 용기병의 목숨을 살려달라고 빌었다. 그날 님의 곳곳에서 이처럼 피가 철철 흐르는 일이 일어났다. 무장한 사람들이 거리를 달리거나 길모퉁이에 숨어 있다가 반대편을 보면 무조건 총을 쏘고 공격했다.

용기병, 기엔 연대는 붉은 모자 병사들의 공격을 받고, 이웃 지역 국민방위군에 도움을 요청했다. 지원군이 속속 그들을 도우러 님으로 몰려들었다. 전투는 밤새 여기저기서 일어났다. 지원군은 님에서 시민들이 피를 흘린 데 대해 복수하고, 선거인단을 안전하게 보호하겠다는 의지를 확실하게 보여주면서 외쳤다.

"국민 만세, 왕 만세!"

14일 새벽, 시청에는 계엄령을 알리는 붉은 기를 걸었다. 사람들이 시청으로 떼 지어 달려가면서 보충대가 간다고 외쳤다. 선거인단이 임명한 위원회가 시정부와 협력해 이웃에서 온 국민방위군에게 물자를 보급했다. 한편 님으로 오는 모든 부대를 문밖에 머물게 하자고 결정한 뒤 시정부 관리 두 명이 공식 휘장을 달고 지휘관들에게 그 사실을 알리러 갔다. 그러나 그 사실을 알리기도 전에 그들은 군중에게 둘러싸여 목숨을 위협받았다. 관리들은 간신히 도망쳐서 목숨을 구했다. 한편 프로망과 그의 동생 폴라셰르, 그리고 데콩비에가 이끄는 부대에도 지원군이 늘어났다. 그들은 프로망의 집에서 성벽과 망루에 병사들을 배치하고 경계를 강화했다. 거기서 그들은 탄환을 만들고 화약통을 준비했다. 그리고 부대원들을 시내 이곳저곳으로 보내 상대편을 공격하라고 명령했다. 그들도 공격받았다. 시내에서 두 편이 마주치면 어김없이 총격전이 벌어졌다.

서로 총을 쏘는 사람들과 관계없는 시민도 목숨을 잃었다. 님 근처의 마을에서도 사람들이 불안해서 술렁거렸다. 사방에서 숨 가쁘게 경종을 울리고 북을 쳤다. 망뒤엘, 르드상, 마르그리트의 주민들이 소총, 쇠스랑, 낫을 들고 모였다. 망뒤엘 촌장 몽발이 새로 조직된 부대의 지휘를 맡고 님으로 가서 질서를 잡자고 외쳤다. 그들은 전쟁이 아니라 평화를 원한다고 분명히 밝혔다. 그들은 다리에 멈춰서 기다렸다. 그러나 부대원들 가운데 지휘관의 말을 잊고 흥분해서 날뛰는 사람들이 걷잡을 수 없게 늘어났다. 아침 7시, 왕의 대리관이 님의 거리에 쓰러진 주검을 조사하라고 명령했다. 조사관은 이미 주검 네 구를 확인했다. 그들은 이웃 길모퉁이에 매복한 사람들의 총탄에 쓰러졌다고 기엔 연대 병사들이 조사관에게 보고했다. 조사관은 위험이 닥쳤다는 사실을 깨닫고 더는 주검을 파악하지 않고 서둘러 시청으로 돌아갔다. 그 사이에 낭시의 이웃에서 온 국민방위군의 수가 더욱 늘었다. 그들은 전망대 광장에 진을 쳤다. 그런데 전망대를 굽어보는 곳에 있는 카푸친 수도원에서 전망대를 향해 총을 쐈다. 스무 명 이상이 쓰러졌다. 갑자기 당하는 일이라서 타지의 국민방위군은 잠시 혼란스러웠지만 다행히 질서를 되찾고 수도원을 향해 응사하면서 돌진했고 도끼로 문을 부수었다. 그들은 수도원에 들어가 미처 피신하지 못한 수도사 다섯 명을 무참히 죽인 뒤 잇달아 속인 세 명을 찾아내서 죽였다. 그들은 수도원의 도서관, 문, 가구를 모두 때려 부수고 약방을 털었다. 성물을 보관하는 장도 마구 부수고 뒤엎었다. 그들은 한낮에도 계속 싸웠다.

데콩비에는 30명을 데리고 성벽을 지켰고 프로망은 다른 붉은 모자 부대장에게 지원을 요청해 소수 지원병과 함께 120명 정도를 데리고 망루를 지키면서 싸웠다. 그들은 광장 쪽에서 오는 국민방위군, 용기병, 이웃 마을의 병사들을 맞았다. 붉은 모자 부대장 샬비당은 민간인 집을 마구 뒤지면서 다녔다. 그는 반항하는 집주인을 끝까지 쫓아가 죽였다. 포병대 대위 오브리는 시정부의 명령을 받고 프로망 형제와 데콩비에의 붉은 모자 부대를 공격할 대포 여섯 문을 준비했다. 붉은 모자 부대는 성벽과 망루에 의지해서 싸우기 때문에 그들을 효과적으로 공격하려면 대포를 활용해야 했다. 오후 6시, 대포가 불을 뿜어 그들을 맹렬히 공격했다. 마침 그때 선거인단이 흰 기를 앞세우고 나팔을 불면서 프로망 형제들의 '반군'과 협상하려고 다가갔다. 반군은 협상단에게 프로망의 집에서 대화하자고 제안했고 협상단은 반군 대표들에게 거리로 나오라고 요구했다. 반군 대표들이 나타나 휴전에 동의하고 선거인단의 보호를 받으면서 주교청으로 가기로 했다. 협상위원들은 국민방위군과 기엔 연대에게 협상안을 설명했지만 이들은 반란 주범의 머리를 요구하면서 제안을 거부했다. 이렇게 한 편은 협상에 동의하고 다른 편은 거절하는 상황에서 협상단을 새로 반군에게 보내 항복을 권유하도록 했다. 협상단은 시정부 관리 루르와 함께 흰 기를 앞세우고 나팔을 불며 프로망과 데콩비에에게 다시 협상을 요구했다. 루르는 특히 데콩비에에게 즉시 선거인단에 가라고 강요했다. 협상단은 국민방위군 쪽으로 돌아가면서 흰 기를 마구 휘둘러 협상이 성공했음을 알렸다.

그러나 반군에게는 휴전협상 결과를 제대로 알릴 시간이 없었던 것 같다. 데콩비에와 프로망이 선거인단으로 출발할 때 망루에서 총소리가 났다. 데콩비에는 적극적으로 말리고 휴전했다고 외쳤다. 총소리를 듣고 대포가 맹렬히 포탄을 퍼부었다. 님 군단 병사들은 지휘관에게 다시 싸우자고 요구하고 프로망의 집으로 달려가 포위하는 한편 망루를 공격했다. 프로망의 집을 파괴하고 망루를 지키던 병사들을 학살했다. 프로망과 데콩비에가 이용하던 자코뱅 수도원도 반군이 피신한 곳으로 지목하고 도서관, 지하실, 수도사들의 침실을 모두 박살냈다. 그러나 교회와 특히 성물은 건드리지 않았다. 자코뱅 수도원이건 중등학교건 붉은 모자 병사들이 도망치는 곳은 모두 파괴했다. 심지어 중등학교 교장도 반군을 숨겨주었다는 혐의를 받았지만 루르가 적극 나서서 목숨을 구해주었다. 그러나 루르는 세 명이 중등학교 문에서 잡혀 죽는 것을 보면서도 구해줄 수 없었다. 전투가 끝난 뒤 붉은 모자 부대장 가운데 반군으로 행동하지 않은 부대의 소총을 징발하기로 결정했다. 시정부 관리 루르가 그 일을 맡아 징발한 소총을 시청 무기고에 보관했다.

15일 아침부터 선거인단은 흰 기를 앞세우고 님 군단이 전투대형을 갖추고 있는 광장으로 가서 평화를 권고했다. 더는 피를 흘릴 필요가 없다고 호소했지만 님 군단은 그 권유를 들으려 하지 않았다. 외부에서도 병사들이 님의 질서를 회복하는 일에 동참하려고 도착했다. 그러나 그들은 전날까지 붉은 모자 편에 선 시민들을 학살하려고 의심스러운 집집마다 수색했다. 그들은 혐의자를 찾아내지 못해도 무기를 찾는다는 구실로 집을 엉망으로 만들고 가져갈 수 없는 물건은 그 자리에서 부숴버렸다. 가톨릭교도이며 도매상인인 카레용, 생폴 성당 사제 브라구즈 신부의 집이 가장 큰 피해를 입었다. 브라구즈 신부의 집에서는 종합병원의 등록부를 찾아내 찢어버리거나 가져갔다. 중등학교에 붉은 모자 병사들이 숨어 있다는 소문을 듣고 시정부 관리들이 부랴부랴 뛰어가서 인명과 재산을 보호하려고 했지만 제대로 지켜주지 못했다. 도망자의 일부는 학살당하고 일부는 다행히 지붕으로 도망쳤다. 1788년 그르노블의 기왓장 사건(제1권 124쪽, 212쪽 참조)처럼 지붕은 저항의 장소인 동시에 급하게 도망치는 사람들이 마지막에 이용할 수 있는 도주로가 되었다. 1790년 6월 중순 님의 도망자들은 지붕으로 피했다가 이웃집으로 뛰어내린 뒤 큰 길로 도망치기도 했다. 몽펠리에 국민방위군이 님에 도착했을 때 도망치다 잡힌 사람들은 현장에서 잡혀 죽거나 겨우 목숨을 구했다 해도 발 디딜 틈도 없는 감옥에 갇혔다. 초여름의 감방은 악취와 열기가 진동하는 곳이었다.

몽펠리에 국민방위군의 지휘관 세르는 님 지사청으로 선거인단을 만나러 가서 자신의 부대는 님 선거인단과 애국자들을 보호하러 파견되었다고 말했다. 그들은 님의 질서를 회복하러 달려간 부대들 가운데 가장 훈련을 잘 받은 부대였고 살육과 파괴를 막으려고 노력했다. 그날 님에 있는 병사는 모두 1만 5,000명이었다. 6월 16일, 님 군단의 전쟁위원회를 열어 왕립포병대 장교 오브리를 제병지휘관으로 임명했다. 오브리는 병사들과 함께 선거인단 앞에서 연맹의 맹세를 했다. 곧이어 3개 부대를 쉬게 하고 보병 3,000명만 남겨두었는데 거기에는 님 군단과 기병대 400명이 포함되었다. 이렇게 해서 님은 16일 수요일 아침부터 질서를 회복하기 시작했다. 시정부가 다시 조직되고, 그들은 연맹군을 조직할 수 있는 권한을 참모부에 주었다. 그러고 나서 17일에는 님과 가르 도의 평화를 위한 선언문과 함께 질서를 회복할 조치를 내놓았다. 6월 26일, 국회에서 총무 파르디외 의원이 보고한 내용을 보면 시정부 관리는 겨우 다섯 명만 시청에 나가 있었다. 시정부가 단결하지 못했기 때문에 위기 상황에서 시민들의 신뢰를 얻지 못하고 결국 위기를 더 키웠다. 관리 다섯이 이리 뛰고 저리 뛰었지만 시내 곳곳에서 일어나는 적대행위를 막기 힘들었고 그 공백을 선거인단이 메우려고 노력했다. 선거인단이 회의를 하는 주교청도 공격받았지만 선거인들은 3분의 2 이상이 의연하게 대처했다. 그러다가 16일부터 님은 질서를 회복해나갈 수 있었던 것이다.

19세기 역사가 이폴리트 텐은 가장 치열하게 싸우던 13~15일 사이에 님과 인근 지역에서 각각 집 120여 채씩 70만 리브르에서 80만 리브르의 재산이 파괴되었고, 가톨릭교도가 150명 이상 살해되었다고 평가했다. 또 다른 역사가 루이 블랑은 가톨릭교도의 말을 인용하면서 800명이나 살해되었다고 평가했다. 이처럼 큰 차이가 나는 이유를 확인하기는 어렵다. 아무튼 노동자, 상인, 노인, 불구자나 환자가 집에서 살해됐다. 전망대나 광장 같은 곳에서 목매달려 죽거나 낫이나 칼로 신체를 잘려 죽기도 했다. 그런데 프로망은 용케 살아남았다. 1756년 님의 독실한 가톨릭교도 집안에서 태어난 그는 조상 대대로 개신교와 악착같이 싸우는 기질을 물려받은 것 같다. 그는 종교인과 왕의 영지 징세관으로 연금 1만 5,000리브르 이상 벌었고 그 때문에 혁명세력의 공격을 받았다. 그는 공격에 맞서다가 1789년 말 루이 16세의 동생 아르투아 백작이 있는 토리노로 피신했다. 그는 아르투아 백작에게 랑그도크 지방의 사정을 알려주고, 지휘관 칭호와 함께 반혁명군을 조직할 권한과 지침을 받고 님으로 돌아갔다. 그리고 왕을 지지하는 활동을 열심히 하기 시작했다. 군주의 권위와 가톨릭교를 유지하는 일이라면 가리지 않았다. 그리고 의용군을 모아 군대를 조직해 자신이 정한 복장을 갖추게 하고, 무기를 공급하며, 님 가톨릭교도의 결의문을 작성하고, 결국 님에 내란을 일으켰던 것이다. 그는 자기 집이 공격받을 때 간신히 에귀모르트 나루로 도망쳐 거기서 작은 배를 타고 니스까지 간 뒤 토리노의 아르투아 백작에게 돌아갔다. 백작은 그를 곁에 두고 반혁명세력을 모으게 했다. 7월 11일, 국회에서 가라 의원은 가르 도의 임시행정을 맡은 왕의 대리관이 보낸 편지에서 프로망이 토리노로 도피한 사실을 보고했고, 의원들은 프로망의 죄를 반드시 물어야 한다고 말했다. 그러나 프로망은 훗날 루이 18세(왕의 큰 동생 프로방스 백작)의 비서관이 되었다. 그는 자기 경험을 되살려 『1790년 님의 가톨릭교도 학살과 그 사건의 배경에 대한 역사적·정치적 회고록Mémoire historique et politique, contenant la relation du massacre des catholiques de Nîmes en juin 1790, et des réflexions sur les événements qui l'ont amené』을 남겼다.

앞에서 본 몽토방 사태와 비교해볼 때, 님에서는 훨씬 더 많이 죽었다. 몽토방은 몇 시간 동안 무질서한 상태였지만 님은 3일 동안 격렬한 투쟁에 휘말렸고 몽펠리에 군대가 끼어들어서야 살육을 끝마쳤다. 두 도시에서 일어난 사건을 두고 가톨릭교도와 개신교도는 서로 '성 바돌로메 대학살'(1572년 8월 24일 파리, 그 뒤 몇 주 동안 지방에서 일어난 개신교도 학살 사건)이니 '미셸라드'(1567년 9월 29일, 님에서 개신교도가 가톨릭교 수도사와 신학생 90명을 학살한 사건)니 하면서 상대방의 잔인함을 고발했다. 16세기에 종교 때문에 양편이 서로 죽이던 사건은 그 뒤로도 오랫동안 프랑스인들에게 심한 상처를 남겼다. 그럼에도 혁명기에는 가톨릭교가 1,000년 이상 누리던 국교의 지위를 잃어가고 있었기 때문에 개신교도 다섯 명이 죽은 몽토방의 시정부 관리들이 가톨릭교도가 몇십 배나 더 죽은 님의 시정부 관리들보다 더 심한 벌을 받았다.

8
의원들의 결투

　　지금까지 살펴본 대로, 1790년의 프랑스
혁명은 언제나 반혁명의 저항을 받았고, 특히 파리에서 멀리 떨어진 남부 지
방에서는 뿌리 깊은 종교적 갈등도 표면으로 드러나 주민들끼리 피를 부르
는 전투를 치르는 일까지 일어났다. 적대행위는 비단 국회 밖의 일만은 아니
었다. 그 과정을 살펴보자.

　　1789년 5월 초 전국신분회에 모인 대표들은 곧 국회의원이 되고 헌법을
제정하면서 몇 달 안에 혁명을 끝낼 수 있으리라고 낙관적으로 생각했다. 그
러나 새 체제를 만드는 일은 멀리는 1,000년 이상 된 뿌리까지 잘라내는 힘
든 과정이었기 때문에 1789년 후반부터 고령의 의원 가운데 피로를 이기지
못하고 사망하거나 의원직을 버리고 귀향하는 사람이 생겨났다. 게다가 왕
의 권력이 점점 약해지는 과정을 안타까워하면서 어떻게든 그를 보호하려는
왕당파 의원, 작가, 신문발행인들이 반혁명세력으로 혁명을 방해했기 때문
에 국회의 안팎은 조용할 날이 없었다. 국회의원들은 좌우로 나뉘어 격렬하
게 토론을 했지만 차이를 좁히기 어려웠다. 그들은 극우파(모리 신부, 카잘레
스), 중도우파(무니에), 중도파(시에예스, 라파예트, 미라보), 중도좌파(바르나브,
뒤포르, 라메트), 극좌파(로베스피에르, 페티옹)로 나뉘었고, 1789년부터 중도파
가 혁명을 주도했다면, 1790년 중반 이후에는 중도좌파가 중도파를 공격하
면서 두각을 나타냈다. 미라보 백작은 왕과 혁명을 화해시키려고 노력하면
서 중도파 성향에서 조금씩 오른쪽으로 넘어가고 있었다. 극우파와 극좌파
는 아직 소수였지만, 혁명이 급진화하면서 극우파의 모리 신부는 무제한 토

론으로 의사진행을 방해하는 처지가 되었고, 중도파의 거물 미라보 백작도 왕을 보호하는 일에는 적극 나서면서 좌파 성향의 의원들이 보기에 '필리버스터'를 일삼는 우파 성향을 띠었으며, 예민한 사람들은 그가 왕에게 매수되었다는 혐의를 씌울 정도였다. 극좌파의 로베스피에르는 언제나 원칙을 충실히 얘기하면서 조금씩 지지기반을 넓혔다. 그러나 국회의원이 모든 것을 토론으로 해결하지는 않았다. 그들도 사람인지라 서로 모욕하고 싸우기도 했다. 점점 수세에 몰리던 우파는 틈틈이 좌파 의원들에게 야유를 보내거나 의사진행을 방해하거나 심지어 무기에 손을 대서 상대방을 위협하거나 결투를 신청하기도 했다. 그만큼 우파 의원들은 수구적 논리로 혁명의 흐름을 거스를 수 없는 한계에 부딪혀 초조했기 때문에 이성과 논리의 전당인 국회에 폭력을 들여왔던 것이다. 그리고 의원들은 국회 밖에서 결투로써 명예를 회복하려 했다. 그 사례를 살펴보자.

1790년 11월 10일 수요일 저녁, 파리 코뮌 대표단이 시장 바이이를 앞세우고 국회에 들어갔다. 그들은 전날 이미 프랑스인 전체의 신망을 잃은 대신들을 해임하도록 왕에게 건의하라는 청원서를 채택했고, 당통이 국회에서 그 청원서를 읽었다. 11일 국회는 파리 코뮌의 청원서를 보고위원회에서 검토하도록 결정했다. 그날 마라는 "자유의 적들의 공격에서 국회를 지키자"라는 글을 『인민의 친구』에 실었다. 그는 대신들의 하수인을 자유의 적들로 규정했다. 그는 이들이 왕실의 경비에 대해서는 한마디도 하지 않으면서 국회가 쓰는 돈에 대해서는 사람들에게 들고일어나라고 외치지만 그들의 말에 속을 만큼 지각없는 사람이 어디 있겠느냐고 말했다. 그는 일요일과 공휴일까지 포함해서 국회에 들어가는 경비는 888만 4,000리브르이며 그래봤자 왕이 쓰는 돈의 4분의 1에 지나지 않는다고 말했다. 왕은 국회만큼 일하지 않고 그저 먹고 마시고 잠자고 인민의 재산을 사취하고 강탈하고 탄압하는 데도 막대한 돈을 쓴다. 또 왕의 형제들도 인민을 짚단에서 재우고 굶기고 모욕하면서 자신들은 훌륭한 궁전에서 호사를 누리는 데 국회보다 돈을 두 배나 더 쓴다. 그러므로 국민의 대표들이 자유를 위해 활동하는 데 쓰는 돈은 국가가 지출하는 경비에서 아주 작은 부분을 차지할 뿐이다. 마라는 독자의 분노를 최대한 자극하기 위해 루이 16세가 아니라 15세의 애첩들까지 들먹이면서 '창녀들'이 쓰던 돈이 국회 경비보다 훨씬 많았다고 강조했다.

이렇게 좌파 언론인이 밖에서 국회를 옹호하는 날에도 국회에서는 의원들이 애국파와 왕당파로 나뉘어 설전을 벌였고 심지어 회의장 안에서 무기를 들고 상대를 위협하는 일도 일어났다. 1790년 4월 13일, 우파 의원들이 회의 진행에 화를 내면서 회의장을 나가기 전에 모리 신부는 평소 허리춤에 차고 다니던 권총 두 자루를 빼들어 위협적으로 흔들었고 그 곁에 있던 미라보 자작은 칼을 뽑으려 했다. 자신들의 의견이 다수결에 묻히면 권총이나 칼을 뽑아도 되는 것인가! 의원들이 국회에 무기를 소지하고 나가는 행위는 근절할 수 없었다. 게다가 의원들은 결투도 벌였다. 150년 전부터 루이 13세 치세에 이미 결투를 금지했지만 1790년 말에 국회의원들이 결투로써 평소의 불만을 해결하려 했던 것이다.

8월 중순에 바르나브와 카잘레스가 밖에서 싸웠다. 바르나브가 국회 연단에 올라 발언하고 있는데, 심기 불편한 카잘레스는 "좌파 의원들은 모두 도적이다!"라고 외쳤다. 바르나브가 그 소리를 듣고 집단적인 모욕인지, 아니면 자신을 꼭 집어 모욕하는 것인지 물었다. 오기에 찬 카잘레스는 바르나브 개인에게 그렇게 말했다고 분명히 대답했다. 그렇게 해서 두 사람이 결투로써 명예를 지키기로 합의했다. 이튿날 두 사람은 불로뉴 숲에 각자 증인과 함께 나타났다. 샤를의 동생인 알렉상드르 드 라메트가 바르나브의 증인이었고, 생시몽 후작이 카잘레스의 증인이었다. 두 사람은 제비를 뽑아 두 발씩 먼저 쏘기로 했고 바르나브가 먼저 쐈다. 두 번째 총알이 카잘레스의 모자를 정통으로 맞추면서 결투가 끝났다. 두 사람 모두 용기를 보여주었고, 지지자들도 좋아했다. 바르나브는 헌우회에서 열렬하게 환영받았고, 왕실에서는 두 차례나 카잘레스의 집으로 사람을 보내 위로했다. 그러나 『파리의 혁명』을 발행하던 루스탈로 같은 언론인들은 바르나브가 잘못했다고 비판했다. 그들은 도덕의 지배를 주장하면서 폭력에 의존해서는 문제를 해결할 수 없다고 말했다. 그들은 특히 바르나브가 그르노블 시장으로 뽑혔기 때문에 사적 감정을 억누르고 대범하게 정의의 길로 나아가야 한다고 생각했다. 더욱이 그들은 결투란 봉건적 잔재이며 귀족주의자들의 악덕이라고 비난했다.

11월 11일 아침 샤를 드 라메트의 집에 23세의 젊은이가 찾아가 결투를 신청했다. 그 젊은이는 18개월 전 아르투아 바이아주 의회에서 자신을 전국신분회 대표로 뽑는 것에 샤를이 반대했기 때문에 화가 났던 것이다. 그때 샤를은 그 젊은이가 법이 정한 피선거권자의 조건인 25세가 안 되었기 때문에 반대의사를 표명했을 뿐이라고 냉정하게 말해주었다. 그러나 젊은이가 결투를 신청하자 샤를은 결투 장소에서 만나자고 하면서 젊은이를 돌려보낸 뒤, 국회에 나가 여러 의원에게 그 사실을 말했다. 므누, 노아유 같은 의원은 결투 장소에 나가지 말라고 충고했고, 두 사람이 대신 약속장소로 가서 젊은이가 얼마나 어리석은 짓을 했는지 꾸짖었다.

그 뒤 국회에서 우파 의원들은 샤를 드 라메트를 계속 모욕하면서 도발했다. 그가 도전을 받지 않으면 비겁하기 때문이라면서 비웃었다. 샤를도 계속 그들의 도발에 코웃음으로 응대했다. 한 다리를 저는 툴루즈 로트렉이 샤를에게 도전했다. 참다못한 샤를은 좌파를 학살하려고 안달인 사람들과 싸우지 않을 만큼 자제력을 갖추진 못했지만 한 다리를 잘 쓰지 못하는 로트렉이 불쌍해서 봐준다는 식으로 응대했다. 이때 오래전부터 인민의 편을 드는 지도자들에게 원한을 품고 있던 카스트리가 오만하게 결투를 신청했다. 샤를이 거기에 응하고 둘은 이튿날 불로뉴 숲에서 만났다. 샤를 드 라메트는 왕의 흉갑기병 연대 대령 출신 귀족 의원이었다. 카스트리 공작은 15세기 말 몽펠리에 소비세 재판소장직으로 귀족 작위를 얻은 집안에서 1756년에 태어난 거물급 귀족으로서 미국 독립전쟁에 참가해 특히 요크타운 공격에서 주목을 받고 돌아왔으며, 혁명 직전에는 야전사령관으로 활약하다가 파리 문밖의 귀족 대표로 국회의원이 되었다. 11월 12일에 우파 의원 카스트리는 한 살 젊은 샤를 드 라메트와 불로뉴 숲에서 칼싸움을 했다. 그 결과 '자유의 친구'인 라메트가 팔에 부상을 입었다.

이 사건은 파리에서 크게 물의를 빚었다. 이미 바르나브나 샤를 드 라메트 말고도 므누, 로베스피에르, 뢰데레, 라보 생테티엔, 베르나르 같은 사람들도 각자 정적들로부터 도전을 받은 적이 있었다. 그래서 파리 민중은 자신들의 대변자인 샤를 드 라메트가 팔에 중상을 입었다는 말을 듣고 화가 나서 카스트리 공작의 저택으로 몰려가 집을 부수려 했다. 이웃이 그 집은 공작의 소유가 아니라고 말해주었다. 민중은 집 안으로 들어가 유리창, 가구, 집기, 침대, 식기, 금고를 모두 때려 부쉈다. 이렇게 민중이 소동을 피울 때 누군가 "우리는 정직하다. 우리는 친구를 지키러 왔다. 그러니 누구든 못 하나라도 훔치면 목을 매달겠다"고 외쳤다. 한바탕 소동이 끝나고 밖으로 나간 그들은 모두 웃옷의 앞섶을 풀어헤치고 바지주머니를 뒤집어 아무것도 가지고 나가지 않았음을 증명했다고 한다. 곧 백마를 탄 라파예트가 국민방위군을 이끌고 현장에 도착했다. 라파예트는 시위대에게 인사한 뒤 국민방위군의 총에 칼을 꽂으라고 명령했다. 어떤 시민이 라파예트에게 지금 여기가 낭시*인지 의심스럽다고 하면서 민중의 정의 실현을 막을 것인가 물었고, 라파예트는 이웃에 피해를 주지 않도록 하기 위해 출동했다고 대답했다.

13일에 의원들은 카스트리 공작의 집안을 난장판으로 만든 사건에 대해 격한 토론을 벌였다. 모리 신부는 군중의 수를 어떤 이는 4만 명 또 어떤 이는 20만 명이라고 하는데 아무튼 자기는 잘 모르겠지만 확실히 수많은 사람이 카스트리의 집을 에워싸고 집 안으로 들어가 창문으로 가구 따위를 집어던졌다고 하며, 그때 질서를 회복해줄 공권력이 완전히 실종되었고 또 총소리도 났다고 하는데 일단 국민방위군 사령관의 대답을 들어보자고 말했다. 그러고 나서 국회가 모든 시민의 집회금지법을 제정해 이 법을 어기는 사람을 반국가행위로 처벌하자고 제안했다. 모리 신부가 말을 끝내자 브르타뉴지방 낭트의 제3신분 출신 르네 가스통 바코 드 라샤펠이 곧바로 받아쳤다.

"회의장에 무기를 가져오지 못하게 해야 합니다. 모리 신부가 지난 일을 불러일으킨 첫 번째 원인 제공자입니다. 그를 고발합니다."

모리 신부가 하느님을 들먹이면서 대꾸했다.

"나는 바코 의원에게 대답하지 않겠습니다. 나는 그가 무슨 말을 했는지 듣지 않았습니다. 나는 훨씬 큰 이익을 성취하기 위해 전념합니다. 나는 바코 의원이 내일 또는 내가 제안한 법을 통과시킨 뒤에 할 말을 하라고 권유합니다."

---

* 8월 31일, 부이예 장군이 진압한 낭시 군사반란에 대해서는 제2부에서 자세히 다룬다.

오전회의는 별 성과 없이 3시에 끝나고 저녁회의가 열렸을 때, 본누벨 국민방위군 대대의 대표단 열네 명이 들어섰다. 공드빌이 그들의 대표로 청원서를 읽었다. 한마디로 국회의원들이 앞으로 결투를 하지 못하도록 법을 제정해서 누구든 그 법을 어기면 반국가행위로 처벌하자고 요청했다. 이번에는 대표단의 프로망탱이 연설했다. 애국 병사들이 공공의 적을 즉시 엄하게 처벌하라고 요구하는 이때 국회에서는 헌법의 열렬한 수호자들을 공격해 헌법을 위태롭게 만드는 사람에게 합당한 벌을 내려야 마땅하다는 사실을 모든 사람에게 가르쳐야 한다고 주장했다. 카스트리는 샤를 드 라메트에게 결투를 신청해 상처를 입혔기 때문에, 프랑스의 모든 애국자를 대표해서 본누벨 대대는 국회가 라메트 의원의 복수를 해달라고 청원하러 왔노라고 말했다. 이에 의원들이 큰 박수를 치자 앙굴렘 출신의 루아는 악인들만 박수를 친다고 외쳤고, 흥분한 의원들은 루아를 아베 감옥으로 보내라고 촉구했다. 그동안 입을 다물고 있던 프로망탱은 국회가 한시바삐 결투금지법을 제정해주기를 바란다면서 말을 마쳤다.

의원들이 설전을 시작했다. 그들은 먼저 루아 의원에 대한 징계문제를 놓고 갑론을박했다. 바르나브가 일장연설로 징계의 당위성을 역설했다.

"우리는 국회에서 엄격히 법을 준수해야 합니다. 만일 우리가 이 문제에 아무런 조치를 취하지 않는다면, 우리는 인민이 의존하는 폭력을 금지할 권리를 갖지 못할 것이며 결국 법을 제대로 집행할 수도 없을 것입니다."

의장은 고소인과 피고인을 연단으로 불러 각자 말하게 하자고 제안했다. 고소인으로 나선 바리무쟁 세네쇼세 제3신분 출신 말레스 의원이 고소인 자격으로 연단에 서서 루아 의원을 고소한 이유를 설명했다.

"본누벨 대대 대표가 라메트 의원에 대해 말할 때 국회의원의 대다수가 박수를 쳤습니다. 나는 의원들이 검투사가 되라는 뜻이 아니라 법을 제정하라는 선거인들의 뜻을 받들어 여기 모였다고 굳게 믿기 때문에 다른 의원들보다 더 열렬히 박수를 쳤습니다. 그런데 루아 의원이 '박수를 칠 수 있는 사람들은 모두 악한이다'라고 내게 소리를 질렀습니다."

루아 의원이 자신을 변호할 차례다.

"여러분, 우리 국회가 활동하기 시작할 때부터 내가 어떻게 행동했는지 되돌아봐주시기 바랍니다. 그동안 나는 법이 내 의견과 달리 제정되었을 때도 묵묵히 따랐습니다. 그런데 내가 성난 군중이 우리 동료 의원의 집으로 몰려들어 난장판을 만들고 그를 찾아 생명을 앗아가려 하는 것을 보는 순간 이 같은 흥분상태를 승인하는 사람들이야말로 모두 공공의 행복을 해치는 적이라고 생각했습니다. 나는 군중이 스스로 그렇게 행동했건 아니면 누군가의 사주를 받고 행동……"

이 순간 사방에서 수군거리기 시작했다. 루아 의원은 조금 기다리다가 다시 자기 변론을 시작했다.

"국민방위군 대표는 방금 라메트 의원을 공격한 것에 대해 비열한 행위이며 벌을 받아 마땅한 범죄라고 말했습니다. 그러나 그는 도를 넘은 행동을 한 군중에 대해서는 뭐라 말했습니까?"

루아 의원이 말을 마치자 그처럼 앙굴렘 출신의 칼라 의원이 그동안 의정활동을 잘해온 루아 의원에게 아베 감옥은 가혹하니 48시간의 근신으로 벌을 낮추자고 제안했다. 몇 차례 공방 끝에 루아 의원을 감옥형 대신 8일간의 근신으로 처벌하자는 수정안까지 나왔지만 결국 아베 감옥에 3일간 구금하는 안을 통과시켰다. 그러나 국회의원을 체포해가는 모양은 국회의 품위마저 손상시키기 때문에 루아 의원이 자발적으로 24시간 이내에 감옥으로 가서 수형생활을 하도록 결정했다.

곧 파리 시장 바이이가 코뮌의 대표단을 이끌고 국회에 도착해 헌법이 규정한 대로 새로 구성된 코뮌이 공식적으로 활동을 시작했으며, 코뮌이 파리의 질서를 회복하기 위해 결투금지법을 제정해달라고 청원하기로 의결했음을 보고했다. 바이이가 대표단과 함께 시청으로 돌아간 뒤 국회의장은 의원들의 동의를 얻어 결투문제를 헌법위원회와 법사위원회가 합동으로 검토하도록 했다. 이 합동위원회가 검토할 자료는 이미 9월 15일에 아비즈의 사제 출신 브루이예 의원이 제출한 "결투에 관한 브루이예의 의견"이었다. 브루이예는 누구나 말이나 행위로 모욕을 당했을 때 이성의 시대에 걸맞은 해결방법을 찾아야 할 텐데 야만적 행동인 결투에 의존하는 것은 부끄러운 일이라고 강조했다.

"이성과 종교정책의 원리에 따라 여러분이 결투에 열광하는 행위를 슬기로운 법의 힘으로 진압해야 합니다. 분노에 찬 단 한 번의 행위로써 남의 생명을 앗아갈 권리가 어디 있겠습니까?"

그러고 나서 브루이예는 몇 가지 원칙을 제시했다.

말보다 실천이 훨씬 강력합니다. 그러니 여러분, 가장 엄숙한 방식으로 선언합시다.

1. 덕과 명예는 모두 개인의 것이므로 어떤 시민도 자신의 행위에 의하지 않고서는 앗아갈 수 없다. 또 어떤 경우에도 다른 사람의 변덕에 희생되어서도 안 된다.

2. 시민이 다른 이의 말, 행위, 위협으로 모욕당했을 때 상대방을 공공의 안녕을 해치는 자로 일반법원에 소추할 수 있다.

3. 다른 이를 때린 자의 공민권을 박탈한다.

4. 결투금지법은 항상 엄격하게 효력을 유지한다.

5. 법을 무시하고 결투를 제안하는 사람은 결코 명예를 누릴 수 없는 사람이다.

6. 결투를 받아들이지 않는다고 해서 명예를 잃었다고 할 수는 없다. 진정한 명예는 법에 복종하는 것이기 때문이다.

국회의 합동위원회는 법치주의를 강조하는 브루이예의 안을 바탕으로 결투를 금지하는 법안을 만들 예정이었다. 그러나 국회의원이나 방청객이 회의장 안에 무기를 소지하고 들어가는 행위를 근절하기는 어려웠다. 훗날 1793년에 국민공회 안에서 총소리를 들을 날이 올 줄을 예측할 사람이 과연 있었을까? 혁명에서 폭력은 좌우를 떠나 거의 일상적 차원의 일이었음을 부인하기 어려운 만큼 급격한 변화란 안정된 체제에 대한 폭력 그 자체였다.

낭시
군사반란

제 2 부

낭시 군사반란은 혁명의 바람을 맞은 '왕의 군대'가 어떻게 반란을 일으키고 진압당하는지 보여주는 흥미로운 이야깃거리이므로 자세히 알아보기로 한다. 낭시에 주둔한 3개 연대 병사들은 당시 프랑스 내의 모든 군대가 겪던 혁명의 양상을 보여주었지만 나중에 가장 극단적인 사건을 일으켰다. 부대마다 병사들이 의결기관을 설치하고 장교들을 윽박지르고 밀린 봉급을 받아내려고 했던 것은 흔히 볼 수 있는 장면이었지만 결국 낭시의 주둔군은 반란을 일으켰고 무참히 진압당했다. 그런데 이 군사반란을 잘 이해하려면 구체제의 정규군인 '왕의 군대'에 대해 알아야 한다. 그들의 역사를 이해하는 것은 혁명으로 태어나는 국민국가가 구체제에서 왕의 권력을 유지해주던 군대를 어떤 식으로 관리하고 국유화하는지 이해하는 바탕이 된다. 그러므로 이제부터 구체제의 유물인 '왕의 군대'에 대해 알아보기로 하자.

1
'왕의 군대'

구체제 말 프랑스 군대는 육군인 '왕의 군대'와 해군이었다. 절대군주는 전쟁과 평화를 결정하는 존재였기 때문에 군대를 보유했던 것이다. 여기서는 육군에 대해서만 다루기로 한다. 1789년 프랑스 병력은 모두 15만 6,000명으로 정원에서 약 8,000명 부족한 상태였다. 보병은 프랑스인 연대 79개, 스위스인 연대 11개, 독일인 연대 8개, 아일랜드 연대 3개, 리에주 연대 1개로 모두 102개 연대였으며, 정원은 11만 6,000명이었으나 실제로는 4,000∼5,000명이 부족했다. 1788년에는 12개

경보병부대가 창설되었다. 정원은 5,000명이었지만 실제 400~500명이 부족한 상태였다. 기병은 1788년 62개 연대로 재편되었는데, 총기병carabiniers 2개, 중기병 24개, 용기병 18개, 추격기병chasseurs(엽기병) 12개, 경기병 hussards 6개로 구성되었다. 1789년 기병은 모두 3만 3,000명 정도였다. 포병은 모두 7개 연대였고, 정원이 거의 1만 명이었지만 실제 구성원은 6,600명 정도였다.

육군의 구성만 보아도 당시의 전쟁에서 포병보다 기병이 더욱 중요한 역할을 했음을 알 수 있다. 만일 1788년 3월 17일의 왕령대로 군을 개혁했다면, 평시에는 18만 7,000명, 전시에는 22만 4,000명까지 병력이 늘어났을 것이다. 그러나 이렇게 병력을 늘리더라도 20만 명을 겨우 넘은 프로이센보다는 많아지지만, 28만 명의 오스트리아나 약 40만 명의 러시아보다 적었다. 이 정규군에 포함되지 않은 부대로는 궁부Maison du roi의 근위군에 소속된 수비대(스위스 100인대, 프랑스 수비대 연대, 스위스 수비대 연대)의 7,278명이 있었고, 루이 14세 시대에 창설된 민병대 5만 5,000명이 있었다. 민병대는 16세에서 40세 사이 남성을 제비로 뽑아 5년 동안 복무하게 했다.

1763년부터 정규군을 모집하는 일이 왕의 대권에 속하게 되었다. 각 연대는 정기적으로 중사 약간 명과 장교 한두 명을 모병관으로 임명해 병사를 모집하게 했다. 그 시대의 극작가이자 문화비평가인 메르시에가 "허가받은 야바위꾼"이라 묘사한 모병관은 사병 출신 장교인 경우가 많았다. 모병관은 성실하게 장기간 복무하여 신분을 높인 사람이었기 때문에 신병을 모집할 때 상대를 쉽게 설득할 수 있었다. 평민 출신으로서 장교의 지위까지 오른 모병관의 모습은 가난한 젊은이에게 희망을 안겨주어 병적부에 이름을 올리도록 만드는 데 유리했다.

18세기 말 2,000명 이상이 거주하는 도시형 지역의 인구는 전체 인구의 15퍼센트에서 20퍼센트로 늘어났는데, 그러한 지역 출신 병사의 비율은 전체 병력의 30퍼센트를 넘었다. 이러한 사실로써 모병관은 농촌보다 도시에서 더 많은 젊은이를 군대로 이끌 수 있었음을 알 수 있다. 모병관은 병사 한 명을 데려갈 때마다 특별수당을 받았다. 일반장교는 2년마다 7개월 반의 휴가를 얻었는데 신병을 두 명씩 데리고 복귀하도록 권고받았다. 민간인도 모병사업에 참여했다. 전문적인 모병자racoleur는 한 명씩 모을 때마다 특별수당을 받았다. 신병의 신체조건에서 특히 키와 나이는 특별수당에 영향을 끼치는 요인이었다. 모병은 1년 내내 진행되었으나 10월부터 이듬해 3월까지 반년 동안 더 활발했다.

신병이 되는 이유는 다양했다. 군복의 멋진 모습이나 일정한 봉급을 받을 수 있다는 사실이 가장 중요했지만, 가족의 억압에서 벗어나거나 사회에서는 도저히 이룰 수 없는 꿈, 다시 말해 신분상승의 꿈을 실현하려고 입대했다. 범죄에 대한 벌을 받는 대신 군대를 택하는 경우도 있었다.

거의 절반이 18세에서 25세 사이였던 병사의 복무기간은 8년이었다. 그들은 1788년 기준으로 하루에 봉급 6수 8드니에(이 중에서 하루치 빵값으로 2수 이상 지출)를 받으면서 빠듯하게 생활했다. 능력 있는 병사는 4년부터 6년 사이에 진급했고, 의무 복무기간을 채울 때 진급하거나 또는 재입대해서 10년을 군 생활에 바친 뒤에야 진급하기도 했다. 기병과 포병은 보병보다 모병조건뿐만 아니라 진급도 보병보다 더 까다로웠다.

사병(병사들과 부사관)의 특징을 몇 가지로 정리해서 말할 수 있다. 첫째, 사병은 대체로 젊었다. 부사관은 군 생활을 몇 년씩 했기 때문에 평균적으로 병사보다 나이가 많았지만 병사의 90퍼센트는 35세 이하였다. 둘째, 도시와 그 부근에서 온 사람이 많았다. 셋째, 민중집단 출신의 병사가 절대다수였다. 장인, 소매상, 농업과 비농업 노동자 출신 병사가 혁명기에 어떤 성향을 보여줄 것인지 쉽게 짐작할 수 있다. 혁명은 도시의 중하류 계급이 참여해 진행되었기 때문이다. 넷째, 일상적으로 군인이 많이 주둔하던 국경지역 출신이 많았다. 혁명 초 가장 규모가 큰 북부군Armee du Nord이 주둔한 동북부 국경지역, 그리고 알자스 지방은 여느 지역보다 병사를 더 많이 배출했다. 한마디로 병사들은 젊었고 1789년에는 3분의 2 정도가 군대에 4년 이상 복무했으며 혁명에 우호적이었다.

구체제 프랑스 군대의 장교에 대해 이해하는 중요한 개념은 '메리트merite'다. 사람의 한 부분으로 '얻다' 또는 상으로 '받다'라는 뜻을 가진 라틴어mererer의 명사형meritum에서 나온 말로서 '소득, 봉급', '특정인에 대한 (좋거나 나쁜) 봉사', '보상이나 벌을 받을 만한 행위, 행실'을 뜻했다. 로마제국 후기 라틴어에서 이 말은 '가치'라는 긍정적 의미를 얻었다. 특히 기독교 라틴어에서는 '신의 자비를 받을 만한 영적 가치'라는 뜻으로 쓰였다. 1611년에 이 말에는 특정 작품이나 예술품의 뛰어난 특성을 모두 아우르는 '장점'이라는 뜻이 더해졌다. 1636년 코르네유는 '뛰어난 지적·도덕적 자질의 전체'라는 뜻으로 썼고, 거기서 '장점, 이점'이라는 뜻까지 생겼다. 18세기에는 봉사에 대한 보상으로 주는 훈장ordre de merite(공로 훈장)의 이름에도 쓰였다.

레이프 블로파브Rafe Blaufarb는 구체제 군사귀족을 이해하려고 이 낱말의 의미변화를 추적했다. 구체제의 신분사회에서는 이 말을 개인보다는 핏줄과 함께 이해해야 한다. 그것은 귀족으로 태어나면서 몸의 한 부분으로 가지게 되는 '자질' 또는 '능력'인 동시에 왕에게 봉사하는 귀족의 본분에 대한 대가로 신분질서와 특히 군에서 높은 지위를 유지하게 해주는 '보상'이다. 오늘날 우리가 원칙적으로 능력위주의 사회meritoracy에 살듯이 구체제의 프랑스 사람들도 신분제도의 한계 안에서 능력위주의 사회에 살았다. 그 시대 귀족은 '능력'을 대물림해주었다. 그리하여 1788년 귀족의 95퍼센트가 군에서 특별한 지위를 차지하는 것은 당연했다. 그들은 왕에게 봉사하고 왕은 그 대가로 그들에게 특권과 명예를 인정해준다고 생각했다.

또 군사귀족 가문 출신이 평민보다 군대에 적성이 맞는 이유는 교육환경이 적합하기 때문이다. 인격형성에서 환경이 중요하다는 계몽주의의 영향을 받아 이러한 의미가 파생했다. 군사귀족 집안의 아들은 어린 시절부터 명예, 봉사, 규율의 덕목을 쉽게 익혀 훌륭한 장교가 될 수 있는 자질을 키운다는 것이다. 그러나 18세기 초에 이미 거물급 전통귀족 생시몽 공작Louis de Rouvroy, duc de Saint-Simon은 루이 14세 시대를 가리켜 비천한 부르주아 계층이 지배하던 시대라고 눈살을 찌푸렸으며, 시간이 흐를수록 '능력'은 태생의 산물, 그리고 환경의 산물일 뿐 아니라 평민에게도 욕망의 산물이 되었다. 평민은 군사귀족과 달리 오직 성실하게 잘하려는 욕망을 품고 살아가면서 사회적 위계질서의 꼭대기를 향해 올라갔고 그렇게 해서 군에서도 두각을 나타냈다. 전통 군사귀족은 자신들만의 '능력위주의 사회'가 무너진다고 보았지만 '능력'의 의미가 이미 핏줄이나 가문이 아니라 일부 개인의 능력으로 바뀌어 있었다. 그럼에도 변화를 싫어하는 군사귀족은 부유한 상인(제조업자), 총괄징세청부업자, 징세인의 아들이 장교가 되는 것을 못마땅하게 생각했다.

장교단corps des officiers 내부에서 갈등이 생기는 이유는 평민이 장교가 되는 것만이 아니었다. 귀족들 사이에도 거물급 귀족과 이름뿐인 귀족이 있었다. 베르사유 궁에서 왕을 알현할 수 있는 귀족들은 실제로 연대를 지휘할 수 있는 지위에 올랐으며, 이를 보는 중류 귀족이나 시골 귀족은 '애송이 연대장colonel à la bavette'이 경쟁질서를 흔든다고 한탄했다. 1763년의 보병 연대장의 92퍼센트가 왕을 알현할 수 있는 귀족을 뜻하는 '프레장테présentés'였다. 그리고 1789년, 연대장 58명 가운데 18명 이상이 평균 36세였다. 전통 군사귀족이라 할지라도 모든 과정을 착실히 밟으면서 진급했으므로 1789년에 복무한 중령 53명 가운데 91퍼센트가 평균 51세에 거기까지 도달했으며, 따라서 가장 경험이 풍부한 장교가 자기보다 젊은 연대장을 모셔야 했다. 군사개혁가들은 이러한 폐단을 막아야 한다고 생각했다. 그들은 돈으로 장교직을 사고파는 제도를 폐지해 귀족의 천직을 지키는 평등한 제도를 만들어야 한다고 주장했다. 그들은 장교의 자식을 위한 군사교육 제도를 창설하고 벼락부자의 자식이 장교가 되는 길을 막으려 했다.

1750년대에는 군대 안에서 평등을 지향하려는 목적에서 개혁을 단행했다. 1750년 11월, 퐁텐블로에서 나온 왕령으로 새로운 무관귀족이 탄생했다. 평민으로 현역에 복무하는 장군과 그의 합법적인 후손을 귀족으로 인정하고 (제2조), 3대째 장교로 복무하는 집안을 귀족으로 인정한다고 했다(제10조). 이렇게 해서 1789년까지 200가문 정도가 귀족이 되었다. 그리고 베르사유에서 반포한 1751년 1월의 왕령은 왕립군사학교를 설립해 가난한 전통귀족 어린이 500명을 교육하려 하는데, 특히 전쟁에서 아버지를 잃은 젊은이를 우선적으로 선발하여 국가의 자식으로 만들겠다고 했다. 4대 이상 귀족 가문 출신임을 증명할 수 있는 여덟 살부터 열한 살 사이의 어린이로 단지 글을 읽고 쓸 줄 알면 입학할 수 있었다. 생도는 4년간 교육을 받은 뒤 소위로 임관했다. 이 사관학교의 경비를 마련하기 위해 복권(로토)이나 트럼프의 세금을 늘려야 했다. 사관학교 출신은 졸업 후에도 대대장급에 도달할 때까지 연금 200리브르씩 받았다. 1786년까지 군사학교는 졸업생 828명에게 매년 16만

6,000리브르를 보조해주었다. 게다가 졸업생은 대출도 받을 수 있었다.

1764년에 라플레슈 군사학교를 새로 설립해 장교를 더 많이 길러냈다. 루이 16세 시대인 1776년에는 12개 지방에 군사학교를 세워 500~600명이나 더 장교가 될 수 있는 길을 열어주었다. 입학기준도 완화해서 관직매매로 귀족이 된 사람뿐 아니라 부르주아도 장교단에 들어갈 수 있게 했다. 게다가 1775년 전쟁대신이 된 생제르맹 백작Claude-Louis de Saint-Germain은 좀더 강한 군대를 만드는 개혁을 단행했다. 그는 프랑스 역사상 최초로 포괄적이고 평등한 진급제도를 마련해 귀족의 지위 고하, 빈부의 차이와 상관없이 모든 장교에게 똑같은 기준을 적용했다. 더욱이 평민 가운데 아버지가 소령 이상의 장교거나 본인이 명예롭게 장기 복무했거나 용맹함을 증명해 생루이 훈장을 받은 사람도 장교가 될 수 있게 했다. 장교가 될 사람들을 중대마다 한 명씩 배치해 1년 동안 병사들의 옷을 입고 병사들의 의무를 숙지하면서 장교의 의무를 배우도록 했다. 생제르맹 백작은 군대 안에서는 사회적 요인보다 군사적 요인이 더욱 중요하다는 사실을 강조했던 것이다. 그리고 그는 선임자 순으로 진급 대상자를 뽑았다.

생제르맹 백작은 중요한 원칙을 두 가지 마련했다. 첫째, 누구든 14년 이상 복무해야 대령으로 진급할 수 있게 했다. 둘째, 중령·소령·선임 대위로 구성한 연대행정위원회가 특별진급 승인에 대한 거부권을 행사할 수 있게 했다. 생제르맹 백작은 장교의 영외거주를 금지하고 사병들과 함께 지내도록 명령했다. 장교가 검소하게 생활하고 사병들과 더욱 소통하도록 했다. 그러나 영외거주의 관행이나 장교와 사병이 소통하지 못하는 관행은 사라지지 않았으며 혁명 초기 군대에서 갈등의 원인으로 나타났다. 생제르맹 백작의 개혁으로 군대에서 신분제의 바탕이 흔들렸다고 하지만 여전히 전통귀족의 능력을 가장 잘 인정해주는 군대에서는 다른 분야(행정, 재정, 법)보다 신분제를 더 잘 유지했다.

더욱이 1781년 5월 22일, 이른바 '세귀르 법'은 4대 이상의 귀족 가문의 아들임을 증명하거나 생루이 기사의 아들에 한해 사관학교에 입학할 수 있다고 못 박았다. 오랫동안 학자들은 부르주아 계층이 사회적으로 주목받는 현실에 반발하여 장교직을 귀족의 전유물로 만들려는 의도에서 이 법을 제정했다고 보았지만 1970년대 초부터 이러한 해석에 의문을 품은 학자들이 나타나 이렇게 질문했다. 단지 부르주아 계층이 장교가 되는 길을 막는다면 어째서 기준을 그렇게 높게 잡았을까? 다시 말해 평민은 장교가 될 수 없다고 하면 그만일 텐데, 왜 4대 이상의 전통을 강조했던 것인가? 데이비드 비엔David Bien은 세귀르 법이 부르주아 계층이 아니라 '최근'에 귀족 작위를 받은 가문을 겨냥했다고 주장했다. 그러므로 이 법은 귀족 내부에서 무관귀족의 전문성을 자랑하는 가문이 장교직을 독점하도록 허용했다는 것이다.

비엔은 세귀르 법이 평민에게도 장교의 길을 열어주었다고 말했다. 생루이 기사의 아들은 소위가 될 수 있다는 조항이 바로 그러한 의미였다. 평민 출신으로 생루이 기사 훈장을 받은 모든 장교의 자식에게 장교직을 개방했던 것이다. 한마디로 세귀르는 군사 가문에서 장교를 뽑으려는 의도를 갖고 있었다. 이 법을 제정하는 데에는 아마도 교육환경의 중요성을 강조하는 계몽주의가 영향을 끼쳤을 것이다. 사회적 신분질서와 함께 군대 장교단의 성격도 좀더 개방적으로 변화했다 할지라도 장교단의 지배계급은 대체로 귀족이었다. 1789년에는 장교 1만 3,500명의 90퍼센트가 귀족이었다. 대대장은 부대원을 뽑고 장비를 마련해주고 숙박시키는 데 쓸 돈을 받았는데, 평화 시 부대에 아무 일도 일어나지 않고 더욱이 보급품이 쌀 때에는 돈을 아껴서 자기 주머니에 넣을 수 있었다. 그러나 전시에는 병사와 말을 잃고 물자를 낭비하고 물건 값이 치솟아 돈에 쪼들리게 되면서 대대장은 어쩔 수 없이 자기 돈을 끌어다 써야 했으며 결국 파산할 수도 있었다. 부대는 명성이 높을수록 비쌌다. 중대는 6,000~1만 4,000리브르, 보병연대는 2만 5,000~7만 5,000리브르, 기병연대는 2만 2,500~12만 리브르였다. 그러므로 신분사회에서 부대장급 장교는 자연스럽게 귀족의 몫이었다.

이 같은 조건을 가진 '왕의 군대'는 1789년 혁명이 일어나면서 '국민의 군대'인 국민방위군과 새로운 관계를 설정해야 했고, 혁명이 더욱 과격해지면서 국내 질서뿐 아니라 국제 질서가 변화하는 데도 보조를 맞춰야 했다. '왕의 군대'에도 혁명의 바람이 불었고 군대를 개혁하는 과정에서 군사반란이 일어나기도 했다.

2
혁명이 군대에
끼친 영향

혁명이 일어난 뒤 정규군 부대인 '왕의 군대'의 병사와 부사관들이 참모부의 명령을 듣지 않는 사태가 빈번히 일어났다. 이처럼 군대에도 혁명/반혁명의 구도가 형성되었고 그러한 구도를 이용해 반란을 선동하는 사람도 있었다. 1790년 8월 3일, 마르탱 의원은 자신을 국회로 보낸 브장송의 시정부가 군대에서 적발한 선동문서를 고발했다. 그것은 "알... 드 라...가 왕국의 모든 주둔지에 있는 통신원들에게 쓴 편지Lettre écrite par M. Al... d. L..., à ses correspondants dans les différentes garnisons du royaume"로서 다음과 같이 볼테르의 『구원받은 로마 또는 카틸리나*Rome sauvée, ou Catilina*』에서 인용한 구절을 제사題詞로 붙인 인쇄물이었다.

"병사들이여! 여기 로마를 잿더미로 만든 손이 있노라!"

누군가 이 편지를 메스 연대의 포병 장교들에게 뿌린 것을 브장송 시정부가 한 부 손에 넣어 급히 국회에 알렸던 것이다. 그러나 편지의 제목에서 저자로 넌지시 암시한 알렉상드르 드 라메트는 펄쩍 뛰면서 일일이 대꾸할 가치도 없다고 화를 냈다. 실제로 라메트가 여러 곳의 부사관들에게 쓴 편지와 그의 이름을 사칭한 중상비방문을 함께 읽어보면 진실이 드러난다.

알렉상드르 드 라메트의 편지.
릴 주둔군 부사관들의 편지에 답함, 1790년 3월
동무들이 내게 보내주신 우정 어린 편지를 고맙게 받았습니다. 나는 여러분이 내게 보여주신 호의에 감사하며, 나는 오로지 시민과 군인의 의무만을 다해야 하기 때문에 국회에서 군대의 권리와 이익을 열심히 강조하는 일만이 그 호의에 대한 보답이라고 생각합니다. 동무들, 여러분의 명분은 국민의 대표들에게 충분히 호소력을 갖추었습니다. 국민의 대표들은 여러분의 애국심을 정당하게 평가해야 마땅하며, 군인의 봉사가 국가에 유익하며 명예로운 만큼 군인들이 국가에 이로운 존재라고 생각해야 공평하기 때문에, 국회는 군대의 조직에 대해 왕이 분명히 천명해야 한다고 생각했던 것입니다. 따라서 부사관들이 새로운 군 조직에서 반드시 유리한 지위를 차지해야 한다는 것이 전하의 뜻이며, 따라서 전하는 어버이처럼 인자한 의지를 부사관들에게 특별하고도 확실하게 보여주어야 한다고 생각합니다. 국회가 할 수 있는 범위 안에서 부사관들은 마땅히 받아야 할 이익과 정의를 확실히 기대해도 좋겠습니다. 수많은 면에서 부사관들의 열의와 복무의 중요성을 봐서라도 그것은 당연한 일이라 하겠습니다. (……)

이 편지에서 알렉상드르 드 라메트가 부사관들을 선동하는 내용을 찾기는 어렵다. 그러나 장교의 눈으로 "부사관들이 새로운 군 조직에서 반드시 유리한 지위를 차지해야 한다"는 말을 보면 부사관을 선동한다고 볼 수 있을지 모른다. 5월 23일, 보스와 노르망디 연대에 보낸 답장에서도 라메트는 언제나 헌법을 존중하고 왕에게 충성하며 자유를 사랑해달라고 당부하면서, 그러면 조국이 마땅히 감사하고 동료 시민들이 충분한 권리를 인정해줄 것이라고 썼다. 그러나 5월 25일, '특무상사들에게' 보내는 답장에서 라메트는 이렇게 썼다.

"내 동무들이여, 내가 군사위원회 위원으로서 또는 국회의원으로서 여러분의 명분을 지키는 일이면 무엇이든 할 것이며, 여러분의 이익뿐만 아니라 군 전체의 이익을 나만큼 열렬히 지켜줄 사람은 없다는 사실을 여러분은 확신해도 좋겠습니다."

6월 4일, 스트라스부르 포병대에 보내는 답장에서도 라메트는 비슷한 인사치레를 했다. 그러나 라메트의 이름을 넌지시(M. Al... d. L..., 그러나 쉽게 알아챌 수 있도록) 언급하는 6월 3일자 중상비방문은 논조가 달랐다.

병사들이여! 여기 로마를 잿더미로 만든 손이 있노라! (카틸리나, 제4막)
1790년 6월 3일, 파리에서
내 통신원들은 자신들의 기금이 바닥나기 시작했다고 내게 알려주었습니다. 그리고 마침내 페르피냥에서는 T… 연대의 반란을 성사시키는 데 필요한 자금을 얻지 못했기 때문에 상당히 높은 이자를 주고서 돈을 빌려야 했다고 알려주었습니다. 이 목표에 대해 여러분을 안심시키는 것이 내 의무라 생각합니다. 여러분은 내가 가볍게 움직이지 않는다는 사실을 알아주셔야 합니다. 나는 언제나 치밀한 계산을 한 뒤에 움직입니다. 여러분이 내게 기별하지 않아도 나는 여러분의 자금을 채워드려야 할 때가 왔음을 알고 있으며 이미 대비책을 세워놓았습니다. 그래서 나는 영국에서 300만 리브르를 받았으며 다음 달 연맹제에 참석하러 귀국하시는 오…(오를레앙) 공작도 거의 같은 액수를 가지고 오시리라는 사실을 알려드립니다. 어떻게 그 많은 돈을 모을 수 있는지 알려고 시간을 헛되이 보내지 마십시오. 여러분은 영국 왕실에 그분의 친구가 많다는 사실과 또한 영국민은 프랑스의 정치 상황을 특히 주시한다는 사실을 잘 아실 것입니다. 그러니까 더 이상의 이유를 설명할 필요는 없겠지요. 따라서 이달 15일부터 파리 아르투아 거리의 라 B… 선생에게 가면 여러분에게 필요한 20만 리브르를 받을 수 있음을 알려드립니다. (……)

이처럼 중요한 기초를 놓았으니, 이제는 여러분과 내가 이 순간 이후 해야 할 일을 알아야 하겠습니다. 사실상 여러분은 우리가 희망한 것보다 더 성공했습니다. 그리하여 군대에 방종의 분위기가 널리 퍼져 군 조직을 빠르게 무너뜨리고 있습니다. 우리는 참으로 많은 일을 했습니다. 그러나 아직도 더 많이 해야 합니다. 만일 우리가 군을 완전히 와해시키기 전에 군대에 관한 헌법이 나온다면 우리가 지금까지 한 일은 허사일 것입니다. 국회는 벌써 수많은 선언문을 접수했고 우리 형은 군 기강을 세우는 법안을 두 번이나 물리쳐야 했다는 사실을 여러분은 잘 아실 것입니다. 지금은 군 질서가 회복되는 시점일지 모릅니다. 그렇게 되면 우리에게는 할 일이 없습니다. 우리는 지금까지 엄청나게 노력했지만, 앞으로 두 배나 더 노력해야 합니다. (……)

이 글의 저자는 지금까지 병사들을 선동하는 데만 매달렸지만, 이제부터는 모든 사람을 설득해서 군대를 완전히 해체하자고 주장했다. 물론 어려운 점도 있다는 사실을 인정했다. 부사관들은 대부분 특정 사회계급 출신으로서 군에 들어온 뒤 옛 편견에 사로잡혀 선동하기가 쉽지 않기 때문이다. 그러나 그들의 야망과 어리석음을 함께 이용하면 틈이 생긴다고 보았다.

"돈을 원하는 사람에게는 돈을 쏟아부으시오. 그러나 이 방법을 써도 효과가 없다면 그들에게 군대의 모든 직책과 혜택을 나눠줄 수 있는 사람처럼 보이시오. 그들에게 장교직을 제안하시오. 그들이 스스로 장교처럼 행동하고 서로 승진시켜주도록 하면서 우리가 그들을 지지한다는 사실을 확신시키시오. 필요하다면 (오를레앙) 공작의 이름을 파시고 그분의 약속임을 확신시키시오."

이러한 일이 가능하겠느냐고 반문하는 사람이 있을 테지만 그들에게 제시한 눈부신 지위와 이점을 멋지게 묘사해주면 그들은 의심을 거둘 것이라고 선동했다.

"그들이 대대장, 연대장, 장군과 평등하게 될 것이라고 생각할 때, 현재 그들의 처지에서 느끼는 간격을 뛰어넘을 수 있다는 매력 있는 생각을 어찌 감히 떨칠 수 있겠습니까? (……)

여러분은 특히 포병대에 주목하시오. 포병대에는 이른바 운이 좋아 특진한 장교들이 널려 있습니다. 부사관에서 뽑힌 그들은 부사관과 하나일 뿐입니다. 그들은 아주 유복하게 사는 만큼 야망에 이끌리기 쉽습니다. 그들은 벌써 첫 단계를 넘어섰기 때문입니다. (……)"

라메트를 사칭한 저자는 1년 전부터 확신을 가지라고 그들에게 일렀음을 상기시키면서, 국회에서 자기 나름대로 또 형(샤를 드 라메트)과 협력해서 군에 관한 헌법을 제정하는 일을 늦출 수 있을 만큼 늦추겠으니 마지막까지 열심히 군 조직을 무너뜨리는 일에 힘써달라고 당부했다. 게다가 포병대와 공병대는 다른 군대와 비교해볼 때 장교까지 혁명에 우호적인 경우가 많기 때문에 특히 포병대에 주목하라고 했다.

"만일 우리가 때를 놓친다면 우리 자신도 패배할 것이며, 이제까지 노력한 성과를 모두 잃을 것입니다. 여러분은 왕족(오를레앙 공작)을 위해 일합니다. 여느 사람들은 그분의 너그러운 마음씨를 터무니없이 비방합니다. 그러나 그분은 이미 여러분에게 끝없이 감사하여 진심을 보여주었습니다. 그분이 다음 달 귀국하십니다. 그분에게 여러분의 성과가 크다는 사실을 보여줍시다. 그분을 믿으세요. (……) 다시 말하지만 그분은 반드시 약속을 지킵니다. 내가 보증합니다. 그러니까 그분에게 약속을 이행할 길을 열어주십시오. 여러분의 행동을 기다립니다."

이 선동문의 목적은 무엇인가? 오를레앙 공작을 전면에 내세우면서 군대를 와해시키고 궁극적으로 루이 16세를 폐위시키자는 것인가, 아니면 오를레앙 공작이 음모를 꾸민다는 사실을 만천하에 알리려는 것인가? 반드시 이러한 선동문 때문만은 아니겠지만 군대의 기강이 몹시 흔들리고 있었다. 1790년 7월 14일의 전국연맹제가 끝난 지 겨우 열흘이 지났는데 파리에는 오스트리아 군대가 침공한다는 소식이 퍼졌기 때문에 군 기강의 문제는 더욱 심각했던 것이다. 플랑드르와 도피네 지방의 큰 도시는 보병과 포병을 철수했던 터라 더욱 불안했다. 루이 16세의 처남인 오스트리아 황제 레오폴트가 프로이센의 왕과 조약을 맺고 프랑스를 침공한다는 소문, 망명한 콩데 공이 사부아 사람들이나 불만이 많은 프랑스인 2만 5,000명을 이끌고 온다는 소문, 에스파냐는 피레네 산맥을 넘으려 하고, 영국은 네덜란드와 함께 프랑스 무역을 마비시키고 또 식민지도 빼앗는다는 소문이 돌았다. 더욱 나쁜 것은 프랑스 대신들과 장군들이 외적과 내통해 왕국의 모든 국경에서 무기를 통과시킬 수 있도록 명령을 내렸다는 소문이었다. 국회는 위원 여섯 명을 임명해 전쟁대신과 외무대신에게 소문의 진상을 파악하게 했다. 그동안 궁부대신 생프리에 백작과 전쟁대신 라투르뒤팽은 외국으로 도주했다는 소문도 돌았지만 이튿날 헛소문으로 밝혀졌다. 민심이 흉흉한 파리에서는 시민들이 화가 나서 떠들었다.

"시민들이여, 적이 쳐들어온다! 무기를 들자! (……) 대신들을 몰아내자!"

외무대신 몽모랭은 국회에 나가 오스트리아군이 국경을 통과시켜달라고 요청한 데 대해 해명했다. 그는 두 나라의 이해관계가 얽힌 지역에서 관행적으로 일어나는 일이므로 크게 걱정하지 않아도 좋겠다는 취지로 말했다. 영국과 에스파냐가 전쟁을 할까봐 두려워하고 게다가 그 불똥이 프랑스로 튈까봐 두려워하던 사람들은 외무대신의 해명을 듣고서도 오스트리아 군대가 프랑스 국경을 통과한다는 소식 자체를 불안하게 여기지 않을 수 없었다. 이러한 상황에서 군대 안에서 일어나는 일은 더욱 큰 근심거리였다.

『파리의 혁명』 56호(1790년 7월 31일~8월 7일)에서 편집인 루스탈로는 이렇게 보도했다.

전쟁대신(라투르뒤팽)은 군대가 명령에 복종하지 않는다고 불평이다. 푸아투 연대는 연대장을 체포하고 감금했다. 루아얄 샹파뉴 기병대는 왕이 임명한 장교를 받아들이지 않았다. 스트라스부르의 7개 연대는 회의체를 구성했다. 이 모든 사실이 아주 놀랍다. 군대의 불복종은 우리에게 해를 끼치는 가장 큰 재앙이 될 수 있다. 그러나 장교직은 오직 귀족, 특권층이 독점하지 않았던가? 사람들은 그들이 혁명을 지지한다고 생각하는가? 병사들은 애국자이긴 해도 올바로 계몽되지 않았다. 장교들은 비록 계몽되었다 해도 애국자가 아니다. 바로 이 때문에 폐단이 발생한다. 앞으로 진상이 제대로 밝혀지기를 기대한다.

루스탈로가 보도한 것처럼 1790년 8월 6일 라투르뒤팽은 국회에 나가 군대의 기강이 해이해진 사례를 들고 나서 무너진 기강을 한시바삐 바로 세워야 한다고 강조했다.

"지금 매 순간 군대의 기강이 무너진다고 하소연하는 편지가 속속 도착하고 있습니다. 이 세상에 가장 성군이신 전하는 나날이 슬픔과 근심을 떨치지 못하십니다. (……) 거의 모든 부대가 위원회를 조직하기 때문에 위험하기 그지없습니다. 그리하여 군인들이 가장 격렬한 정념에 휩싸였습니다."

'거의 모든 부대가 위원회를 조직'한다는 것은 아주 위험한 일이었다. 명령을 무조건 따라야 하는 조직에서 병사들이 의사를 결정하는 위원회를 만들어 장교와 사병 간의 관계, 군대 운영에 관해 자유롭게 토론하고 그 결과대로 실천하는 것은 사실상 군 조직을 부정하는 일이었던 것이다. 전쟁대신은 푸아투 연대, 루아얄 샹파뉴 기병대의 명령 불복종 사례, 7개 연대가 대표 세 명씩 보내 군사회의체를 조직한 사례를 설명하고 나서 의원들에게 이렇게 호소했다.

"프랑스 인민의 대표들이여, 인민의 의지로써 군사반란의 급류를 서둘러 막아주십시오. 현 상황에서 나라를 구하려면 병사들이 오직 도구 노릇만 해야 하며, 아무런 의지도 없이 그저 법이 시키는 행동만 해야 할 것입니다. 군대가 순순히 복종하지 않는다면 그들이 국가를 위해 존재할 이유를 저버리고 국내에 위험한 요소가 될 것입니다. (……)

프랑스는 병사들이 없으면 존재하지 못할 것입니다. 그러므로 바로 여러분이 조국을 구원해주셔야 합니다. 왕의 권위만으로는 부족합니다. 왕은 법을 유지하는 수단을 법으로써 인정받았습니다. 그러나 오늘날 법을 유지하는 것이 문제가 아니라 법을 다시 만들어야 합니다. (……) 여러분은 아직까지 새로운 군법에 전념할 만한 충분한 시간을 갖지 못했습니다. 그렇다면 옛 군법에 힘을 실어주십시오. 병사에게는 판사도 법도 없습니다. 그들에게 판사를 주십시오. 명령에 복종하지 않는 병사를 전쟁위원회에 세워 떨게 만들어주십시오. 전쟁위원회야말로 오랫동안 병사들을 복종시키고 기강과 의무를 사랑하게 만든 제도니까요."

국회의장은 전쟁대신의 말에 즉시 법안을 마련하겠다고 대답했다. 에브리 의원이 군사위원회의 이름으로 군대의 무질서를 바로잡을 법안을 올렸다. 하나는 루아얄 샹파뉴 기병대와 푸아투 연대의 불복종에 대한 것이고, 다른 하나는 수많은 부대에서 일어나는 소요사태에 관한 것이었다. 그리하여 모두 8개 조항의 법이 8월 6일에 통과되었다.

제1조. 가까운 시일 안에 새 법을 제정할 때까지 '현행 군법'을 지켜야 한다.

제2조. 군대의 운영위원회를 제외한 모든 의사결정 모임을 즉시 폐지한다.

제3조. 왕은 특별감독관을 임명해 각 연대의 6년치 회계를 검사하게 한다. 글을 읽을 줄 아는 병사를 추첨으로 뽑아 특별감독관을 2년 동안 돕게 한다.

제4조. 지금까지 관행을 좇아 군사재판을 받아 형이 확정된 병사가 아니면 노란 카드cartouches jaunes(불명예 제대증)를 발행하여 차별해서는 안 된다.

제5조. 1790년 5월 1일 이전에 정확한 근거를 남기지 않고 발행한 노란 카드를 받고 군에서 쫓겨난 사람은 그것 때문에 명예를 손상당하는 일이 없도록 한다.

제6조. 장교는 병사를 정의롭게 대해야 한다. 병사는 장교와 부사관을 존경하고 절대 복종해야 한다. 이를 어기는 장교나 병사는 처벌한다.

제7조. 이 법을 반포한 뒤 새로 반란이 일어나면 그 주모자와 참가자를 모두 재판하고 능동시민의 자격을 박탈하며 조국에 대한 역적으로 취급한다.

제8조. 모든 장교, 부사관, 병사는 상관, 대신, 국회에 자유롭게 불만을 표현할 수 있다.

루이 16세가 바라던 대로 국회는 군대의 질서를 세울 법을 부랴부랴 통과시켰지만 이미 장교와 병사들 사이에 생긴 혁명/반혁명의 구도를 깨뜨리기란 어려웠다. 그리고 오랫동안 벼르던 병사들이 결국 들고일어나는 사태가 실제로 일어나고야 말았다. 수많은 부대가 겪은 갈등 가운데 낭시에서 일어난 반란 사건이야말로 가장 주목할 만한 것이었다.

3
낭시 사태의 발단

낭시는 남쪽으로 흐르다 모젤 강과 합류하는 라 뫼르트 강변 합류지점에서 약 10킬로미터 상류 쪽에 있는 도시다. 파리에서 직선거리로 281킬로미터 동쪽에 있는데 오늘날 차로 가려면 메스까지 330킬로미터를 거의 곧장 달린 뒤 남쪽으로 56킬로미터를 달려야 도착할 수 있다. 18세기 귀족의 호화마차는 역참에서 말을 바꿔가면서 시속 11~12킬로미터로 달렸으니 30여 시간, 여름날이라 하루 종일 10시간을 달린다고 해도 사흘은 잡아야 갈 수 있었다. 물론 당시 가장 빠른 수단인 말을 혼자 타고 필요한 경우 역참에 들러 말을 갈아타고 가는 전령은 하루 안에 도착할 수 있었다.

역사적으로 볼 때 낭시의 이름은 몇 번 바뀌었다. 19세기에 발굴한 7세기 금속화폐에는 난시아코NANCIACO라는 이름이 나타나는데, 그 뒤 12세기에 낭세이Nancei로 바뀌었다가 1594년부터 오늘날의 이름인 낭시Nancy가 되었다. 중세 알자스의 제라르가 봉건영주로서 성을 지은 뒤 14세기 그의 후손들 시대에 로렌 공작령의 중심지가 되었다. 16세기 말 로렌 공작 샤를 3세는 낭시를 더욱 화려하게 꾸미고 신도시를 건설하면서 크게 넓혔다.

프랑스 왕 루이 13세는 로렌 공작령을 왕국에 통합하려는 계획을 세우고 1633년 9월에 낭시를 공략하기 시작했다. 왕은 모든 방앗간을 불사르고 다리를 끊는 동시에 로렌과 샹파뉴 지방의 농민 1만 명과 병사 6,000명을 동원해 참호를 파고 요새를 구축하라고 명령했다. 낭시는 버텼지만 곧 항복하고 9월 20일 샤름 조약에 서명해야 했다. 이렇게 해서 로렌 공작의 군대는 무장을 해제하고 낭시와 그 주변에 프랑스 군대가 주둔하게 되었다. 로렌 공작 가문은 대부분 브뤼셀이나 이탈리아로 도피했고, 특히 샤를 4세는 신성로마제국과 친밀한 관계를 유지하면서 로렌에서 프랑스 군대를 몰아낼 궁리를 했다.

1690년 로렌 공작이 된 레오폴트 1세는 샤를 3세 치세의 전성기의 낭시처럼 만들고 싶어했다. 그래서 그는 장인들에게 전보다 자유로운 분위기에서 생업에 종사하도록 허용해주었다. 그 결과 낭시에는 수많은 직업인이 들어갔고 가난한 사람들도 직업인들 주위에서 일을 얻을 수 있게 되었다. 낭시에는 견직물 공장이 서고 장식융단 제조업도 발달했다. 그러나 로렌 공작 프랑수아 3세가 1736년 오스트리아 마리아 테레지아와 결혼하면서 신성로마제국 황제 프란츠 1세가 되었는데, 장차 마리 앙투아네트의 아버지가 될 그는 폴란드 왕위계승 전쟁을 마감하는 비엔나 조약(1738)으로 토스카나와 로렌을 맞바꿔야 하는 처지가 되었다. 왕위계승 전쟁을 끝낼 협상을 진행하는 동안 프랑스의 루이 15세는 폴란드 왕위를 빼앗긴 장인 스타니수아프 1세에게 1737년에 로렌 공작령을 평생 소유할 수 있게 해주었다.

스타니수아프 1세 치세에 낭시는 프랑스 군대의 압박에서 벗어나 문화적으로 전성기를 맞았다. 그는 사위인 루이 15세를 위해 왕립광장을 세웠다. 그가 죽은 1766년에 낭시를 포함한 로렌 공작령은 프랑스 왕국에 완전히 편입되었다. 1778년에는 주교청이 들어서면서 낭시는 로렌 지방의 종교적 중심지가 되었다. 혁명이 일어난 뒤 전국을 83개 도로 나눌 때 라 뫼르트 도가 생기고 그 중심지는 낭시가 되었다. 한마디로 오랫동안 로렌의 공작들이 거주하던 이 도시는 루이 15세의 장인인 스타니수아프가 더욱 화려하게 만들었고 그가 죽은 뒤 프랑스 왕들이 특별히 관리하는 곳이었다. 1789년 7월

14일, 이 도시는 정치적으로 왕국의 어느 도시보다 변화를 모르고 있었다. 고등법원과 회계검사원이 있는 도시로서 수많은 귀족이 특권을 지키는 곳이었다. 이 로렌의 중심지에서 그들은 과거를 그리워하고 변화를 경계했다. 이러한 분위기는 군대에서도 볼 수 있었다.

1790년 당시 낭시에는 보병부대인 왕의 연대가 7년 전부터 주둔하면서 도시생활에 깊이 관계했다. 장교와 사병 모두 낭시의 거주자로서 사회적 지위에 맞는 주민들과 교류했다. 또 기병대인 메스트르 드 캉 연대, 그리고 스위스인으로 구성된 샤토비외 연대가 주둔하고 있었다. 특히 외인부대(사실은 제네바 호수 근처나 보 지방의 프랑스인도 포함)인 샤토비외 연대는 1789년 7월 초 파리 샹드마르스에 주둔할 때 프랑스 수비대를 본받아 일반 대중에게 총을 쏘지 않겠다고 분명히 선언했다. 그 뒤 이 부대의 장교들은 병사들을 푸대접했다. 낭시에 주둔한 3개 연대의 장교와 병사들 사이는 더욱 벌어졌다.

낭시에서 병사들이 복종하지 않는 일은 이미 1789년 7월 이후에 여러 번 있었다. 특히 1790년 4월, 로랑지 중령이 보병연대(다시 말해 왕의 연대)를 지휘하게 되었을 때 병사들이 반대했다. 로랑지 중령은 부하를 거칠게 다루었기 때문이다. 중령은 이번에는 아주 엄격하게 사건을 수습했다. 병사 35명에게 불명예 제대증인 '노란 카드'를 주어 쫓아냈다. 게다가 젊은 장교들의 경솔한 언행도 문제였다. 그들은 인권선언을 거미줄에 비유하면서 한시바삐 비로 쓸어버려야 한다고 말했다. 또 4월 19일에는 로렌 지방의 연맹제가 낭시 근처 생트 주느비에브 산에서 열렸는데 그때 보병연대 병사와 장교의 사이가 더욱 틀어졌다. 4개 도의 대표들이 병사들에게 잔치에 참가해달라고 초청했을 때 장교들은 처음에는 반대했지만 여론이 나빠지자 할 수 없이 병사 400명에게 잔치에 참가하라고 허락했다. 400명이 3일 동안 잔치에 참가하는 데에도 시내에서 장교를 한 사람도 볼 수 없었다. 이 때문에 나머지 병사들은 장교들에게 더욱 불만을 품었다. 아마도 그때 왕의 연대 장교들이 병사들의 의견을 들어주고 불만거리를 해결해주려고 노력했다면 사태를 악화시키지 않았을 것이다. 병사들이 장교들에게 불만이 있었다 해도 아직 상관에 대한 믿음까지 버리지는 않았기 때문이다.

장교들은 국민방위군의 제복을 멸시하는 동시에 병사들이 국민방위군과 연합해 불화를 일으키려 한다고 믿었다. 그들은 검술사범들을 고용해 병사들이나 국민방위군을 모욕하고 공격하게 했다. 그중 루시에르가 국민방위군에게 싸움을 걸었다. 보병연대의 병사들은 루시에르를 소총 멜빵으로 때리는 벌로 다스려야 한다고 했지만 장교들은 전쟁대신의 명령을 받아야만 멜빵질을 가할 수 있다고 버텼다. 이것은 치욕적인 벌이었다. '곤틀릿 형벌'이라 해서 많게는 50명씩 양쪽에 줄지어 선 병사들이 몽둥이나 주먹 또는 멜빵으로 때리는 사이를 걸어가게 하는 벌이었다. 심한 경우 왕복하게 했다. 척탄병들이 루시에르를 잡아 매를 때렸다. 지휘관은 병사들의 뜻과 달리 루시에르를 단지 석 달 동안 영창에 넣는 벌로 마무리했다. 그러나 병사들은 3개월 영창도 가벼운 벌이며 더욱이 장교들이 그를 몰래 빼돌리려 한다고 생각하고 들고일어났다. 과연 루시에르는 누구의 도움을 받았는지 한 달 만에 몰래 빠져나가 부르주아 복장을 한 채 병사들에게 싸움을 걸고 다녔다. 그 검객은 자기가 연대의 장교들 가운데 특히 셰퐁텐(또는 샤퐁텐), 비시, 샤리타벨라의 말을 듣고 행동했다고 말했다. 검객의 신분을 조회해보니 자기 고향에서 결석재판으로 교수형을 받은 사람이었다. 이번에 그를 잡은 낭시의 척탄병 부르기뇽은 그에게 '이스카리오트(가룟 유다)'라고 쓴 종이 모자를 씌워 추방했다. 척탄병은 그 일로 몽뤼크라는 장교에게 온갖 위협을 받았다.

나중에 국회의 합동위원회는 이 일을 검토하고 나서 그 나름의 결론을 내렸다. 루시에르를 사주한 장교 네 명의 나이가 16세, 17세, 가장 연장자가 기껏해야 18세였으니 철없는 젊은이가 흔히 저지를 수 있는 잘못이라는 것이다. 이 사건을 보면서 장교들이 병사와 시민의 사이를 갈라놓으려 했다고 쉽게 결론을 내릴 수 있겠지만, 민간인 사이에도 16세나 기껏해야 18세의 젊은이는 그 같은 의도를 갖지 않고서도 아무 생각 없이 재미로 잘못을 저지르는 사례를 많이 찾을 수 있기 때문에 루시에르 사건의 배후에 대해 너무 큰 의미를 부여할 필요는 없다고 판단했다. 그럼에도 병사들은 평소 귀족 장교들이 자신들을 우습게 여긴다고 생각했기 때문에, 별 것 아닌 사건을 크게 부풀려서 분노했다는 것이다.

아무튼 국회 합동위원회가 사후에 분석한 것과 현실은 달랐다. 장교와 병사 사이가 더욱 나빠질 때 병사의 개가 연대장의 개를 무는 사건이 일어났다. 연대장은 병사의 개를 주인이 보는 앞에서 죽이는 데 그치지 않고, 개 주인도 한 달 동안 영창에 집어넣었다. 이 과정을 지켜본 병사들은 몹시 흥분했고 '평화와 헌법의 친구들'이라는 협회를 만들면서 이제부터 애국자와 귀족주의자를 엄격히 구별하겠다고 선언했다. 장교들은 병사들을 또다시 구박했다. 병사들은 국회가 제정하는 모든 법을 충실히 따르겠다는 편지를 썼지만 국회에 제대로 전달하지 못한 채 빼앗겼다. 뇌리크 소령은 편지에 서명한 병사들에게 공개적으로 말했다. "오직 행실이 바르지 못한 연대만이 국회에 충성하는 편지를 보낸다." 뇌리크 소령은 이렇게 보수적인 성향을 드러내면서 병사들이 국회를 따르는 행위를 비판했다. 더욱이 장교들은 틈만 나면 국회가 병사들에게 해주는 일이 없는데 왜 국회에 기대를 거느냐고 말했다. 이처럼 애국자/귀족주의자, 혁명/반혁명의 구도가 로렌 지방의 군대에서 반란으로 나타났던 것이다.

거기에 덧붙여 병사들이 조직한 의결기관인 군사위원회 문제가 점점 심각해지고 있었다. 1790년 봄부터 왕의 연대 소속 몇몇 병사가 혁명 초부터 생긴 정치단체를 모방해서 병영에 자기들의 군사위원회를 구성했다. 그들은 의장과 총무들을 선출하고 정관도 갖추면서 활동했다. 그들은 왕의 연대에서 일어나는 모든 잘못을 군사위원회의 안건으로 삼았다. 국회에서는 국내의 군부대에서 이처럼 병사들의 군사위원회가 늘어나는 것을 금지했다. 이에 따라 왕의 연대 병사들의 군사위원회는 1790년 7월 11일까지 활동했다. 그 위원회 총무들이 기록한 의사록을 보면 병사들의 불손한 태도보다는 애국심을 더 잘 읽을 수 있었다. 그럼에도 장교들은 군사위원회 소속 병사들을 어떻게든 처벌하려고 기회를 엿보았다. 장교들이 생각하기에 군대는 명령계통이 확고해야 유지할 수 있는 제도였으며, 병사들이 의결권을 가지면 군 기강을 바로 세울 수 없었기 때문이다. 7월 14일 전국연맹제가 끝난 뒤 들뜬 분위기 속에서 600여 명의 병사가 병영에 모여 외친 구호에서 장교들이 우려하는 내용을 볼 수 있다.

"군사위원회가 없으면 우리는 오직 장교들의 지배를 받을 뿐이다."

장교들은 이 기회를 이용해서 병사들의 조직을 뿌리 뽑으려고 결심했다. 그들은 병사들의 조직을 긍정적으로 보지만 연대장이 반대하니 허용할 수 없다고 핑계를 댔다. 마침 시위가 일어난 그다음 날 선술집에서 소총수들과 군사위원회 소속 척탄병 두 명이 싸웠다. 이들은 수적 열세에 밀려 부대로 도망쳐서는 자신들이 군사위원회 소속이라는 이유로 소총수들에게 죽을 뻔했다고 말했다. 척탄병들은 흥분해서 공격자들을 잡아다 감금했다. 장교들이 개입해서 그들을 풀어주었지만 척탄병들은 다시 가두었다. 결국 낭시 시정부가 개입해서 소총수들을 민간인 감옥에 가두었다. 시정부는 이 사건이 왕의 연대에서 가장 큰 소요사태를 불러일으킨 원인이 되었다고 지적했다. 장교들은 병사들에게 항복할 의사가 있음을 세 번씩이나 시정부에 알려주었으며, 그때마다 시정부는 병영으로 대표단을 보내 중재에 나섰다. 낭시 주둔군 사령관 드누 장군은 병사들의 목적은 무기와 군자금을 모두 가지고 파리로 가는 것이라고 알리면서 국민방위군을 소집하고 계엄령을 내릴 준비를 해달라고 요청했다. 시정부 보고서를 보면, 대표단이 병영을 찾을 때마다 평온한 분위기에서 회담을 벌였고 병사들도 차분했기 때문에 드누 장군이 계엄령을 준비해야 한다고 요청한 것은 논의할 필요도 없었으며 장교들도 대표단에게 감사했다고 말한다.

일부 병사들은 장교들이 검객 아홉 명을 고용해 군사위원회 요원들과 싸우게 만들었다고 주장했다. 병사들은 장교 콩피에뉴가 검객에게 6리브르씩 주었다고 주장했다. 그러나 국회의 합동위원회는 이 문제를 살펴보고 나서 병사들이 말하는 사실의 증거를 찾을 수 없다는 결론을 내렸다. 그럼에도 병사들의 불신은 날로 높아지기만 했다. 나중에 이 문제를 분석한 국회 합동위원회의 브륄라르 의원은 과연 그 상황에서 달리 해결책이 있을 수 있겠느냐고 물으면서 이렇게 말했다.

"우리는 병사들의 잘못을 부인할 수 없습니다만, (낭시 주둔군 사령관) 드누 장군이 병사들에 대해 시정부에 끊임없이 불평하는 모습도 보았습니다. 시정부가 중재에 나서도 아무런 소용 없는 상황에서 지휘관이나 친구도 없이 고립된 병사들, 그 결과는 과연 무엇일까요? 결연히 반항하는 일밖에 더 있겠습니까?"

8월 2일, 루시에르에게 '이스카리오트'라고 적힌 모자를 씌웠던 부르기농이 성문을 지킬 때 일이 벌어졌다. 마침 수비 임무를 지휘하던 장교는 부르기농에게 대가를 치르게 하겠다고 협박했던 장교와 형제관계인 몽뢱이었다. 원칙주의자인 몽뢱은 근무시간이 끝나는 북이 울리자 수비대 병사들에게 주랑 아래로 들어가라고 명령했다. 평소 병사들은 그러한 명령을 무시했고 부르기농도 그 관행을 따랐다. 몽뢱은 오직 부르기농에게 영창에 가라고 명령했고 부르기농이 속한 척탄병 소대가 모두 반발했다. 몽뢱은 주둔군 사령관 드누 장군에게 보고했고, 장군은 척탄병 중대 전원에게 근무를 서지 못하게 했다. 척탄병 부대가 전부 반발하고 왕의 연대 나머지 병사들이 척탄병들에게 동조했다. 드누 장군은 연대 전체에 금족령을 내렸고, 이에 반발해 기강이 완전히 무너졌다. 드누 장군은 낭시 시정부에 국민방위군을 소집해 샤토비외 스위스 연대, 메스트르 드 캉 연대와 함께 그동안 왕의 연대가 맡았던 초소를 지키도록 해달라고 요청했다. 왕의 연대 병사들은 자기네 임무를 아무에게도 양보하지 않을 것이라고 공표하고 무기를 들었다. 낭시 시정부는 드누 장군에게 금족령을 철회해달라고 요청했다. 드누 장군은 명령을 철회하고, 군법을 어긴 연대(왕의 연대)가 도성 문들을 지켰다. 바로 이것이 8월 6일에 국회가 법을 제정하게 된 배경이었다.

낭시에 8월 6일의 법이 전달된 9일, 왕의 연대 병사들은 중대마다 대표를 두 명씩 뽑아 참모부 장교들에게 자신들의 소원을 들어달라고 한 뒤 자신들이 작성한 글을 읽었다. 장교들은 연대를 운영하는 것은 자신들과 상관없기 때문에 어떤 설명도 해줄 수 없다고 대답했다. 병사들은 부대 운영자금의 회계를 금전출납관 게르시가 죽은 1767년부터 따지고 들었다. 스타니수아프가 1766년에 죽고 낭시가 프랑스에 완전히 귀속된 직후부터 회계를 따지는 병사들에게 왕의 연대 금전출납관으로 50년 이상 일한 78세 노인 미시미외는

금전출납부는 1776년 이후의 것만 존재한다고 증언했다. 화가 난 병사들은 노인을 몇 시간 감금했다. 왕의 연대 연대장 샤틀레는 병사 대표들이 군사위원회에 제출한 보고서에서 그 이름을 언급했기 때문에 위협을 느끼던 차 연대 운영을 자세히 알리는 보고서를 군사위원회에 제출하겠다고 했다. 그러나 연대장 샤틀레는 자기 나름의 회계장부를 제출하면서도 굳이 자신을 정당화하려고 노력하지 않았다. 그럼에도 그는 군자금을 슬기롭게 절약할 수 있었음을 입증했다. 그가 연대에 쓸모 있는 건물을 여러 채 짓고 병사들의 자식을 교육하고 부양하는 데 운영자금을 썼음에도, 게르시가 죽은 뒤 연대의 금고에 거의 4만 8,000리브르밖에 없던 돈을 병사들이 연대장의 행정에 의문을 품기 시작할 시점에 46만 리브르로 불려났다는 사실이 드러났다. 그만큼 그는 청렴한 사람이었다.

8월 9일자 낭시 시정부 보고서에는 주둔군 사령관(드누 장군)의 편지를 언급했다. 사령관은 척탄병들과 몇몇 병사가 장교들을 멋대로 감금하고 "총으로 쏘겠다, 총검으로 배를 쑤시겠다"며 위협한다고 했다. 그러는 동안 병사들의 대표가 시정부를 방문해 드누 장군이 연대장에게 쓴 편지를 보여주면서 과연 드누 장군이 계엄령을 요구했는지 물었다. 그들은 장교들을 어떻게 처리할 것인지 시정부가 묻자 곧 풀어주겠다고 대답했다. 시정부는 그들에게 병사들이 회계를 직접 맡는 것은 8월 6일의 법을 어기는 것이라고 말해주었다. 그들은 왕이 아직 그 법을 재가하지 않았기 때문에 효력이 없다고 대답했다. 시정부는 관리 한 명을 왕의 연대로 보냈다. 병사들은 관리를 잘 맞이하고 드누 장군이 오면 조용해질 것이라고 말하면서 낭시 시민들은 겁낼 필요 없다고 대답했다. 그럼에도 그들은 계속 규율을 어겼다. 그들은 공식적으로 8월 6일의 법이 전달되기 전에 회계검사를 마치고 싶어했다. 8월 10일 회의가 열리고 병사들에게 15만 리브르를 지급하기로 결정했다. 장교들은 그 돈을 강제로 빼앗겼다고 주장했고 병사들은 그 말을 부인했다. 국회 합동위원회는 장교들과 병사들의 조사내용을 면밀히 검토하여 그날 병사들이 20만 리브르를 요구하고 장교들은 10만 리브르를 주겠다고 협상하다가 절충했기 때문에 병사들에게 죄를 물을 수 없다는 결론을 내렸다. 아무튼 15만 리브르를 개인별로 나누면 73리브르 4수씩 돌아가지만 세간에서는 500리브르씩 나누었다는 소문이 났다. 그래서 그 돈 때문에 두 가지 치명적인 결과가 생겼다. 하나는 낭시의 하층민이 병사들 편에 서고, 또 하나는 다른 2개 연대 병사들도 그 사례를 본받기 시작했다.

8월 11일, 샤토비외 스위스 연대 병사 두 명이 병영 안에서 곤틀릿 형벌을 받았다. 기소, 재판, 판결, 집행이 모두 한 시간 안에 일어났다. 두 병사는 대대장 집으로 찾아가 병사들에게 회계검사를 할 권리를 인정해준 법이 있는데 왜 회계장부를 보여주지 않는지 따졌기 때문에 벌을 받았다. 그들은 장교에 대한 예의를 잃지 않고 정중히 물었다고 하지만 장교들은 그들이 상당히 무례했다고 왕의 조사위원들에게 진술했다. 결국 양측의 주장을 확인하기는 어렵지만 병사들이 회계장부를 요구한 사실과 벌이 너무 무거웠다는 사실을 확인할 수 있었다. 스위스인들의 지위에 관한 협약에 따라 병사들이 과연 죄를 지었는지 검토하는 일은 불가능했지만, 그들에 대한 처벌이 무거웠고 그 결과 불행한 사태가 잇달아 일어났기 때문에 왕의 조사위원들은 왕의 연대 장교들이 15만 리브르를 병사들에게 주기로 약속했을 때 필시 스위스 장교들처럼 모욕을 당했을 것이며, 따라서 그들에게 중벌을 내릴 수 있었을 테지만 그 후유증이 클 것이라 예상하고 슬기롭게 대처했다고 스위스 장교들에게 말해주었다. 왕의 조사위원들에게 샤토비외 스위스 연대의 대대장

드살리스는 병사들이 회계장부를 요구하는 데 그치지 않고 선동적인 글을 작성했기 때문에 처벌하지 않을 수 없었다고 대답했다. 법은 선동죄를 교수형으로 다스리라고 했기 때문에 두 병사의 처벌은 오히려 가벼운 것이었다고 덧붙였다.

처벌이 끝날 즈음, 사람들이 그 사실을 알고 화가 나서 샤토비외 스위스 연대 주변으로 몰려들었다. 그들은 장교들의 탐욕을 힐난했다. 그들은 병사들이 국회가 제정한 법대로 실천하자고 했기 때문에 죄가 없으며, 그들에게 과중한 벌을 내린 자들은 필시 법의 적들이 분명하다고 말했다. 상황이 빠르게 악화되었다. 왕의 연대와 메스트르 드 캉 기병연대는 스위스 병사 두 명이 무죄라고 확신하면서 무기를 들고 스위스 부대로 가서 옥문을 부수고 두 명을 구출했다. 그들은 대대장에게 그들을 복권시키라고 협박했다. 그들은 병사 두 명을 데리고 낭시를 누비고 다닌 뒤 왕의 연대 병영과 메스트르 드 캉 병영에 한 명씩 은신처를 마련해주었다. 스위스 장교들은 대부분 감시당했고, 두 병사의 중대장들은 도망쳤으며, 대대장 드살리스는 36시간이나 숨어 지냈다.

8월 12일에는 8월 6일 국회에서 제정한 법을 공표했다. 낭시에 법이 전달된 날은 9일이었는데 왜 3일 뒤에 공표했는가? 이것도 갈등을 더욱 키운 원인이 되었다. 낭시 시정부의 태도에서 합리적인 이유를 찾기는 어렵다. 아무튼 이날 드누 장군은 3개 연대에게 병영에 대기하라고 명령을 내렸다. 그러나 병사들은 무기를 들고 루아얄 광장(왕립광장. 루이 15세 광장)으로 갔다. 왕의 연대 척탄병들 사이에, 그리고 메스트르 드 캉 기병연대의 병사들 사이에 각각 한 명씩 스위스 병사가 끼어 있었다. 드누 장군은 코뮌의 집(시청)에 있었다. 병사들은 그가 왕의 연대 연대장 발리비에르에게 편지를 쓰면서 국회가 군부대의 '강도질'을 진압하기를 원한다고 쓴 것에 몹시 화가 났다. 자신들을 '강도'에 비유했다는 사실을 알게 된 왕의 연대 병사들은 큰 충격을 받았고 대표단을 드누 장군에게 보내 그를 존중하지만 '강도'라는 말은 철회해달라고 요청했다. 루아얄 광장에서는 한 병사가 드누 장군의 편지를 큰 소리로 읽었다. 드누 장군은 대표단에게 대답했다.

"본관은 왕의 연대에게 언제나 만족하며, 지난 30년 동안 군인으로 복무하면서 왕의 연대 병사들을 한 번도 강도라 부른 적이 없소. 오히려 그 반대로 그들을 명예로운 군인으로 보고 있소."

이제 낭시 주둔군에 소속된 모든 장교와 사병은 8월 6일의 법에 대해 알게 되었다. 그러나 질서와 규율을 되찾기에는 너무 늦었다. 그날 병사들은 스위스 병사 두 명을 데리고 연대의 참모 집으로 갔다. 그들은 두 사람에게 각각 6루이씩 지급하고, 그들의 벌에 대한 배상금 100루이를 지급하라고 요구했다. 매번 무슨 요구를 할 때마다 위협적인 분위기가 고조되었다. 이튿날인 13일, 스위스 병사들은 장교들에게 이미 약속했던 대로 2만 7,000리브르의 선금을 내놓으라고 위협했다. 한편 메스트르 드 캉 기병연대도 돈을 요구했다. 그들은 보급장교를 붙잡고 부대금고를 직접 지켰다. 장교들은 병사들의 소란을 가라앉히는 데 필요한 자금을 마련해달라고 시정부에 부탁했다. 그날 저녁 스위스 병사들은 시정부에 자기네 동료들에게 야식을 줄 수 있게 허락해달라고 부탁하러 갔다. 시정부는 그렇게 하라고 허락했고 그 대신 질서를 회복해달라고 부탁했다. 날마다 사태가 더욱 악화되었다. 14일, 병사 200명이 부대의 금고를 탈취해서 자기네 숙소에 옮겨놓았다. 그들은 기마순찰대가 연대금고를 지키는 모습을 보면서 창피한 나머지 직접 지키기로 했노라고 말했다. 그들은 금고에 들어 있는 내용물의 목록을 작성했다. 그러나

프랑수아 클로드 아무르, 일명 부이예 후작.
14세에 군에 들어가 22세에 대령으로 연대를 지휘했으며 일뒤방(윈드워드 제도)의 총독을 지냈다.
1790년 8월 말에 낭시에서 일어난 군사반란을 진압하고, 반란군에 가담한 낭시 주민들을 학살했다.
양손에 피를 잔뜩 묻힌 그는 루이 16세의 무한한 신뢰를 얻었다(바세Basset의 판화, BNF 소장).

라파예트가 자유의 여신을 프랑스에 소개한다(BNF 소장).

카르마뇰 춤의 애국적 후렴(작자 미상, BNF 소장).

피선거권을 가늠하는 저울(은 1마르크의 가치는 51∼52리브르 정도).
1790년의 법으로 능동시민 가운데 51리브르를 세금으로 낼 수 있는 사람이
국회의원에 뽑힐 수 있다고 정했다(작자 미상, BNF 소장).

"자코뱅파가 사제와 귀족주의자들을 저주한다"(작자 미상, BNF 소장).

귀족주의자들의 마지막 딸꾹질(작자 미상, BNF 소장).

특권층의 대대적인 추락, 뒤퓌^{Dupuis} 작(BNF 소장).

장교들이 이튿날 보니 병사들은 금고에 손도 대지 않은 채 모셔놓고 있었다. 낭시의 무질서를 본 시정부와 주둔군 사령관 드누 장군은 각각 그 상황을 국회와 전쟁대신에게 알렸다.

"얼음이 깨졌습니다. 8월 6일, 법을 제정했는데도 왕의 연대는 여전히 명령을 듣지 않습니다. 그들이 조직한 위원회는 계속 모이고 있습니다. 그들은 끊임없이 부당한 것을 요구합니다. 그들은 200명의 분견대를 무장시켜 금고에 남아 있는 돈을 빼앗으라고 했습니다. 그들을 지휘하는 상사는 사령관에게 금고 열쇠를 내놓으라고 요구했습니다. 사령관이 거부하자 분견대가 금고를 연대의 전쟁위원회 회의실로 가져갔습니다. 사람들은 무서운 소문을 퍼뜨립니다. 병사들이 장교들에게 120만 리브르를 요구한다고 합니다."

병사들이 돈 문제 때문에 몹시 화가 났다는 것이 군사반란의 동기 가운데 하나임을 알 수 있다. 낭시의 경우도 장교들의 공금횡령 같은 돈 문제가 끼어 있었다. 드누 장군은 병사들이 자신들의 지휘관을 임명하고 꽃수레에 태운 뒤 장교들을 길잡이와 호위로 세워 수레를 몰게 하려는 계획을 세웠다고 했다. 또한 그래서 일부 장교들은 부대를 떠나려 하고 일부는 숨어버렸다고 했다. 드누 장군은 이렇게 말했다.

"나는 앞으로 험한 대접을 받을 테지만 끝까지 자리를 지키겠습니다. 메스트르 드 캉 기병연대도 왕의 보병연대를 본받고 따릅니다. 앞으로 36시간 안에 샤토비외 스위스 연대도 같은 길을 간다고 합니다."

8월 15일에 낭시의 메스트르 드 캉 기병들이 장교들을 감금하고 2만 4,000리브르를 요구했다. 그러나 다른 두 연대는 그날 하루 조용히 지나갔다. 왕의 연대 병사들의 위원회는 외부 애국자들의 의견을 참고해 투쟁방식을 개선하기로 결정하고 위원 여덟 명을 뽑았다. 위원회는 장교들에게 여행

경비 3,000리브르와 휴가를 얻어 여덟 명을 파리로 파견했다. 여덟 명은 왕의 연대 병사들의 명분과 억울한 상황을 홍보할 임무를 띠고 파리를 향해 출발했다. 그런데 이 대표들은 파리에 도착하자마자 전쟁대신의 명령으로 군인감옥인 라 포르스에 갇혔다. 한편 스위스 병사들은 자신들의 잘못을 뉘우치고 장교들에게 사과하는 동시에 국민, 법, 왕에게 충성하겠다는 맹세를 다시 했다. 그러나 그들은 여전히 장교들에게 지불을 약속하게 만든 최종 결산서를 보관했다. 왕의 연대 병사들도 맹세했다. 이렇게 해서 적어도 열흘 동안 낭시에는 평화가 되찾아왔다.

8월 16일, 국회의 합동위원회가 조사한, 말하자면 보고위원회, 군사위원회, 조사위원회가 합동으로 조사한 내용 가운데 방금 인용한 드누 장군의 편지와 함께 라 뫼르트 도 지도부가 전쟁대신에게 보낸 편지도 있었다.

"낭시 시정부의 요청을 받은 우리 라 뫼르트 도 지도부는 드누 장군과 함께 낭시 코뮌의 집으로 갔습니다. 거기서 전쟁대신님이 반포한 명령(8월 6일 국회가 통과시킨 법)을 낭독했습니다. 그때 왕의 보병연대를 대표해 척탄병들이 참석했습니다. 그들은 드누 장군의 생명을 보장하겠다고 명예를 걸고 약속했습니다. 그러나 그들은 이 사령관이 보병연대를 공격하는 편지에 쓴 내용을 모두 취소해달라고 요구하면서 그들이 중간에서 가로챈 편지를 내놓았습니다. 드누 장군은 그들이 요구하는 대로 편지에 대해 해명해야 했습니다."

병사들은 이미 국회가 8월 6일에 제정한 법을 비공식적인 경로로 알았는데도 낭시 시정부는 그 법을 8월 12일에야 선포했다. 당연히 병사들이 소란을 피웠다. 국회는 며칠 뒤에야 낭시 시정부가 보고한 내용을 읽었다. 낭시 군사반란에서 시정부와 도 지도부뿐 아니라 낭시와 파리의 의사소통이 원활하지 못한 점이 사태를 더욱 악화시켰음을 알 수 있다.

"메스트르 드 캉 연대의 일부 병사들이 보병연대 병사들과 힘을 합쳐 전쟁위원회에 불려간 스위스 병사 두 명을 구출했습니다. 샤토비외 연대장 무아리앙은 병사 두 명에게 각각 미지급 보수 6루이와 보상금 100루이씩 주었습니다. 병사들은 일부 장교를 병영에 감금해놓고 2만 7,000리브르를 내놓으라고 했습니다. 장교들에게 그만한 돈이 있을 턱이 없습니다. 시민 한 명이 장교들에게 그 돈을 빌려주었습니다. 보병연대는 르 샤틀레가 연대장으로 부임한 이래 자신들에게 지급하지 않은 봉급을 내놓으라고 요구했습니다. 그리고 스위스 병사들은 자기 부대의 금고를 빼앗았습니다. 그러나 금고에는 아시냐로 8,000리브르만 들어 있었기 때문에 그들은 화가 나서 연대장과 참모를 찾으러 다녔습니다. 연대장과 참모를 붙잡았다면 몹시 학대했을 것입니다. 연대장과 참모는 성난 병사들을 두려워하면서 시정부에 2만 7,000리브르를 대신 내달라고 요구했습니다."

시정부 당국과 요새 지휘부는 이 혼란에 대해 14일 밤 국회와 왕에게 즉각 파발마를 보내 보고했다. 그 결과가 8월 16일 법으로 나왔다. 8월 16일, 국회의 보고위원회, 군사위원회, 조사위원회의 합동위원회가 한시라도 빨리 낭시 사태를 봉합하려고 법안을 마련해 통과시켰다.

"이달 6일 국회가 반포한 법으로써 군인은 각각 불만을 호소할 합법적인 방안을 허락받았는데도 낭시 주둔군 내부에서 3개 연대는 그 법을 무시하고 계속 명령에 복종하지 않는 사태가 발생했다. 병사 시민들은 법을 존중하고 상관과 규율에 복종하는 것이 가장 기본적인 의무다. 그러므로 자기 의무를 저버린 사람들은 공공의 적으로서 자유와 헌법을 노골적으로 위협한다. 이 처럼 지나친 행위를 엄격하게 처벌하고 선량한 시민의 불안을 잠재울 즉각적인 조치를 마련할 필요가 있다. 그리하여 국회는 만장일치로 다음과 같이 명령한다.

군인이 국회가 제정하고 왕이 승인한 법을 어기는 것은 반역죄다. 낭시 주둔군의 반란을 주도한 자들을 밝혀 반역죄로 다스린다.

반역에 가담한 자는 이 법이 나온 뒤 하루 안에 각 부대장에게 자신의 잘못을 뉘우치는 반성문을 제출해야 한다. 그 시간 안에 반성문을 제출하지 않는 자는 반역죄로 처벌할 것이다."

그리고 왕은 국회의장의 요청을 받아 낭시 법원의 검찰관에게 사건의 경위를 조사하고 관련자를 찾아내는 데 필요한 모든 조치를 취해야 했다.

8월 17일, 국회는 한 달 전에 전쟁대신이 제출한 기본 자료를 바탕으로 군사위원회가 만든 군조직법 제1호를 통과시켰다. 그 법은 1791년 1월 1일부터 시행할 것이며, 총병력은 장교와 병사 합해서 15만 848명으로 한정했다. 그 속에 포병과 공병이 1만 137명 포함되었다. 조금 논란이 일어났던 장군의 수는 결국 94명을 넘지 않도록 결정했고, 부관이나 전쟁위원의 수는 시간을 두고 따로 정하기로 했다. 그러나 이튿날(18일) 의장은 군조직법을 다시 논의하자고 했다. 그것은 한시라도 빨리 군 조직을 안정시켜야 한다고 판단했기 때문일 것이다. 군조직법은 어제오늘 갑자기 나온 것은 아니었다. 7월 31일에도 군조직법의 몇 개 조항을 통과시켰는데, 그것은 1791년부터 시행할 법으로서 병력을 모두 15만 명에서 15만 4,000명 사이로 유지한다고 규정했다. 따라서 8월 18일에 통과시킨 법은 국회가 그동안의 사정을 고려해 군을 새로 조직하는 일을 몇 달 뒤가 아니라 곧바로 9월 1일부터 시행하는 것이 좋겠다고 판단했음을 보여준다. 모두 16개조의 군조직법은 다음과 같다.

제1조. 1790년 9월 1일부터 1791년 이 시점까지 새로 조직할 군대는 장

교와 사병을 합쳐 모두 15만 848명으로 구성한다. 그 가운데 보병이 11만 485명, 기병이 3,040명, 포병 또는 공병이 1만 137명이다.

장성의 수는 94명을 넘지 않는다. 부관과 1791년에 활동할 전쟁위원의 수는 국회가 따로 정한다.

제2조. 위 숫자에 포함되고 국가에서 급료를 받는 외인부대는 입법부가 따로 법을 만들어 왕의 승인을 받지 않는 한 2만 6,000명을 넘지 않는다.

제3조. 군대에 변화나 특별한 상황이 발생하지 않는 한 각급 부대의 인원은 전쟁대신이 제출한 현황보고서 제1항에 설명한 대로 결정하며, 거기에는 포병과 공병을 포함시키지 않는다. 포병과 공병에 대해서는 따로 정한다.

제4조. 전쟁대신은 필요한 경우 입법부 특별보고서를 제출하여 군 체제의 변화를 제안할 수 있다.

제5~7, 9, 10, 12조. 봉급.

제8조. 총기병carabiniers.

제11조. 군용 말 사료.

제13~14조. 징병 및 군 장비에 관한 비용.

제15조. 1791년도 포병과 공병의 예산은 임시로 540만 리브르로 정한다.

제16조. 전쟁대신의 예산, 군사재판의 비용.

8월 16일 국회가 제정하고 왕이 재가한 법이 19일 낭시에 도착했다. 낭시와 인근 바이아주에서는 모두 이 법을 등기하고 군부대장들에게도 나눠주었다. 군부대장들은 이 법을 공표하고 인쇄해서 벽에 붙여 병사들에게 알려야 했지만 그렇게 하지 않았다. 나중에 왕의 조사위원들이 시정부가 어째서 이렇게 중요한 임무를 소홀히 했는지 물었을 때, 그들은 이렇게 설명했다.

법을 반드시 공표하고 인쇄해서 고시하라는 규정이 없었으며, 그날 도 지도부와 시정부 관리들, 주둔군 주요 지휘관들, 국민방위군의 합동회의에서 그 법을 고시하는 것은 위험하다고 결론을 내렸기 때문이라는 것이었다. 그리고 주둔군의 질서를 회복하라고 개입시킨 국민방위군이 법을 고시하면 3개 연대에 극단적인 행동을 부추길 수 있으니 고시하지 말아달라고 강력하게 주문했다고 덧붙였다. 이에 대해 훗날 국회 합동위원회는 왕의 조사위원들이 이렇게 대응해야 했다고 말했다.

"1. 법의 한 조항에서는 법을 공표한 지 24시간 안에 병사들이 잘못을 뉘우치도록 한다는 내용이 포함되었다.

2. 어떤 경우에도 일개 행정단위가 법률을 해석하거나 실행을 유보할 권한은 없다. 그들이 국회가 제정하고 왕이 승인한 법의 공표를 미룬다면 그들에게 반역의 책임과 죄를 물을 수 있다. 따라서 어떤 이유로든 공표를 미뤄서는 안 된다. 병사들의 모든 내무반에 이 법을 전달했다. 따라서 병사들은 이 법에 대해 완전히 알고 있었기 때문에 새로운 봉기를 두려워해야 할 이유란 전혀 없다."

그럼에도 3개 연대 병사들은 법에 대해 알게 되었고, 특히 왕의 연대에서는 병사들의 위원회가 파견한 대표 여덟 명이 파리에 도착하자마자 체포되었다는 소식을 듣고 술렁댔다. 이런 소식이 어떤 경로로 전달되었는지는 알 수 없다. 확실한 것은 체포된 병사들이 소식을 알릴 방법은 없었다는 점이다. 그 증거는 그들이 파리 시장과 자신들이 갇힌 라 포르스 감옥의 동료들에게 쓴 편지에 들어 있다. 낭시의 병사들은 대표들이 파리의 군인감옥인 라 포르스에 갇혔다는 소식을 듣고 깜짝 놀랐다. 이때 낭시의 국민방위군이 중재에 나섰다. 병사들은 그들의 개입을 쌍수를 들어 환영했다. 왕의 연대, 메스트르 드 캉 기병연대, 샤토비외 스위스 연대는 모두 뉘우친다는 문서에 서명했다. 그러나 낭시 주둔군 사령관은 그들이 진정 뉘우친 것인지 의심하고 있었다. 나중에 국회 합동위원회는 드우 장군이 병사들이 작성한 반성문의 진정성을 명예롭게 믿어줬다면 아마 병사들이 다시는 질서를 무시하고 규율에 복종하지 않는 일은 일어나지 않았으리라고 판단했다.

이번에도 낭시 국민방위군이 병사들에게 호소해서 낭시는 평온을 되찾았다. 낭시 시정부는 국민방위군의 지휘부 요원들의 노고를 치하하는 성명서를 발표했다. 3개 연대의 모든 지휘관은 이 글을 환영했다. 이 글은 3개 연대의 병사들이 그때까지의 잘못을 뉘우치고 국가의 명령에 복종하도록 하며, 낭시 국민방위군이 대표 두 명을 파리의 국회로 파견해 3개 연대 병사들의 잘못을 너그러이 용서해달라고 한다는 내용도 포함했다. 8월 20일, 3개 연대는 다음과 같은 반성문을 발표했다.

오늘 1790년 8월 20일, 낭시에 주둔하면서 아래와 같이 서명한 우리 보병부대 왕의 연대, 기병연대 메스트르 드 캉, 그리고 스위스인 부대 샤토비외의 3개 연대 부사관, 척탄병, 병사, 기병들은 낭시의 국민방위군의 대표단을 맞이해 그들의 애국심과 열정을 확인하고 우리가 저지른 잘못이 가져올 나쁜 결과에 대해 들었고, 우리의 모든 정서에 대해 조금도 의심받지 않기를 바라는 동시에 우리가 국가에 절대 충성한다는 사실을 국회에 증명하기를 바라는 마음으로 이 성명을 발표한다.

국회, 왕 전하, 그리고 우리의 지휘관들이시여, 부디 우리가 저지른 잘못을 잊어주시기를 간청한다. 우리는 명예를 걸고 모든 규율을 어김없이 실천할 것임을 확실히 약속한다. 우리는 국회가 제정하고 왕이 재가

한 모든 법을 준수할 것이다. 따라서 우리는 국민방위군 동지들이 국회에 대표를 보내 우리의 충성심을 국회의원들에게 확신시키는 동시에 왕의 연대가 파리에 파견한 대표들도 우리와 마찬가지로 국회가 용서하고 석방해줄 것을 간청해주시기 바란다.

낭시 국민방위군의 대표로 앙드레와 앙리가 그 반성문을 들고 국회를 방문하려고 길을 떠났다. 그러나 그들이 파리로 출발한 뒤 낭시는 새로운 국면에 들어섰다. 8월 21일 저녁, 파리 국민방위군 부관참모 페슐로슈가 파리에 억류된 왕의 연대 대표 가운데 두 명을 데리고 낭시에 도착했다. 그는 파리 국민방위군 총사령관 라파예트의 명령을 받고 19일에 파리를 출발했다. 페슐로슈와 자신들의 대표 두 명을 직접 본 낭시 보병연대 병사뿐 아니라 그 이야기를 전해 들은 다른 부대원들은 모두 자신들의 충심을 파리에서 받아들이고, 결국 평화가 왔다고 생각했다. 그리고 24일까지 나날이 평온하게 흘러갔다. 새로운 혼란의 기미란 없었다. 낭시의 모든 병사는 파리로 간 국민방위군 대표단이 왕의 연대 대표들을 반드시 데리고 돌아오리라고 확신했다.

4
말세뉴 장군의 등장으로
더욱 악화된 낭시 사태

그러나 8월 24일, 이웃 뤼네빌의 총기병 연대장 말세뉴 장군이 낭시 시정부에 나타나면서 8월 31일까지 끔찍한 일주일이 시작되었다. 그는 낭시에 주둔한 3개 연대의 회계를 검사하고 낭시에 질서를 회복하라는 왕의 명령을 받고 왔노라고 했다. 파리와 낭시는 군 전령이 파발마로 하루면 충분히 소식을 전할 만한 곳인데도 말세뉴 장군은 겨우 질서를 되찾고 병사들도 사흘 동안 아무 일 없이 지내는 곳에 나타나 불화의 불씨를 되살렸던 것이다. 그날 저녁 그는 페슐로슈와 함께 스위스인 부대로 갔다. 페슐로슈는 말세뉴와 다른 목적으로 가면서 우연히 동반한 것이다. 페슐로슈의 목적은 스위스 병사들에게 장교들의 명령에 복종하겠다는 서명을 받는 것이었다.

말세뉴 장군은 연대 대표들의 도움을 받으면서 회계검사를 시작했다. 그와 대표들은 각각 전쟁대신에게 보고서를 한 부씩 작성해서 보내고 국회의 승인을 받아야 했다. 병사들에 대한 보고서를 작성할 사람은 세리지에였다. 그리고 말세뉴를 도운 대표들은 이 결정에 대해 자기 소속 부대에 알려야 했다. 말세뉴 장군은 샤토비외 연대의 연병장에 병사들을 모아놓고 그들의 잘못을 지적하면서 스위스가 지키던 전통적인 명성을 잃었다고 말했다. 또 스위스가 그들의 행위에 얼마나 분노할지 모르겠다고 꾸짖고 나서 그들이 마땅히 받아야 할 대가를 치르게 하겠다고 말했다. 그 말을 들은 병사들은 몹시 흥분했다. 이튿날 병사들은 말세뉴 장군에게 받은 모욕을 되갚아주겠다고 이를 갈았다. 그렇게 해서 8월 25일에 스위스인 부대에서 말세뉴 장군을 규탄하는 소요사태가 발생했고, 샤토비외 연대의 부연대장은 낭시 시정부가 대책을 마련해야 한다고 생각했다. 그는 세리지에가 병사들에 대한 보고서를 작성했다면 시청으로 가져오라고 명령했다. 세리지에는 병사들이 보고서를 쓰는 것에 동의하지 않기 때문에 쓸 수 없었다고 대답했다.

누군가 중대마다 두 명씩 뽑아 연대의 의사를 결정하자고 발의했다. 이렇게 해서 모인 대표 가운데 두 명은 돈을 달라고 했고, 두 명은 고국 스위스 캉

통(주)의 재판을 받자고 했다. 스위스인 부대의 경우 부대원들의 고향인 캉통의 법으로 다스리는 규정이 있었기 때문이다. 나머지 대표들은 모두 국회의 판결에 맡기자고 했다. 그동안 샤토비외 연대는 무장하고 연병장에 모여 있다가 다수의 대표들이 국회의 판결에 맡기자고 결정했다는 소식을 들었다. 병사들은 이 결정을 받아들이지 않았다. 그리고 그들은 한목소리로 외쳤다.

"돈을 달라, 돈을. 그리고 말세뉴 장군이 당장 판결하라."

말세뉴 장군이 다시 연병장에 나서서 연설했지만 오히려 병사들은 더욱 흥분했다. 게다가 샤토비외 병사들이 전날 밤 말세뉴 장군에게 심하게 모욕 당했다는 소문이 꼬리를 물고 밖으로 퍼졌다. 연병장에 모인 병사 가운데 몇 명은 말세뉴 장군이 부대 밖으로 나가지 못하게 하라고 외쳤다. 말세뉴 장군은 문 쪽으로 갔다. 척탄병 네 명이 철책을 가로막고 있었다. 말세뉴 장군은 앞길을 헤치고 탈출했다. 이 사건에 대해 그는 길을 막고 자신을 공격하는 병사들에게 칼을 휘둘러 가볍게 상처를 입히고 탈출했노라고 시정부에 보고했다. 말세뉴 장군을 시정부까지 따라간 스위스 병사 세 명도 그의 말이 옳다고 확인해주었다.

"장군이 저항하는 병사들을 뿌리쳤지만, 그에게 총검을 겨누고 잡으러 달려드는 병사들을 보고 몸을 움츠렸다. 그는 칼을 뽑아들고 병사들에게 물러나라고 명령했다. 그러나 병사들은 오히려 장군을 위협하면서 총검을 그의 몸 가까이 들이댔다. 장군은 그들의 총검을 막아야 했다. 그 때문에 몇 명에게 부상을 입혔는지 정확하지는 않다. 그때 그의 칼이 부러졌기 때문에 그는 할 수 없이 헌병대장의 칼을 잡아야 했다."

그러나 다른 병사들의 말은 달랐다. 두 명이 말세뉴를 따라가면서 공손히 대했는데 말세뉴는 한 명에게 칼을 휘둘러 부상을 입혔고, 그 광경을 본 병사들이 칼을 뽑았다는 것이다. 이처럼 진술이 엇갈리는 일은 큰 사건이 일어난 뒤 여러 사람을 조사할 때 흔히 나타난다. 분명한 사실은 말세뉴 장군이 병사들을 자극하고, 흥분한 병사들이 그를 밖으로 나가지 못하게 막았지만, 아무튼 그가 탈출했다는 것이다. 장군이 병사들을 모아놓고 그들의 잘못을 크게 꾸짖었으며, 이에 화가 난 병사들이 그를 위협하고 모욕했다는 것도 분명한 사실이다. 나중에 파리로 돌아가 국회에서 증언한 페슐로슈도 자신이 말세뉴 장군을 만난 상황에 대해 말했다.

"말세뉴 장군은 칼을 손에 들고 뒤로 물러서고 있었습니다. 여느 장교가 비슷한 상황에서 후퇴하는 것처럼 너무 빨리(도망치듯이) 걷지는 않았습니다."

말세뉴 장군의 칼에 병사가 부상을 입자 샤토비외 스위스 병사들은 더욱 흥분했다. 장교들이 말렸지만 병사 60여 명이 병영을 이탈해 장군의 뒤를 쫓아갔고, 장군은 낭시 주둔군 사령관 드누 장군의 집으로 피신했다. 병사들도 문을 부수고 따라 들어갔다. 평소라면 어림도 없는 행동이었다. 왕의 연대 장교들이 무기도 없이 도성 문을 지키고 있다가 샤토비외 연대의 장교들과 함께 병사들의 앞을 막았다. 이 소식이 퍼지자 질서를 되찾았던 왕의 연대는 곧 스위스 병사들의 행동을 소리 높여 비난하면서 거의 600명이 장군을 구하러 출동했다. 그곳에 페슐로슈와 구베르네가 왕의 연대 척탄병 분견대와 함께 나타났다. 프레데리크 세라팽 드 라투르뒤팽 구베르네는 전쟁대신(장 프레데리크 드 라투르뒤팽 구베르네)의 아들이며 라파예트 파리 국민방위군 총사령관의 참모였다. 다행히 그들이 도착하기 전 드누 장군의 집은 다시 평온해졌다. 메스트르 드 캉 연대의 경비대원들과 국민방위군도 현장에 도착했다. 말세뉴 장군은 국민방위군의 호위를 받으며 시정부로 가서 자신이 겪은 일을 진술했다. 시정부의 보고서는 왕의 연대 병사들과 메스트르 드 캉 기병연대 병사들이 이 사건에서 스위스 병사들의 행위를 소리 높여 비판했다고 적었다.

말세뉴 장군은 스위스 연대에서 중대당 한 명씩 뽑아 시정부로 보내달라고 요청했고, 그 대표들이 곧 시청에 도착했다. 장군은 다시 한번 그들에게 제안했다. 그러나 병사들은 국회에 보고서를 제출하지 않겠다고 완강히 버텼다. 그들이 대표단을 국회에 보낸다면 앞서 왕의 연대 대표단처럼 체포당할지 모른다고 생각했기 때문이다. 말세뉴, 구베르네, 페슐로슈, 드누, 낭시 코뮌 의회 의장, 낭시 요새의 모든 장교, 모든 시정부 관리가 그들을 설득하려고 노력했지만 허사였다. 왕의 연대와 메스트르 드 캉 기병연대의 병사들은 이 문제에 대해 스위스 병사들의 행동을 지지하지 않고 소리 높여 비난했다. 그날 밤 3개 연대에서 골고루 병력을 뽑아 말세뉴를 안전하게 지켜주었다.

8월 26일에도 스위스 병사들을 달랠 만한 제안을 했지만 거절당했다. 그 제안 가운데에는 스위스 병사들이 요구한 돈을 시정부에 맡겨두고 국회의 판단을 기다리자는 것도 있었다. 저녁 7시, 말세뉴 장군은 스위스 병사들에게 다음 날 사를루이(오늘날 독일 자르 강변의 자를란트에 속하지만, 1680년 루이 14세가 니메겐 조약으로 프랑스에 합병하고 요새화한 도시이기 때문에 이름에 루이가 들어간다)로 이동하라고 명령했다. 그때까지 나머지 2개 연대는 별다른 태도를 보여주지 않은 채 명령을 묵묵히 수행했다. 그렇다고 해서 그들이 스위스 병사들이 불이익을 당할 때 아무 일도 하지 않고 구경만 할 것이라는 보장은 없었다. 말세뉴 장군과 낭시가 속한 라 뫼르트 도의 지도부 요원들은 낭시의 질서를 되찾으려고 여러 가지 조치를 취했다. 파리의 국민방위군을 대표해 낭시로 파견된 사람들도 그들의 활동을 도우려고 애썼다.

5
낭시 사태의 변수가 된
국민방위군

이 상황에서 라파예트의 참모 데모트가 등장했다. 그는 라파예트가 준 편지를 가지고 낭시로 갔는데, 라파예트는 필요한 경우가 생기면 파리 국민방위군이 낭시 국민방위군을 도울 의사가 있음을 분명히 밝혔다. 라파예트의 애국심에 대해서는 전국의 국민방위군이 인정하던 터였다. 그는 지난 7월 14일에 전국연맹제를 주관했기 때문에 유명했다. 그는 로렌 지방에 반혁명이 일어날지 모른다는 소문이 돌던 때 각 지역 국민방위군이 불안해할까봐 두려웠던 것이다. 데모트는 라파예트의 편지와 함께 자신이 직접 쓴 편지도 전달했다. 그는 국민방위군의 시민 병사들에게 샤토비외 연대만이 아직도 규율을 지키지 않고 버티기 때문에 그런 일이 계속된다면 시민 병사들이 나서야 할 필요가 있다고 썼다. 27일에 라 뫼르트 도 지도부는 오전 6시에 모여 데모트가 전한 편지 두 통의 내용을 국민방위군에게 요청하기로 결의했다. 그리고 도 지도부는 다음의 통지문을 10시에 낭시 시정부와 도내 모든 국민방위군 행정본부에 보냈다.

"부이예 장군이 어제 라 뫼르트 도 지도부에 보낸 요청서에 따라 우리 지도부는 도내 모든 국민방위군이 소총으로 무장하고 시급히 낭시로 집결해서 전하께서 승인한 법에 따라 군대 기강을 세우려고 애쓰는 말세뉴 장군을 도와주도록 요청한다. 규율에 복종하지 않는 샤토비외 스위스 연대를 다시금 복종하게 만드는 일에 동참하도록 할 것이다."

낭시 시정부나 스위스 장교들은 아무도 샤토비외 연대가 사를루이로 떠나라는 명령을 이행하도록 하는 조치를 전혀 취하지 않았다. 그사이 사방에서 국민방위군이 낭시로 속속 도착했다. 그들은 이미 전날 밤부터 집결하라는 명령을 전달받았고, 27일이 되자 낭시에는 다수가 도착했던 것이다. 몇 개 분견대는 소총으로 무장했지만 탄약을 갖지 못했고, 나머지는 소총도 탄약도 없이 집결했다. 국회의 합동위원회는 바로 이 사실을 지적하면서 국민방위군에게 무기를 지급하는 일이 얼마나 절박한지 호소하는 기회를 얻었다. 특히 국경지대의 국민방위군에게 그것은 아주 절박하다. 그리고 이 시민 군대는 공공의 자유를 지키는 성벽이며 그들을 방어체제에 투입하는 일을 오랫동안 소홀히 한다면 공공의 자유를 지키는 일은 환상에 지나지 않을 것임이 분명하다고 호소했다.

도내의 국민방위군이 그날 오전부터 오후 7시까지 모여들었다. 오직 소총으로 무장하라고 했지만 개중에는 몽둥이를 든 사람도 있었다. 그러나 소총을 든 사람도 탄약을 지니지는 않았다. 그들은 낭시에 도착하는 대로 숙소와 탄약을 마련하는 데 전념했다. 그날도 또 그다음에도 도 지도부나 낭시 시 정부는 낭시 시민과 주둔군에게 외부에서 온 국민방위군에 대해 아무런 지침도 주지 않았다. 외부의 국민방위군도 어찌할 바를 몰랐다. 라파예트, 데모트, 라 뫼르트 도 지도부의 편지는 그 국민방위군의 지휘관들과 낭시 시정부 관리들에게만 전달되었기 때문이다. 알자스·로렌·프랑슈 콩테의 총사령관, 말하자면 동부전선 총사령관 부이예 장군의 부관인 말레시 후작marquis de Maleissye은 도내 국민방위군이 부이예 장군보다 며칠 앞서 낭시로 들어간 것이 화근을 키웠다고 회고하면서, 그동안 그들 가운데 반란군 병사들의 명분에 동조하는 사람이 생겼기 때문이라고 이유를 분석했다.

왕의 연대는 며칠째 유지하던 평온한 상태에 있었다. 그러나 그들은 외부의 국민방위군이 낭시로 몰려온다는 소식을 듣고 국민방위군의 행정위원회에 대표단을 보내 낭시의 국민방위군만 모아도 충분히 샤토비외 연대를 복종시킬 수 있기 때문에 외부의 국민방위군까지 그렇게 대대적으로 모이는 것이 별 소용없을 거라고 말했다. 낭시 국민방위군 사령관은 자신들을 동원한 이유는 모르지만 도내 각 지방의 행정부가 명령을 받지 않았다면 낭시에 올 이유도 없을 게 분명하다고 대답했다. 왕의 연대 대표단은 외부의 형제들이 집결하면 일부만 반항하던 스위스 부대가 전부 반란으로 돌아설 수 있다고 걱정했다. 스위스인들은 자신들의 충성심을 의심받는다고 생각하게 될 것이며, 왕의 연대에서도 불안하게 생각하는 사람들이 생길 것이기 때문이다. 낭시 국민방위군 사령부는 그런 걱정은 기우일 뿐이라고 막연하게 대답해야 했다. 게다가 사령관은 도 지도부가 왜 외부의 국민방위군을 낭시로 집결하라고 했는지 정확한 이유를 알 수 없으며, 외부의 국민방위군은 낭시 시정부의 요청을 받은 도 지도부가 헌법의 원칙을 좇아 명령을 내렸기 때문에 낭시로 행진했다고 대답했다.

그날 오전 낭시 시민들도 국민방위군이 낭시로 몰려든다는 소식을 듣고 모두 놀랐다. 외부의 병력이 왜 낭시로 오는지 확실한 이유라도 알았다면 그들은 그리 놀라지 않았을 것이다. 능동시민 열 명이 시정부에 가서 코뮌 의회를 소집해달라고 요청했다. 시정부는 외부의 국민방위군이 낭시로 오는 이유를 설명하지 않고 그저 자신들과 상관없는 일이라고 능동시민들에게 대답했다. 자신들은 도 지도부가 명령을 내리면 그저 따라야 할 뿐 그 밖의 권한은 없다고 발을 뺐다. 그리고 코뮌 의회를 소집하자는 요청도 무시했다. 시정부만이 공공의 안녕을 책임진다는 이유였다. 이처럼 아무도 해결해줄 주체가 없는 상황에서 불안감만 고조되었다. 1789년 7월의 '대공포'(제2권 제2부

10장 참조)처럼 불안감은 더욱 불안한 헛소문을 낳게 마련이다. 외부에서 무장한 국민방위군이 낭시에 주둔한 3개 연대를 진압하러 온다는 근거 없는 소문이 나돌았다. 그리하여 일부 병사들과 그들의 명분을 지지하는 낭시 주민들이 모든 수단을 동원해서 다른 사람을 선동하게 되었다.

그제야 사람들은 말세뉴 장군의 임무에 대해 의심하기 시작했다. 그들은 말세뉴 장군이 동부전선 사령관 부이에 장군과 함께 반혁명을 꾀하려고 온 가짜이며, 그가 그동안 아무런 능력을 보여주지 못한 사실만 봐도 왕의 임무를 받지 않았음이 틀림없다고 생각했다. 말세뉴 장군은 이미 스위스인 연대를 모아놓은 자리에서 자신이 받은 권한에 대한 명령서를 읽었다고 말했다. 그러나 사람들은 말세뉴가 낭시에 주둔하는 다른 부대 병사들과 낭시 시민들, 그리고 낭시에 드나든 모든 외부인에게 자기 권한을 확실히 보여주는 조치를 취한 사례를 한 번도 보지 못했다고 말했다. 이렇게 병사들과 그들에게 동조하는 낭시 주민들이 점점 더 술렁거리면서 무리를 짓는 일이 잦아지자 낭시 시정부는 집회금지령을 내렸다. 그러나 저녁 6시, 스위스 병사들과 왕의 연대 병사들이 마차 두 대에 가득 타고서 마차의 차양을 찢어 만든 붉은 깃발을 흔들며 돌아다녔지만 아무도 저지하지 못했다. 당시에 권력 당국이 내거는 붉은 깃발은 계엄령을 뜻했지만, 그 밖의 세력이 흔드는 붉은 깃발은 방종을 뜻했다.

더욱이 말세뉴 장군이 스위스 병사들에게 27일에 낭시를 떠나 사를루이로 가라고 명령했지만 스위스 병사들은 꿈쩍하지 않았다. 게다가 낭시 시정부와 국민방위군은 그들이 요구한 금액을 어느 은행가에게 맡기겠다고 제안하면서 그들을 진정시키려 했다. 심지어 국민방위군은 중대마다 네 명씩 뽑아 인질로 보내 약속의 징표를 보여주겠다고 제안했다. 스위스 병사들은 모든 제안을 거부했다. 스위스 병사들은 자신들이 원하는 돈을 당장 받아야겠다고 주장했다. 8월 28일 오전에 샤토비외 스위스인 연대의 중령과 소령이 말세뉴 장군의 명령을 집행하러 병영을 찾았을 때, 병사들은 사를루이로 떠나라는 명령을 거부하면서 "우리에게 돈을 주시오. 돈만 받으면 즉시 이 세상 끝까지 가겠소"라고 대답했다. 이 말을 들은 장교들은 병사들의 충심을 의심할 근거를 찾지 못했다고 말했다. 이날도 불안한 상태가 지속되었지만 결정적인 소요사태로 발전하지는 않았다. 도내에서 낭시로 모인 국민방위군도 역시 불안에 떨었지만 불확실한 상태에서 아무런 활동도 하지 않았다.

150여 명의 능동시민은 시정부를 방문했던 열 명을 다시 불러 코뮌 회의실에서 낭시에 평화를 되찾아줄 조치를 요구하는 청원서를 작성하도록 요청했다. 낭시 시정부는 청원서를 작성한 열 명에게 서명하라고 요구하는 한편, 자신들이 이웃 국민방위군을 불렀다는 소문을 잠재우기 위해 라 뫼르트 도 지도부의 명령서를 열 명에게 읽어주었다. 이 열 명은 자신들이 청원서에 서명하면 그때부터 코뮌 총회를 소집하는 주체가 된다는 사실과 함께 외부의 국민방위군은 오직 샤토비외의 스위스인들을 출발시키러 온 것이라는 사실을 깨달았다. 그래서 그들은 자신들이 작성한 청원서에 서명하지 않았다. 낭시 시정부는 나중에 쓴 보고서에서 만일 낭시의 모든 시민이 열 명의 능동시민처럼 사태를 올바로 파악했다면 그들이 불안해할 이유가 한 가지만이라도 확실히 사라졌을 것이라고 했다. 시정부의 말이 사실이겠지만, 시정부는 왜 그 사실을 적극적으로 알리지 않고 단지 설명해달라는 사람들에게만 설명하는 것으로 그쳤을까? 시정부가 매사에 소극적이었던 것이 사태를 악화시키는 데 한몫했음이 분명하다.

정오쯤 국민방위군 소속 하사가 말세뉴 장군에게 다가가 "장군, 사태가 이상하게 돌아갑니다. 병사들이 장군을 체포하려는 음모를 꾸미고 있습니다. 왕의 연대가 지금 무장하고 있습니다"라고 속삭였다. 장군은 이 말을 무시했지만 나중에 그 하사가 다시 공식 임무를 띠고 와서 말하자 그의 말을 들었다. 그는 주위 사람들에게 오직 기병 네 명만 데리고 직접 왕의 연대로 가겠다고 말하면서 낭시 성문 밖으로 나갔다. 그리고 얼마쯤 가다가 그는 기병 세 명에게 6시까지 자기를 기다리라고 명령하고 오직 카논이라는 기병만 데리고 뤼네빌로 향했다. 뤼네빌은 낭시의 동남쪽 4시 방향으로 직선거리 25킬로미터 남짓한 곳에 있으며 오늘날 자동차로는 36킬로미터를 달려야 갈 수 있다. 말세뉴 장군은 원래 뤼네빌의 총기병 연대 지휘관이었기 때문에 든든한 자기 부대가 있는 뤼네빌로 말을 몰았던 것이다.

장군이 낭시를 떠났다는 소식을 듣자마자 메스트르 드 캉 기병연대 병사 80~100명이 말을 타고 그 뒤를 쫓았다. 나중에 왕의 조사위원들이 낭시의 불행을 초래한 장본인으로 이 기병대 병사들을 심문했을 때, 그들은 몇몇 시민들이 자신들에게 와서 "당신들은 배반당했소. 어서 장군을 추적하시오"라고 명령하면서 말에 장비를 채우는 일도 도와주었다고 대답했다. 물론 그들은 그 시민들이 누구였는지 기억나지 않지만 낭시의 부유한 계층은 아니라고 말했다. 그들은 나중에 뤼네빌로 가는 길에서 그 시민들을 인솔하던 국민방위군 장교 한 명을 보았는데, 그는 생니콜라에서 그들과 헤어지면서 자신은 그곳 극단劇團 소속 방위군이라고 말했다는 사실만 기억하며 그의 이름을 듣지도 못했다고 덧붙였다.

6

낭시의 참화를 일으킨
주요 원인

       말세뉴 장군이 낭시 문밖으로 나간 뒤에 『프랑스 애국문학 연보*Annales patriotiques et littéraires de la France*』327호를 싣고 파리를 출발한 우편마차가 도착했다. 바로 그 신문이 낭시의 참화를 불러일으킨 주요 원인이었다고 한다. 이 신문의 "파리"라는 기사와 함께 실린 '알리는 말씀'이 말세뉴가 낭시를 떠난 일과 함께 낭시의 모든 사람에게 갑작스럽고 암울한 영향을 끼쳤다는 것이다. 그 '알리는 말씀'이란 무엇인가?

       어제저녁 자코뱅 클럽의 헌우회에서 나온 '알리는 말씀'은 감독위원들이 정보를 수집하려고 모든 도로 은밀히 출발할 것이라고 한다. 그들은 모든 도와 시정부의 조직뿐 아니라 그 지도부의 구성과 성격에 대해 조사할 것이다. 국회의 애국파 의원들은 감독위원들의 출발에 대해 거의 모르고 있으므로, 사람들은 감독위원들이 행정부가 파견하는 첩자일 것으로 추정한다. 그들은 현지사정을 파악하는 동시에 대신들이 제안하고 지지하는 법이 통과되는 즉시 군대를 선동할 준비를 갖춘 유력한 귀족주의자들을 파악하고 그들과 협력할 것이라고 추정할 수 있다. 대신들의 사악한 정신의 근본을 알고 그들이 하는 행동을 긴밀히 추적한 사람이라면 그들이 이러한 공작에 아주 능통하다는 사실을 한순간도 의심하지 못할 것이다. 그리고 그들은 행정부가 국회의 의견을 듣지 않고서도 모든 도와 시정부에 대한 정보를 수집할 수 있다고 생각하는 것이 분명하다. 그 어느 때보다 똘똘 뭉친 왕실은 돈을 마구 풀고 달콤한 약속과 함께 음모를 꾸며서라도 모든 지방정부를 타락시키고 군대를 와해시키는 동시에 가을부터 늦어도 초겨울까지 사르브루크(자르브뤼켄)의 숲과 트레브(트리어)의 히스(키 작은 나무)가 무성한 땅에 사는 도적떼가 프랑스로 쉽사리 침투해서 내란을 일으키게 만들려는 계획을 세웠음을 우리는 알고 있다.

이러한 사항을 알게 된 헌우회는 놀란 나머지 프랑스 안팎의 모든 자매 협회에 이 문제에 대해 성명서를 보내기로 의결했다. 특히 우리는 모든 국민방위군과 전방의 정규군에 속한 애국 병사들에게 그 어느 때보다 단결해서 앞으로 닥칠지 모르는 폭풍에 대처하도록 당부한다. 우리는 '병사 시민(정규군 병사)'과 '시민 병사(국민방위군 병사)'뿐 아니라 모든 도와 시 행정부의 애국자들에게 요청한다. 왕실이 파견한 감독위원들의 정체를 감지하는 대로 사방팔방에 알리고 신문에도 밝혀 그들이 획책하는 추악한 공작이 성공하지 못하게 막아주기 바란다.

낭시 시정부는 왕의 조사위원들에게 바로 이 글이 낭시의 비극을 낳는 데 큰 역할을 했다고 고발했다. 그래서 국회의 합동위원회도 이 글을 자세히 검토한 뒤 이렇게 보고했다.

우리 합동위원회는 낭시 주민을 속이고 헷갈리게 만든 선동적인 글을 옹호할 생각은 추호도 없습니다. 우리는『프랑스 애국문학 연보』를 세심하게 읽으면서 단어를 하나하나 모든 의미로 신중하게 음미했습니다. 낭시 시정부가 고발했다는 사실 때문에 그렇게 하지 않을 수 없었습니다. 의원님들이 방금 들었듯이 말세뉴 장군과 '알리는 말씀'에서 언급한 감독 위원들 사이에 아무런 관계가 없다는 사실을 판단하실 수 있을 것입니다. 이 시기에 트루아르를 체포했다는 보고서가 나왔습니다. 그가 지니고 있던 모든 기록은 의심스럽게 보였습니다. 국회는 그 기록을 샤틀레 재판소에서 검토하게 했습니다. 그러나 결국 애국자인 작가가 자유의 친구들에게 그들 앞에 놓인 덫에 대해 조심하라고 하는 것이 조금도 범죄라 볼 수 없다는 사실을 알게 되었습니다. 마찬가지로 이 '알리는 말씀'의 기사에서 우리는 이 시기에 파리에서는 무슨 임무를 맡았는지 잘 알지도 못하는 말세뉴 장군과 결부시킬 수 있는 내용은 없습니다.

더욱이 이 기사는 낭시뿐 아니라 전국의 모든 지역과 관련된 것입니다. 이 신문은 말세뉴 장군이 뤼네빌로 떠난 직후 우연히 낭시에 왔으며, 시민들과 낭시 주둔군 병사들이 결탁한 것은 신문기사를 작성한 사람이 의도한 결과가 아니라 그동안의 상황이 함께 작용한 결과입니다. 우리가 공평한 태도를 유지한다면 낭시 시정부가 모든 소요사태를 일으킨 원인을 특정한 당파에게 돌리려는 공공연한 의도가 있었다고 덧붙일 수 없겠습니까? 이러한 정신이 지배하는 한 조용해질 날을 조금도 기대할 수 없습니다. 이 신문에는 국회가 제정한 법을 공격하려는 음흉한 시도가 있음을 인민에게 주의하도록 촉구하는 기사가 종종 실립니다. 그리고 언제나 국회가 제정한 법에 복종하라고 요구합니다. 애국자 작가들은 자유의 친구들에게 걸맞은 솔직하고 충직한 힘을 가지고 글을 씁니다. 대부분 자기 이름을 걸고 글을 쓰며 자신의 감정과 사상을 공개적으로 토로합니다.

나는 이 신문의 기자들을 야비하게 헌법을 비방하고 수치스러운 글을 왕

국 전체에 퍼뜨리면서도 칭찬을 받는 사람들과 대척점에 놓지는 않겠습
니다.

한마디로 말해서 합동위원회는 그 기사가 낭시의 시정부가 고발한 것 같
은 결과를 낳았다고 보기 어렵다는 결론을 내렸다. 그러나 사후에 그렇게 해
석한 것도 중요하지만, 당일 낭시에 있던 사람들이 느끼고 행동한 것이 더욱
중요한 결과를 낳았음을 부인하기란 어렵다. 그만큼 낭시 사람들의 정신상
태는 불안했고 조금이라도 의심스러운 말을 들으면 곧 크게 부풀리면서 두
려움에 빠지는 경향이 컸던 것이다.

메스트르 드 캉 분견대가 말세뉴 장군을 추적하는 동안 이 '알리는 말씀'
이 낭시 주민들에게 퍼졌다. 사람들은 곧 북을 쳐서 위급한 상황을 널리 알리
고 모든 병사가 무기를 들었다. 병사들은 장교들을 무시하고 위협하고 추적
했다. 시민도 더는 안전하다고 느낄 수 없는 상태가 되었다. 병사들이 집집마
다 들어가 장교들을 찾아내고 부대로 데리고 돌아갔다. 드누 장군은 자기 집
에서 메스트르 드 캉의 기병대원들에게 붙잡혔다. 드누 장군을 잡은 병사들
과 그를 구하려는 왕의 연대 장교들이 페피니에르 테라스에서 마주쳐 전투
가 벌어지기도 했다. 장교 몇 명과 병사 한 명이 다치고 기병 한 명이 사망했
다. 드누 장군은 잠시 자유로워졌다가 스위스 병사들과 왕의 연대 병사들의
도움을 받은 기병들에게 다시 붙잡혀 왕의 연대로 끌려가 입고 있던 옷 대신
작업복을 지급받은 뒤 독방에 갇혔다. 그를 지켜주던 장교는 모두 붙잡혀 독
방이나 징벌방에 갇혔다. 파리 국민방위군 참모인 페슐로슈도 그때까지 병
사들이 믿던 사람이었지만 이제는 왕의 연대 병영에 연금되었다.

스위스 부대 장교 이슬링은 국민방위군으로 변장했지만 부대원들에게

붙잡혔다. 병사들은 그의 옷을 벗기고 속옷 차림으로 이리저리 끌고 다니면서 목매달아 죽이려고 했다. 국민방위군 병사들과 지휘관이 그를 구출해서 시청으로 끌고 갔고, 시정부는 그를 보호하려고 콩시에르주리 감옥으로 보냈다. 왕의 연대 소속 젊은 장교는 여자 옷을 입고 붙잡혔다. 그도 비슷한 학대를 당하다가 똑같은 방법으로 목숨을 구했다.

부이예 장군의 명령과 오해

이러는 사이에 새로운 사건이 터졌다. 왕의 연대 병사들이 노트르담 문에서 헌병대 소속 기병을 잡았는데, 그는 헌병대장 위앵이 쓴 편지 세 통을 소지하고 있었다. 한 통은 동부전선 총사령관 부이예 장군에게, 다른 두 통은 각각 툴과 퐁타무송의 헌병대장에게 보내는 편지였다. 병사들은 이 편지를 시청으로 가져갔다. 병사들은 시정부 관리들에게 편지를 개봉하라고 요구했다. 이 불법행위에 대해 관리들이 저항하자 국민방위군 병사들도 합세했다. 이들은 각 중대에서 당직 병사를 한 명씩 불러 모았다. 당직 병사들은 낭시가 위험한 상태에 있고 도내의 국민방위군 시민 병사들이 사방에서 몰려들고 있으니 한시바삐 편지를 뜯어보자고 종용했다.

편지를 당사자가 아닌 사람이 뜯는 것은 언제나 불법이지만, 그들은 편지를 개봉했다. 편지 세 통은 모두 헌병대가 샤토비외 병사들을 왕국 밖으로 호송하기 위한 조처가 필요하다는 내용만 담고 있었다. 병사들은 그 내용을 모든 중대에 알려야 한다면서 가져갔다. 그들이 말하는 모든 중대는 정규군과 국민방위군을 함께 뜻했다. 훗날 낭시 사태를 조사할 때 편지 세 통을 썼던 헌병대장 위앵은 자기가 부이예 장군으로부터 받은 명령에 대한 답장이었다고 진술했다. 그는 8월 27일, 메스에서 부이예 장군이 보낸 편지 두 통을 보여주었다. 부이예 장군은 낭시 주위에 헌병대 초소들을 설치해 낭시에 주둔한 모든 부대와 낭시 외부의 부대가 서로 연락하지 못하게 하라고 명령했다. 위앵은 메스 헌병대장 쿠르투아가 쓴 편지도 보여주었다. 쿠르투아는 스위스인들을 왕국 밖으로 데려갈 방안을 자세히 적고 나서 부이예 장군이 낭시 헌병대장과 협조해 그 방안을 실천하라고 명령했다고 밝혔다.

그러나 사실은 그 반대라고 확신한 시정부 당국은 메스 헌병대장에게 낭시 헌병대장의 진술을 확인해보았다. 그 결과 메스 헌병대장은 부이예 장군이 조건부로 내린 명령을 곧이곧대로 받아들이고 낭시 헌병대장에게 부이예 장군의 승인을 받은 내용이라고 알리는 편지를 보냈음을 밝혔다. 그리고 시정부는 다음과 같이 보고서에 기록했다.

"반혁명분자들의 반역에 대한 두려움은 거의 사라졌다. 사람들은 헌병대의 관심이 오직 샤토비외 연대 문제에 쏠려 있다는 사실을 알았기 때문이다."

이 편지를 읽을 때 거기에 있던 사람들은 평온을 되찾았지만, 막상 중대마다 이 편지 내용을 알게 되자 병사들은 여러 가지 의미로 해석했다. 이 편지에서 샤토비외 연대를 왕국 밖으로 내보내는 조치에 대해 말했지만, 어떤 사람은 말세뉴 장군이 자기 음모가 발각되었기 때문에 그 연대를 오스트리아에 팔아버렸다고 결론을 내렸다.

"프랑스는 스위스 부대를 왕국 밖으로 내보내기 원했으므로 그 부대를 팔아버렸다. 그리고 말세뉴 장군은 역적임이 밝혀졌고 그래서 도망쳤다. 반혁명 음모가 진행되는 것은 분명한 사실이다."

사람들 사이에 이런 말이 돌아도 반론을 제기하는 사람은 아무도 없었고 모두가 아무 말도 하지 못했다. 낭시 헌병대장은 병사들의 추적을 받게 되자 피신하지 않을 수 없었다. 병사들은 이미 그의 집을 샅샅이 뒤졌다. 그러나 그들은 그의 재산에 손끝 하나 대지 않았다고 선언했다.

낭시 주둔군과 뤼네빌 총기병의 갈등

이처럼 극한 상황으로 치닫는 가운데 저녁 예닐곱 시가 되었을 때 말세뉴 장군을 추적하러 나갔던 메스트르 드 캉 기병들이 소리를 지르면서 전속력으로 말을 달려 낭시로 되돌아왔다. 그들은 몇몇 동료가 뤼네빌 총기병들에게 학살당했다고 보고했다. 말세뉴 장군은 오랫동안 뤼네빌에서 총기병 연대를 지휘한 사람이었기 때문에, 그는 그곳에 도착하자마자 총기병에게 추적자들을 막으라는 명령을 내렸고, 총기병들은 몇 무리로 나뉘어 말세뉴를 추적하던 메스트르 드 캉 기병들을 저지하러 나서서 발포하기에 이르렀던 것이다. 그 결과 메스트르 드 캉의 기병 몇 명이 부상당한 채 모두 61명이 붙잡혀 영창에 갇혔다.

낭시로 되돌아온 기병들은 낭시 주둔군을 혼란스럽게 만든 모든 사람에게 복수하자고 선동했다. 삽시간에 왕의 연대, 메스트르 드 캉 연대, 샤토비외 스위스 연대, 낭시와 외부의 국민방위군이 3,000명 이상 모여 뤼네빌로 향하면서 말세뉴 장군을 산 채로 데려오지 못하면 죽여서라도 데려오고 뤼네빌의 총기병들도 집중사격으로 죽이겠다고 맹세했다. 여기서 확실히 해둘 점은 낭시의 국민방위군은 개인 자격으로 이 행진에 참가했다는 사실이다. 또 낭시에 들어왔던 뤼네빌의 국민방위군은 자기가 사는 도시가 안전한지 확인하기 위해 따라갔다.

사람들이 뤼네빌로 몰려갈 때 드누 장군은 독방에서 병사의 방으로 이감되었다. 그때 화약고의 문과 빗장을 도끼로 부수는 사람도 있었다. 또 어떤 병사는 무기고로 들어가는 방책도 부쉈다. 그러나 무기고의 문까지 부수지는 못했다. 무기고에 들어간 병사들은 창고지기인 87세 노인의 가슴에 총검을 겨누고 열쇠를 내놓으라고 협박했지만 노인이 완강히 버텼기 때문에 포기했던 것이다. 한바탕 소동이 지나고 한밤중에 탄약고의 문과 무기고 입구의 방책을 고쳐놓았지만 이튿날 다시 한번 침입당했다. 이번에는 침입자들이 탄약 8,000통과 소총 3,000여 정을 가져갔다. 그러나 소총의 절반은 회수할 수 있었다. 나중에 무기창고직 노인의 진술을 종합해보면 8월 28일과 29일 이틀 동안 시정부 측의 요청으로 소총용 화약을 거의 1만 6,000통, 대포용 화약 100리브르(50킬로그램)를 반출했음을 알 수 있다.

한편 뤼네빌로 향하던 병사들은 곧 장교들이 필요하다는 사실을 깨달았다. 딱히 장교들의 명령을 들을 필요보다는 장교들에게 모욕을 주기 위해서였다. 그들은 장교들을 앞세우고 가면서 장교가 명령을 내릴 때마다 역적이라고 욕했다. 심지어 명령을 내리지 않는다고 역적이라고 욕했다. 왕의 연대 장교인 생메아르는 병사들로부터 부대의 부관참모로 임명받았고 발리비에르가 분견대를 지휘했으며 페르디기에는 후발대를 지휘했다. 병사들은 생메아르에게 계속 명령을 내렸다. 그러나 생메아르가 명령을 전달하러 선발대로 가면 선발대는 그를 역적으로 취급했다. 그가 본대에 가면 본대는 그의 말을 전혀 믿지 않았고 역시 그를 모욕했다. 병사들이 후발대를 지휘하는 임무를 맡긴 대대장 페르디기에도 생메아르처럼 위험한 고비를 넘겼다. 낭시 시정부는 병사들이 뤼네빌로 떠나는 순간에 비로소 코뮌 의회를 마지못해 소집했다.

낭시의 병력은 28일 밤 11시에 뤼네빌 밖 6킬로미터 지점인 플랭발 언덕에서 야영하고 새벽에 뤼네빌로 들어가기로 결정했다. 낭시에서 거기까지 따라간 뤼네빌 국민방위군은 마치 인질같이 감시당했다. 한편 그들의 참모인 티에보와 부관 랑글리가 지름길로 탈출해서 뤼네빌 시정부에 상황을 알려주었다. 뤼네빌 시정부는 이처럼 급박한 상황을 맞아 당장 모든 거리에 불을 밝히는 동시에 무장하지 말라고 명령했다. 밤사이 시장을 선두로 모든 시정부 요원들이 모두 공식 복장에 현장懸章을 건 뒤 횃불을 들고 집달리들과 함께 낭시로 가는 길로 나섰다. 그들은 낭시에서 몰려든 병사 3,000명의 화를 가라앉히기 위해 그 길을 네 번씩이나 부지런히 다녔다. 같은 시각에 총기병 부대도 시정부와 똑같이 칭찬받을 만한 침착한 태도로 날이 밝으면 시작될지 모를 전투에 대비하면서 시내에서 조금 벗어난 연병장(샹드마르스)에 진을 쳤다. 그들은 무질서와 살육을 최소화하려는 속셈으로 연병장에 머물렀던 것이다.

낭시 주둔군과 뤼네빌 시당국의 협상

29일 동이 트자 낭시 부대의 대표를 자처하는 샤이이가 뤼네빌 시정부 관리들에게 기별하러 왔다. 그는 총기병들과 협상의 여지가 있음을 알리러 왔다고 말했다. 그리고 얼마 후 낭시 병력이 뤼네빌로 다가서자 시정부 관리들이 그들 앞에 나서고 시장은 맨 앞에서 오는 병사들에게 도대체 무슨 명령을 받고 또 무슨 목적으로 뤼네빌에 왔는지 물었다. 병사들은 누구의 명령을 받아서 온 것이 아니라 스스로 결정해서 온 것이며 자신들은 뤼네빌 주민들이 무기를 들고 덤비지 않으면 해칠 의사가 없다고 대답했다. 단지 자기네 동료들을 죽인 총기병에게 복수하고 말세뉴를 죽이든 살리든 잡아가려고 왔노라고 말했다.

쌍방이 협상을 하려고 노력한 뒤 뤼네빌 시정부는 낭시 병사들에게 도성 안으로 들어가도록 허락했다. 낭시 병력이 들어간다는 사실을 기별받은 총기병들은 자기네 대표들을 시청으로 보냈다. 그러나 낭시의 병사들은 어떠한 대표단도 만나지 않겠다고 한 뒤 자기네 대표를 연대별로 한 명씩 모두 세 명을 뽑아서 시청으로 보냈다. 세 명은 시청에 가서 설전을 벌인 뒤 협상에 동의하라고 촉구했다. 총기병들이 잘 참지 않았다면 사소한 사건에도 모든 일을 그르칠 수 있었다. 총기병 부대의 부관이 시청 문 앞에서 메스트르 드 캉 연대의 기병이 쏜 총에 맞아 죽었다. 총을 쏜 기병은 자신의 동료인지 형제인지가 바로 희생자에게 살해당했기 때문에 복수했을 뿐이라고 말했다. 낭시 병사 대표단은 총을 쏜 기병을 찾아 벌을 주고자 했지만, 총기병들의 대표단은 중요한 협의를 빨리 끝내는 편이 낫겠다면서 말렸다.

낭시 병사 대표단은 전날 붙잡힌 메스트르 드 캉 연대의 기병들을 풀어달라고 요구했다. 그리고 이 조건은 항복의 조건에 포함되지 않는다고 분명히 말했다. 쌍방은 말세뉴 장군을 낭시 시정부가 요청한다면 낭시로 보낼 것이고. 그때 낭시의 3개 연대와 국민방위군에서 두 명씩 뽑은 소총수들과 뤼네빌 총기병 열두 명이 호송한다는 데 합의했다. 또 낭시의 병력은 말세뉴 장군이 낭시로 출발한 뒤 세 시간을 더 머물다가 출발해서 말세뉴 장군의 신체와 자유를 조금도 해치지 못하도록 하자고 합의했다. 그리고 그들은 말세뉴 장군에 대해 국회의 결정을 기다리는 데 합의했다. 이렇게 합의한 뒤 말세뉴 장군을 시청으로 불러 합의사항에 서명하게 했다. 합의문을 작성하자마자 메스트르 드 캉 연대의 기병을 전령으로 뽑아 합의문을 가지고 낭시 시정부로 출발해서 당장 필요한 조치를 취할 수 있게 했다.

훗날 국회 합동위원회 브뢸라르 의원은 여기서 다시 한번 낭시 주둔군의 태도에 대해 칭찬했다. 그들은 틈만 나면 국회의 결정을 기다리겠다는 의사를 분명히 밝혔으니 무질서보다는 질서를 갈망했다는 증거가 아니겠느냐고 말했다. 물론 그들이 계속 실수를 했다고 하지만, 한편으로 법을 지킬 의사를 끊임없이 확인했다는 주장은 늦었지만 설득력이 있었다.

그러나 뤼네빌에서 낭시로 전령이 가는 시간과 낭시에서 라 뫼르트 도에 합의문을 통지하고 답을 기다리는 시간이 속절없이 흘렀다. 전령은 그날 정오가 되기 전에 낭시에 도착했다. 그러나 낭시 시정부가 도 지도부에 합의문을 전달했지만 지도부가 모이지 않았기 때문에 시간이 많이 흘렀고, 그동안 시와 도 사이에 쓸데없는 질문이 오가면서 낭시 병사들이 기다리던 조치는 나오지 않았다. 라 뫼르트 도 지도부는 말세뉴 장군이 법의 보호를 받도록 해주어야 한다고 선언하고 뤼네빌 시정부에 장군을 안전하게 지킬 수 있는 조치를 취하라고 요구했다.

뤼네빌 시정부는 합의사항을 낭시 병사들에게 설명할 대표들을 보냈다. 그러나 낭시 병사들은 왜 그렇게 빨리 결정을 내렸는지 이유는 모르겠지만 뤼네빌을 벗어나 낭시로 가는 길에 들어섰고, 뤼네빌에는 그들의 대표 병사들, 그리고 대열을 이탈한 병사들과 국민방위군들만 남아 있었다. 말세뉴 장군은 합의서에 서명한 뒤 말을 타고 샹드마르스로 향했다. 그러나 샹드마르스에 도착하기 전 그는 낭시 병력에서 이탈한 병사들과 국민방위군에게 붙잡혔다. 그를 잡은 병사들은 그에게 당장 뤼네빌에서 떠나겠다고 약속하라고 다그쳤다. 말세뉴 장군은 합의사항에 그런 조건은 없다고 말하면서 그들을 어떻게든 설득하려고 노력했다. 그는 낭시 시정부가 먼저 신병을 인도해달라고 요청해야 뤼네빌에서 나갈 것이라고 말했다.

병사들은 그에게 총검을 겨누면서 낭시 시정부가 요청할 때까지 뤼네빌 시청에 가 있자고 강요했다. 말세뉴 장군은 할 수 없이 시청으로 향했다. 시청에 거의 도착했을 때 그는 말에서 내렸고 곧 시청으로 들어가려 했다. 그러나 시청 문이 닫히고 병사들이 그에게 총검을 들이대고서 역적을 대하듯이 윽박지르며 낭시로 가자고 했다. 병사들은 그가 걸어가도록 해야 한다고 주장했다. 그러나 총기병 부대 부관으로서 그를 호위하던 포세가 그를 말에 태웠다. 그들은 곧 낭시 방향으로 갔다.

말세뉴 장군의 도주

뤼네빌 카페 앞에 다다르자 포세가 말세뉴에게 "장군, 생명이 위험하니 도망치세요"라고 속삭였다. 그러나 장군은 태연하게 대답했다. "싫소, 난 하나도 겁나지 않소." 뤼네빌의 샹드마르스에 머물던 총기병 부대는 말세뉴 장군이 걸어서 낭시 쪽으로 끌려간다는 소식을 들었다. 중대장 보르페르가 라두즈 중대원들과 함께 급히 말을 몰아 그들의 뒤를 따라갔다. 보르페르는 뤼네빌에서 낭시 쪽으로 난 첫 번째 다리 근처에서 말세뉴 장군을 만나 물었다. "장군, 지금 자발적으로 낭시로 가시는 겁니까?" 말세뉴 장군은 그렇다고 힘없이 대답했다. 중대장 보르페르는 장군의 표정과 말투로 보아 억지로 끌려가는 것이 분명했다. 그때 낭시의 3개 연대 병사들과 국민방위군이 보르페르를 둘러싸더니 평화와 우정의 표시를 보여주면서 말세뉴 장군에게 아무 일도 일어나지 않을 것이라고 안심시켰다. 보르페르는 단지 이렇게 말할 수 있었다.

"말세뉴 장군의 신체와 자유에 아무런 해를 입히지 않겠다고 명예를 걸고 약속하시오."

총기병 중대는 한동안 함께 길을 갔다. 몇 걸음만 더 가면 카름 광장이 나오고 그곳에서 낭시로 가려면 왼편으로 돌아야 할 때 말세뉴 장군을 호위하던 총기병 가운데 에티엔이 슬며시 장군 곁으로 가서 속삭였다. "장군님, 바로 지금입니다." 장군이 대답했다. "내게서 눈을 떼지 말게." 말세뉴 장군이 보르페르에게 신호를 보내더니 칼을 빼들고 말 등에 몸을 붙인 채 전속력으로 도망치기 시작했다. 그 순간 낭시 사람들은 화승총을 발사했다. 말세뉴 장군의 뒤에는 총기병이 단 네 명만 따르고 있었다. 다른 총기병들은 걸음을 멈추었고 곧 심하게 학대받았다. 그중 25명이 죽거나 다쳤다. 말을 달려 도망치던 말세뉴 장군의 소가죽 안장에도 총알이 박혔다. 그는 방앗간이 있는 졸리베 마을을 지나 간신히 샹드마르스에 머무는 총기병 부대에 합류할 수 있었다.

사람들은 말세뉴 장군이 도망칠 때 권총을 두 번 쏴서 총기병 두 명을 죽였으며 이것이 학살의 신호였다고 말했다. 하지만 나중에 왕의 조사위원들이 뤼네빌에 갔을 때 장교들과 총기병들은 말세뉴 장군이 총이 아니라 칼을 빼들었다고 진술했다. 또 어떤 장교들은 말세뉴 장군이 샹드마르스로 되돌아왔을 때 그의 권총에는 여전히 총알이 들어 있었다고 진술했다. 이처럼 낭시 병사들과 뤼네빌 총기병들의 진술은 엇갈렸기 때문에 이 부분에 대해서 정확히 판단하기란 어렵다. 이에 대해서는 세 가지 진술이 존재했다. 첫 번째 증언자인 고참 기병 에스모냉은 말세뉴 장군이 도망칠 때 양손에 권총을 한 자루씩 들고 자기 곁에 있던 기마헌병 하사관과 기병 하사의 머리를 날려 보냈다고 말했다. 두 번째로 증언한 사람은 제빵사 출신 블롱도라는 병사였다. 그는 말세뉴 장군이 양손에 권총을 들고 말 잔등에 몸을 잔뜩 붙인 채 도망가면서 자기 앞 7~8보 떨어진 곳에 있던 총기병을 쏴서 쓰러뜨리는 장면을 보았다고 말했다. 그 총소리가 나자마자 전투가 시작되었다고 덧붙였다. 세 번째 증인은 부슈니에라는 스위스 병사였다. 그는 감옥에서 왕의 조사위원들의 심문을 받았는데, 말세뉴 장군이 도망치는 순간 자신이 그 곁에 있었고 장군이 권총을 두 발 쏴서 총기병 두 명을 쓰러뜨리는 것을 똑똑히 보았다고 증언했다. 뤼네빌의 총기병 부대 장병은 모두 말세뉴 장군이 총을 쏘는 모습을 보지 못했고 오직 그가 칼을 빼들고 오는 모습을 봤을 뿐이라고 증언했다. 자기네 지휘관에게 불리한 증언을 하지 않으려고 말을 맞추었기 때문이 아닐까? 더욱이 여러 명의 장교는 말세뉴 장군이 도망쳐 온 뒤 권총을 보여주었는데 총알이 그대로 들어 있었다고 말했다. 나중에 국회 합동위원회가 조사한 결과, 에스모냉은 뤼네빌에서 증언했던 내용을 왕의 조사위원들 앞에서, 또 낭시 시정부에서 확인하기를 거부했기 때문에 신빙성을 잃었다.

말세뉴 장군은 무사히 뤼네빌의 총기병 부대에 돌아갔지만, 총기병 부대는 그 때문에 자기네가 위험해졌다고 걱정했다. 말세뉴 장군은 총기병 부대에 적개심을 불러일으키려고 자기 안장에 꽂힌 총알을 보여주었지만 기대하던 효과를 거두지는 못했다. 그만큼 총기병 부대는 말세뉴 장군의 안전보다 자신들의 안전에 더 신경 쓰고 있었다. 총기병 부대 지휘관들은 뤼네빌을 안전하게 만들려면 부대를 빼내야 한다고 생각하고 부대를 둘로 나눠 약 4킬로미터 떨어진 크루아마르와 약 8킬로미터 떨어진 다른 곳으로 이동시켰다. 말세뉴 장군은 50명의 분견대를 데리고 뤼네빌의 요새에 머물렀다. 뤼네빌 주민들은 말세뉴 장군이 계속 머무른다는 소식을 듣고 또다시 낭시 병력이 몰려올까봐 겁을 먹었다. 주민들은 5시에 코뮌 총회를 소집했고 순식간에 총기병 부대의 상급 지휘관인 로셀과 쿠르티브롱에게 대표단을 보내 말세뉴가 아침에 했던 약속을 지키도록 중재해달라고 부탁하기로 했다.

대표단은 직접 말세뉴를 만날 수 있었다. 말세뉴는 이렇게 대답했다.

"오늘 내가 낭시로 가고 있을 때 낭시 주둔군 병사들이 큰 소리로 위협적인 얘기를 주고받는 것을 들었습니다. 그들은 부대로 복귀한 뒤에는 나를 못

살게 굴 것이라고 말했으며 직접 위협하기도 했습니다. 나는 그들이 쏜 총에 맞기도 했습니다. 내 곁에 있던 용감한 총기병 몇 명이 목숨을 잃었습니다. 그래서 나는 내가 했던 약속을 지키지 못했습니다. 그러나 나는 내일 뤼네빌을 떠날 것입니다."

한창 이런 일이 벌어지고 있을 때, 동부전선 총사령관 부이예 장군은 더는 협상의 여지가 없다고 판단하고 병력을 동원해 29일에 메스에서 툴로 사령부를 옮긴 뒤, 말세뉴 장군에게 이튿날인 30일에 총기병 부대를 데리고 생니콜라로 가서 그곳에 주둔한 부대와 합류하라고 명령을 내렸다. 말세뉴 장군은 뤼네빌에 돌아가자 그 도시 전체가 웅성거리고 있었고 아마도 곧 그의 목숨도 위태로워질 것이라고 들었다. 말세뉴 장군은 이 소식을 듣고 무시했지만 마침내 말에 타고 자신을 호위할 분견대 병력을 데리고 밤인데도 뤼네빌의 동북쪽에 있는 크루아마르 평원으로 가서 거기에 머물고 있던 총기병제1연대와 합류했다.

29일 밤 크루아마르 평원에 머물던 총기병 연대는 화톳불을 지펴 몸을 덥히면서 뤼네빌에서 들은 온갖 얘기를 거듭했다. 특히 말세뉴 장군이 반역자이며 낭시에서 도망친 얘기, 스위스인의 샤토비외 연대를 매각한 얘기, 그리고 다른 두 연대의 얘기를 하고 또 했다. 심지어 말세뉴 장군은 총기병 연대를 신성로마제국 황제에게 100만 리브르에 팔아넘겼다는 소문도 이야기했다. 총기병 부대의 병사들은 말세뉴 장군이 낭시로 자신을 호송하던 호위대를 버리고 도망쳤으며, 그 자신이 뤼네빌 시청에서 한 약속도 저버렸기 때문에 총기병 부대의 명예까지 떨어뜨렸다고 말했다.

뤼네빌 총기병들의 말세뉴 장군 체포

30일 새벽 1시쯤 벌판에서 권총소리가 났다. 한 하사가 무슨 일인지 알아보러 갔는데, 그가 되돌아오기 전에 사람들이 다급히 외쳤다. "말을 타라!" 총기병들이 말에 올라타고 장교들도 함께 대열을 정비했다. 말세뉴 장군도 막사에서 뛰어나와 무슨 일인지 물었다. 아무도 명령을 내릴 생각을 하지 못할 때 중대별로 총기병 여럿이 대열을 이탈해 말세뉴 장군을 둘러싸더니 이렇게 말했다. "말세뉴 장군은 반역자다. 장군의 무기를 거두자." 장교들이 말리려 했지만 병사들이 위협하는 바람에 뒤로 물러나고 심지어 도망쳐야 했다. 말세뉴를 이렇게 붙잡은 뒤 총기병 분견대가 나팔수를 앞세우고 뤼네빌 시당국에 장군이 낭시로 출두할 것임을 알리러 떠났다. 말세뉴 장군을 붙잡은 총기병 하나가 장군에게 왜 자기 부대를 100만 리브르에 팔았느냐고 비난했다. 팔지 않았다고 대답하면 그만인 것을, 말세뉴 장군은 배배 꼬아서 대답했다. 농담도 얘기가 통해야 함께 웃을 수 있다. 그러나 말세뉴의 대답은 오히려 병사들의 화만 더 돋우는 말이었다.

"당신들처럼 건달 부대를 100만 리브르나 내고 살 사람이 있겠소? 그건 낭비요."

그때가 새벽 4시였다. 뤼네빌 시청에는 관리 몇 명이 숙직을 하고 있었다. 분견대가 도착한 뒤 곧 총기병 연대 고위 장교인 쿠르티브롱이 나타나 말세뉴 장군이 총기병의 호위를 받으며 낭시로 출두해 자신이 어제 한 약속을 지킬 것이라고 알렸다. 그러고 나서 곧 말세뉴 장군이 분견대의 호위를 받으며 뤼네빌 시청에 도착해서 몇몇 총기병과 국민방위군의 감시를 받았다. 그는 감시자들로부터 심한 말을 들었다. 감시자들은 그에게 모든 소문에 대해 심문하듯이 묻고 설명을 요구했다. 말세뉴 장군은 좀더 현명해졌는지 아니면 험악한 분위기에 압도당했는지 말대꾸도 하지 않고 묵묵히 듣기만 했다.

뤼네빌 시당국은 곧바로 낭시에 급보를 알리는 파발마를 보냈다.

"말세뉴 장군을 뤼네빌 시당국이 지정한 장소에서 인도할 테니 낭시 시당국은 그곳으로 와서 데려가시기 바랍니다. 낭시 시당국은 필요한 경우 이 예기치 못한 사건에 대해 인민에게 알리는 포고문을 붙이셔도 좋겠습니다."

뤼네빌 시당국은 이러한 조치를 취한 뒤 낭시 시당국이 거절할 수 없는 두 가지 요구를 했다. 두 가지 요구란 낭시 국민방위군 60명이 말세뉴 장군을 호위할 것과 뤼네빌 총기병 분견대가 장군을 호위해서 낭시 시당국에 정확히 인도할 수 있게 해달라는 것이었다. 말세뉴 장군은 좌석 네 개의 마차를 타고 출발했다. 그와 함께 뤼네빌 국민방위군의 장교 두 명과 총기병 비올레가 탔다. 함께 탔던 장교들은 비올레가 낭시 쪽으로 가는 내내 말세뉴 장군에게 험악하게 굴었다고 말했다. 그러나 비올레는 오히려 국민방위군의 두 장교가 아주 훌륭하게 행동했다고 말했다.

8월 30일 낭시의 하루

낭시 주둔군은 29일에 비교적 평온해졌지만, 낭시는 하루 종일 불안한 분위기에 휩싸여 있었다. 성문을 드나드는 사람들은 모두 조사를 받았다. 문 밖으로 나가려면 반드시 출입증을 지녀야 했다. 병영은 오히려 이렇다 할 사건이 일어나지 않은 채 평온했지만 바깥세상이 어수선하게 돌아가는 바람에 더욱 민감해졌다. 하루가 그렇게 지나고 30일이 되었을 때 사람들은 골치 아픈 샤토비외 연대의 스위스 병사들에게 돈을 줘서 낭시 밖으로 쫓아낼 수 있기를 바랐다. 돈 문제로 스위스인 부대를 방문했던 시당국의 관리 네 명이 장교 한 명을 데리고 돌아왔다. 장교는 자신의 동료들이 병사들에게 그들이 요구한 돈을 주기로 결정했다고 하면서 낭시 시당국이 자신들에게 필요한 자금을 구할 수 있게 도와달라고 호소했다. 시당국은 최선을 다하겠다고 약속하고 몇 가지 방법을 찾아보았다. 그러나 당시 혼란한 상태에 있던 낭시에서 20여만 리브르를 구하기란 쉽지 않았다.

낭시 시당국이 돈을 구하려고 노력하는 동안 뤼네빌에서 보낸 편지가 도착했다. 낭시 시당국은 말세뉴 장군을 인계받으러 뤼네빌이 지정한 장소로 가야 했으며, 또 이 사실을 주민들에게 알려야 했다. 한편 시당국은 이 편지를 라 뫼르트 도 지도부에 가져갔고, 도 지도부는 총기병들이 일정한 지점을 넘어서 낭시 쪽으로 오지 못하게 하라고 지시했다. 얼마 뒤 말세뉴 장군이 도착 지점에 왔다는 소식이 들어왔다. 도 지도부는 말세뉴 장군과 총기병들에게 별도 지시를 내릴 때까지 생니콜라 문 앞에 머물러 있으라고 명령하고 말세뉴 장군을 맞이할 준비를 했다.

그러나 이러한 명령을 듣지 못했는지 총기병의 전위대가 낭시의 왕립광장에 도착했고 낭시 주둔군 병사들의 대대적인 환영을 받았다. 그동안 낭시 시당국은 생니콜라 문부터 시청까지 길 양쪽에 국민방위군을 울타리처럼 세워 성난 군중이 말세뉴 장군에게 해를 입히지 못하게 조처했다. 낭시의 3개 연대 병사들이 도성 문까지 미리 나가서 총기병들의 손에서 장군을 넘겨받아 시내로 데리고 들어갔다. 성난 군중 때문에 그가 시청까지 가는 길은 험난했다. 왕의 연대 병사가 마차 뒤에서 칼을 꼬나 잡은 채 그가 시청 앞에 내리는 즉시 목을 치겠다고 으름장을 놓았다. 결국 그는 왕의 연대의 병영으로 끌려가 영창에 갇혔다.

말세뉴 장군이 얼마나 위험한 일을 겪었는지 쉽게 상상할 수 있다. 왕의 연대는 무장을 하고 있었다. 모든 계급의 병사들은 가장 선동적인 이야기를 주고받았다. 그 가운데 말세뉴 장군이 오스트리아에 샤토비외 스위스인 연대를 300만 리브르, 왕의 연대를 600만 리브르를 받고 팔아넘겼다는 말도 돌았다. 메스트르 드 캉 연대의 기병이 각 중대를 돌며 이렇게 외쳤다.

"동지들, 장군을 오늘 목매달기로 결정하지 않았나요?"

이때 왕의 연대 병사 몇 명은 병사마다 1루이(24리브르)씩 선금을 달라고 강력히 요구했다. 지휘관들은 국회가 결정할 때까지 병사들이 더는 돈을 요구하지 않겠다고 약속한다면 그 요구를 들어주기로 결정했다. 그렇게 해서 병사들이 그날 3리브르를 받고 다음 날 나머지 21리브르를 받는 조건으로 약속을 지키겠다는 서약서에 서명했다.

말세뉴 장군은 왕의 연대 영창에서 단 한 시간 만에 나올 수 있었다. 도지도부와 시당국은 수많은 위험을 무릅쓰고 그를 데려가 콩시에르주리 감옥에 넣었다. 그곳에서 말세뉴 장군은 온갖 모욕과 위협을 당하고 심지어 폭행까지 당할 뻔했다. 칼과 권총을 빼든 병사들이 그의 감방 안에까지 들어가 그를 감시했다.

공권력이 나서서 어떻게든 이 끔찍한 무질서상태를 바로잡아야 할 때였다. 그러나 나중에 왕이 파견한 조사위원이 물었을 때, 도 지도부와 시정부, 그리고 낭시의 시민 세 명은 그 당시 상황에 대해 이렇게 진술했다.

"부이예 장군이 30일 오전 군대를 동원해서 접근한다는 소식이 낭시에 퍼졌을 때, 어떤 공권력도 존재하지 않았고, 그 뒤부터 부이예 장군이 낭시에 입성할 때까지 주둔군 병사들이 도 지도부와 시정부를 점령하고 혹독하게 탄압했습니다."

7
부이예 장군의 진압군 출동과
낭시의 갈등

8월 30일, 부이예 장군은 툴에서 파리에 있는 전쟁대신 라투르뒤팽에게 낭시 반란군의 상황을 보고하는 편지를 부친 뒤 부대를 끌고 프루아르로 갔다. 낭시에서는 부이예 장군이 병사 3만 명을 끌고 혁명을 저지하려고 왔다는 소문이 돌았다. 그런 소문이 퍼지고 사람들이 그것을 사실로 믿은 이유가 있었다. 부이예 장군의 병력에는 수많은 외국인 부대가 있었는데, 그는 특히 루아얄 알르망 연대(왕립 독일인 연대)로 하여금 맨 뒤를 따르게 하면서 절대적으로 필요한 경우에 그들을 투입하려고 생각했다. 그런데 툴이나 프루아르에 부이예 장군을 만나러 파견되었던 낭시 주둔군 병사들은 수많은 종류의 제복을 보고 병력을 제멋대로 추산했던 것이다. 그러나 사실상 부이예 장군은 병력을 많이 동원하지 못했다. 그는 보병 2,400명과 메스, 툴, 퐁타무송의 국민방위군 600~700명을 주력부대로 이끌고 진압에 나섰다. 낭시 주둔군이 부이예 장군의 명령을 듣지 않고 게다가 낭시 주민도 합세한다면, 장군이 동원한 보병은 도저히 승산이 없을 터였다.

그때 낭시 시정부는 인민의 잘못을 깨닫게 해야 한다고 느꼈다. 그리고 그들은 30일 오전에 모든 시민에게 부이예 장군이 받은 진정한 임무가 무엇인지 알려줄 조치를 취했다. 그들은 우선 국민방위군의 모든 중대장에게 각각 중대원을 소집해 부이예 장군이 병력을 끌고 오는 이유는 시민들에게 적대행위를 하려는 것이 아니라 지난 8월 6일과 16일에 국회가 제정한 법을 집행하려는 것임을 알리라고 말했다. 이 조치만으로는 부족하기 때문에 도 지도부에도 부이예 장군의 병력이 오는 목적을 알리는 포고문을 작성해 곳곳에 붙여달라고 요청하기로 했다. 불행히도 이러한 포고문은 나오지 않았다. 도 지도부는 그 나름대로 시정부와 똑같이 생각했고 시정부 대표들에게 포고문(안)을 읽어주기도 했지만, 결국 도 지도부가 부이예 장군에게 파견한 대표단이 돌아올 때까지 발표를 보류했다.

반란군 병사들은 부이예 장군이 주둔군 병력에게 지침을 내리는 편지를 모두 압수했다. 도 지도부는 그 나름대로 반란군 병사들의 감시를 받고 있었으므로 자신들이 처한 끔찍한 상황을 제대로 알릴 길이 없다는 사실을 알았다. 그래서 모든 사람이 두려움에 떨었고 그 결과 도 지도부의 편지를 전하겠다는 심부름꾼을 한 명도 구할 수 없었다. 그러는 동안 3개 연대의 대표들이 도 지도부에 와서 부이예 장군의 병력을 끌어들인 것은 도 지도부가 아닌지 대답해보라고 으름장을 놓으면서, 부이예 장군의 병력이 들어올 길목마다 국민방위군의 시민 병사들을 보내라고 강요했다. 그들은 시민 병사들에게 장군의 병력을 만나면 낭시가 평온한 상태로 되돌아갈 때까지 지정한 장소에 머물러달라고 부탁할 임무를 주라고 주문했다. 또 그들은 도 지도부와 시정부에서 한 명씩 뽑아 부이예 장군에게 보내 군대를 뒤로 물려줄 것을 요구하는 한편 장군이 내린 여러 가지 조치를 제대로 이행할 수 없도록 잇달아 그릇된 정보를 흘리도록 강요하기도 했다.

그렇게 해서 도 지도부는 부이예 장군에게 대표단을 보내야 했다. 도 지도부 소속의 푸아삭, 시정부 소속의 살라댕, 국민방위군 대대장인 소령 콜리니가 대표로 뽑혀 아침나절 부이예 장군을 찾아 툴로 갔다. 모두가 알고 있던 그들의 공식 임무는 부이예 장군에게 군대를 물려달라고 요구하는 것이었다. 그러나 도 지도부는 대표단에게 비밀임무도 주었다. 부이예 장군에게 낭시의 상황을 자세히 알려주고 특히 낭시 주둔군의 전횡과 시정부의 예속상태를 정확히 알려주는 임무였다. 실제로 도 지도부는 국민방위군을 모든 길로 보내면서 낭시로 모여드는 부이예 장군의 병력에게 6리외(24킬로미터) 밖으로 물러나달라고 요구했다. 도 지도부는 부이예 장군에게 반란군을 빨리 진압하도록 해야 마땅했을 것이다. 그러나 그렇게 하는 대신 오히려 대중을 헷갈리게 만들 수 있는 정반대 조치를 내렸다. 그것은 그들이 반란군의 압력을 받았으며, 반란군은 어떻게든 시간을 벌려고 했기 때문이다. 도 지도부는 자신들의 우유부단한 행동이 얼마나 치명적인 결과를 가져올지 잘 몰랐을까? 아니, 설사 알았다 해도 그들에게 무슨 뾰족한 수가 있었을까? 반란군의 강요와 위협에 시달리는 그들이 어떻게 진압군을 낭시로 끌어들여 반란군을 진압하라고 요청할 수 있었겠는가!

한편 낭시 주둔군 병사들은 온갖 방어수단을 동원하는 데 전념했다. 도 지도부나 시정부는 이러한 방어가 불법임을 시민들에게 알리는 일을 하지 않았다. 오히려 시정부는 도 지도부에 대표를 보내 병사들이 여러 곳에 설치한 대포를 철수시켜야 할지 검토해달라고 부탁했고, 도 지도부는 아직 그럴 때가 아니며 오히려 대포를 사용할 명분을 없애도록 평화적 수단을 찾는 일이 더 급하다고 대답했다. 그렇게 도 지도부와 시정부가 취한 모든 공식 조치는 부이예 장군의 병력을 낭시의 적으로 보이게 만들었을 뿐이다. 그동안 도 지도부는 낭시의 외부에서 모여든 국민방위군의 지휘관들을 불러 모아 휘하의 시민 병사들에게 영향력을 행사해서 그들의 잘못을 깨닫게 해달라고 호소했다. 그러나 그것도 별로 효과를 보지 못했으며, 오직 포고문을 발표하는 일만이 시급하고 필요한 상황이었는데도 시간만 낭비했던 것이다.

부이예 장군에게 보낸 시도 대표단의 활동

한편 툴로 부이예 장군을 만나러 간 대표 세 명은 정오 가까이 그곳에 도착했다. 장군은 그들에게 국회가 제정한 법을 조금이라도 늦게 집행한다면 국가 전체가 걷잡을 수 없이 비통하고 끔찍한 상태로 떨어질 것이라고 힘주어 말했다. 장군은 그들과 헤어질 때 자신이 툴에서 인쇄한 포고문을 이미 150부 정도 낭시에 보냈으며, 이제 자기에게 남은 20여 부를 줄 테니 낭시로 돌아가 널리 알리라고 부탁했다. 장군이 우려했듯이 그가 먼저 보낸 150여 부의 포고문은 중간에서 반란군에게 빼앗겼는지 도 지도부나 시정부의 손에 들어가지 않았다.

대표들은 셋이 함께 낭시로 돌아가지 않았다. 푸아삭과 살라댕은 이튿날 낭시로 돌아가 왜 늦게 돌아갔는지 평계를 댔다. 그들은 툴까지 걸어서 갔기 때문에 몹시 피곤했으며, 게다가 자신들은 부이예 장군에게 파견되기 전 국회에 파견될 임무를 받았기 때문에 각자 도와 시에서 장군에게 전할 말이나 다음의 행선지에 대해 지침을 내릴 것이라고 예상하고 기다리다가 늦게 왔노라고 말했다.

국민방위군 대대장 콜리니는 부이예 장군이 준 포고문 20부를 가지고 혼자 낭시로 돌아갔다. 콜리니는 생스타니슬라스 거리에서 만난 국민방위군 장교 세 명에게 가지고 있던 포고문을 한 부씩 나눠주며 인쇄해서 널리 알리라는 부이예 장군의 말도 전했다. 거기서 그는 곧바로 시정부로 가 부이예 장군의 말을 전하면서 나머지 포고문을 넘겨주었다. 그러나 어찌된 일인지 도 지도부나 시정부는 부이예 장군의 포고문을 당장 인쇄해서 널리 알리지 않았다.

훗날 왕의 조사위원들에게 콜리니는 당시 시정부의 누구에게 포고문을 넘겨주었는지 밝히지 못했고, 그것을 받았다는 사람을 수소문했지만 끝내

찾아내지 못했다. 이것은 그날의 혼란을 잘 보여주는 상황이다. 도와 시가 손발을 맞추지 못했고, 그들이 보낸 대표단도 서로 따로 행동하면서 시급하고 결정적인 상황에 제대로 대처할 시기를 놓쳐버렸다. 다행히 조사위원들은 코뮌 의회 의장 푸아르송의 증언을 듣고 콜리니의 말은 사실이었음을 알았다. 푸아르송은 청렴하고 동료 시민들이 존경하는 사람이었기 때문에 그가 콜리니의 증언을 뒷받침해주었을 때 믿지 않을 수 없었다.

아무튼 부이예 장군의 포고문은 선동받은 시민들을 각성시키는 한편 반란군의 죄상을 밝히고 도 지도부와 시정부가 그때까지 자신들의 의사와 부이예 장군의 임무와 반대로 조치를 내려야 했음을 밝혀줄 문서였다.

국민, 법, 왕에게 충성
왕의 이름으로 왕의 군대 총대리인이며 모든 기사단의 기사이자 라인 강·라 뫼르트·라 모젤·라 뫼즈·팔라티나와 뤽상부르 국경지역 총사령관인 프랑수아 클로드 아무르 드 부이예는 다음과 같이 포고한다.
국회가 8월 6일에 제정하고 왕이 재가한 법에 따르면 군대는 오직 감독관에게만 요구사항을 합법적인 방식으로 말할 수 있다. 그러나 낭시 주둔군은 이 법에 복종하지 않았다. 그들은 부대 장교들뿐만 아니라 회계검사 임무를 띤 장군에게 폭력을 휘둘렀다. 게다가 병사들 가운데에는 특히 장군을 불법 체포하고 살해하려는 자들과 이러한 범죄를 부추긴 자들이 있었다.
지난 며칠 동안 샤토비외 연대는 온갖 반란행위를 저질렀다. 그들은 특히 잘못을 뉘우치고 질서를 되찾고 법에 복종하라는 명령, 낭시를 떠나 사를루이로 가라는 왕의 명령, 국회의 명령을 모두 무시하고 거부했다.

그들은 수세기 동안 모든 열정적인 스위스인 부대가 한 번도 보여주지 않은 방식으로 신뢰와 기강을 무너뜨리는 전대미문의 행위를 저질렀다.

메스트르 드 캉 연대 기병들은 칼을 빼들고 회계검사관 말세뉴 장군을 뤼네빌 성문까지 추적했고 그 도시의 총기병들과 싸웠다.

낭시 주둔군의 일부는 도시 밖으로 나와 국회의 법과 왕의 명령을 집행하러 동원된 부대를 공격했다.

본관은 이처럼 혼란스러운 상황을 수습하고 반란군을 법에 복종시키기 위해, 국회가 제정한 8월 16일의 법과 왕의 명령을 받들어 라 뫼르트 도 지도부와 낭시 시정부, 도내 모든 국민방위군, 정규군과 그들의 지휘관인 장군들과 협력해서 반란군 병사들의 군기를 확립시키고 정의를 실현해서 법의 준엄한 심판을 받게 할 것이다.

그리하여 진압군은 본관이 명령한 시간에 행군해서 국회가 제정하고 왕이 재가한 법을 집행할 것이다.

낭시 문안에 집결한 도내 국민방위군은 진압군이 도성 문 앞에 도착할 때 합류하도록 권고한다.

충성스러운 병사들과 선량한 시민들도 (국민, 법, 왕에 대한) 맹세를 했으므로 모든 법과 명령을 집행하여 낭시의 질서와 평온을 되찾는 일에 동참하도록 촉구한다.

1790년 8월 30일 툴에서 부이예 장군

그러나 이 포고문은 제때에 낭시 시민들에게 전달되지 못했다. 애석하게도 그것은 반란군을 진압한 이튿날인 9월 1일에야 비로소 낭시 도성 안에 붙었다.

8
8월 31일 반란군의
적대행위

8월 30일, 반란군이 방어태세를 갖출 때도 지도부와 시정부는 강압에 못 이겨 몇 가지 조치를 내리면서 하루를 보냈다. 그리고 이튿날 8월 31일 아침 5시, 그동안 왕의 연대 병사들에게 억류되었던 드누 장군은 코뮌 의회 의장 푸아르송에게 사람을 보내 부이예 장군의 편지를 전했다.

"본관은 국회가 제정하고 왕이 재가한 법을 집행하여 낭시에 질서를 회복하고 군의 기강을 세우려고 왔습니다. 지금까지 저지른 잘못을 부끄러워하고 뉘우치려는 병사가 있다면 그 증거로 말세뉴 장군을 오전 10시까지 본관이 병력을 데리고 있는 곳, 퐁타무송으로 가는 길목으로 데려오게 해주기 바랍니다.

그가 무사히 풀려나면 곧 그다음의 명령을 내리겠습니다. 만일 그렇지 않으면 내 충성스러운 군대에 국민방위군의 선량한 시민들을 합류시켜 조국의 반역자들을 응징하고 법과 왕에게 복종하게 만들 것입니다."

먼저 지리적인 위치에 대해서 짚고 넘어가면 부이예 장군은 낭시 북쪽 55.6킬로미터 떨어진 메스에 있다가 툴로 이동했는데, 툴은 낭시의 서쪽 24.6킬로미터 지점에 있는 곳이었다. 부이예 장군은 거기서 도 지도부와 시정부가 보낸 대표 세 명을 만났음을 알 수 있다. 그런데 편지에서는 퐁타무송으로 가는 길목에 있겠다고 했다. 퐁타무송은 낭시의 북쪽 메스로 가는 중간 30킬로미터 떨어진 곳이다. 그는 8월 30일 오후 툴에서 진압군을 이끌고 낭시 도성에서 퐁타무송 방면으로 10킬로미터에 있는 프루아르로 병력을 이동해놓았다.

푸아르송은 이 편지를 들고 시청으로 가 코뮌 의회를 소집하여 아침 7시에는 이 편지를 인쇄해서 널리 뿌리되 벽보나 현수막으로는 만들지 않기로 결의했다. 그와 동시에 즉시 시정부 관리 네 명을 뽑아 주둔군에게 편지를 들고 가도록 결의했다. 네 명은 임무를 마치고 돌아와 주둔군은 평화를 지키겠다는 약속과 달리 가장 흉악한 방식으로 저항한다고 보고했다. 사실 병사들은 전날처럼 시와 도 당국에 계속해서 그릇된 결정을 발표하도록 강요했다. 그들은 시와 도 당국이 낭시의 가장 하층민 계급에게 진압군이 들어오지 못하게 막는 것은 합법적이라고 말하라고 강요했다.

병사들이 무리지어 시정부에 나타났다. 시정부는 그들을 도 지도부로 보냈다. 그러나 도 지도부가 그들을 받아들이지 않자 그들은 더욱 흥분해서 시정부로 되돌아갔다. 도대체 그들은 무엇을 요구했던 것일까? 그들은 널리 북을 쳐서 모든 시민이 무장하고 낭시를 지키는 데 동참하도록 만들려고 했다. 그들은 같은 목적으로 총기병들도 낭시 주둔군 편에 서주기를 바랐다. 실제로 북소리를 들은 시민들이 재산을 지키려고 무장한다는 소문이 돌았고, 도 내 모든 관리와 늙은이들은 재산권을 지킬 필요가 있다고 생각해서 총기를 요구하고 국민방위군에 스스로 들어가기도 했다. 이렇게 해서 국민방위군 중대장들은 평소에 보지도 못했던 낯선 사람들을 자기 중대 틈에서 볼 수 있었던 것이다.

얼마 뒤 왕의 연대의 다른 병사들이 장교를 앞세우고 시청으로 갔다. 장교는 병사들의 강요를 받았거나 그들이 경거망동하지 않게 막으려고 앞장선 것 같았다. 병사들은 낭시의 안전에 힘써야 할 임무를 국가로부터 받은 시정부가 아무 일도 하지 않는다고 불평했다. 그들은 낭시를 안전하게 만들기 위해 어떤 일이건 해야 하기 때문에 대포를 설치하려 했지만 대포는커녕 소총도 없다고 투덜댔다. 그리고 나서 그들은 대포를 다룰 사람들을 요구했다. 코뮌 의회 의장은 홀로 사무실에 남았다가 그들의 요구에 저항해보았지만 속수무책이었다. 그는 할 수 없이 북치기를 시내로 내보내 포병으로 복무한 경력자는 누구나 출두하라고 알리도록 했다. 낭시 코뮌 의회가 공식적으로 방어준비를 하라고 내린 명령은 아주 치명적인 결과를 낳았다.

당시 왕립광장에 무장하고 복무하던 국민방위군 부대의 병사 시민인지 장교인지 분명치 않지만 그가 부이예 장군의 포고문을 중대 전원에게 큰 소리로 읽어주었다. 중대원들이 아주 우호적인 태도로 듣고 있을 때 북치기가 나타나 대포를 다룰 줄 아는 포병을 구한다고 했고, 그렇게 해서 우호적인 분위기가 깨졌다. 슬기롭고 학식 있는 사람들이 부이예 장군의 임무에 대해 아무리 올바로 설명해줘도 어수선한 분위기를 바꿀 수는 없었다.

반란군 병사들은 시정부를 압박해서 도시의 성문마다 국민방위대, 왕의 연대, 메스트르 드 캉 연대, 샤토비외 연대의 분견대를 배치했던 것인데, 이 명령은 구두로 국민방위군 대대장에게 전달되었고 대대장이 글로 작성해서 분견대마다 전달했다. 게다가 반란군 병사들의 요청을 받아 시정부가 내린 명령으로 그날 국민방위군들이 낭시 문안의 모든 곳에서 복무하게 되었다. 반란군 병사들은 도성 문을 방어해야 했기 때문임이 분명하다. 국민방위군 대대장이 내린 명령은 다음과 같다.

"시정부 관리들은 국민방위군 지휘관에게 낭시에 있는 모든 국민방위군이 문안에서 정규군이 맡았던 장소를 인계받아 치안을 유지하는 데 필요한 명령을 내려달라고 요구했다."

이 상황에서 다시 한번 기억해야 할 것은 8월 31일 오전에도 스위스 병사들이 장교들에게 2만 7,000리브르를 내놓으라고 요구했다는 사실이다. 10시경에 왕의 연대 병사들은 그곳으로 찾아간 시정부 대표들의 제안을 받았다. 특히 코뮌 의회 의장 푸아르송은 병사들에게 직접 도 지도부로 가서 부이예 장군에게 자신들을 위해 대표를 파견해달라고 요구하라는 지침서를 전달했다. 병사들은 도 지도부 소속 뒤몽테의 말대로 중대별로 대표 네 명씩 뽑아 보내기로 합의했다. 그렇게 해서 병사 대표들은 11시에 낭시를 출발해서 프루아르에 있던 부이예 장군을 만났다.

왕의 연대 병사 대표들은 부이예 장군이 자기 병력에게 돌리려고 준비해 둔 회람을 3개 연대에게 돌릴 수 있다면 장군의 명령대로 한 시간 안에 3개 연대를 무장해제시킬 수 있다고 장담했다. 그러나 왕의 연대 병사 대표들은 장군의 회람을 받기는커녕 장군 휘하 병사들의 무절제한 모욕과 위협에 주눅이 들었다. 장군은 당시 몇 개 연대의 분견대만 거느리고 있었다. 그럼에도 낭시의 병사들은 수많은 종류의 제복을 보면서 부이예 장군이 적어도 1만 5,000명을 거느리고 왔다고 멋대로 추산했다.

부이예 장군을 찾아간 시정부 대표들은 장군의 조건을 들었다. 앞에서 한번 말했듯이 그들은 병사 대표들과 함께 낭시로 돌아가지 않고 단지 장군이 제시한 조건을 편지로 써서 시정부에 알렸다. 이것도 결국 치명적인 결과를 낳았다. 사람은 질문에 보충설명을 할 수 있지만 글은 단지 내용으로만 말하기 때문이다. 시정부 대표들은 하루 늦게 돌아가서 이렇게 말했다.

"왕의 연대 병사 대표들은 부이예 장군에게 자신들을 거기 남게 해달라고 부탁했지만, 장군은 거절했노라고 우리(시정부 대표들)에게 말했습니다. 그러고 나서 부이예 장군은 병사 대표들을 데려가라고 분견대에게 명령했습니다.

우리는 프루아르까지 걸어서 갔기 때문에 하도 피곤해서 어제는 도저히 낭시로 되돌아올 엄두가 나지 않았습니다."

그래서 그들은 하루를 부이예 장군 곁에서 머무는 대신 시정부에 급히 다음과 같이 편지를 썼다는 것이다.

"우리는 한시바삐 부이예 장군의 뜻을 전해드리고자 합니다.

1. 그는 다음의 조건을 관철할 때까지 어떠한 평화협상도 없다고 합니다.

2. 그는 낭시 주둔군이 말세뉴 장군과 드두 장군을 앞세우고 낭시를 떠나거나 자신이 병사 대표들을 호송하도록 파견한 분견대에게 두 장군을 인계하고 평화롭게 병영에 머물러야 한다는 조건을 제시했습니다.

3. 그는 3개 연대에서 가장 반항적인 주모자를 네 명씩 가려내어 국회로 보내 법의 준엄한 심판을 받게 한다고 했습니다.

4. 만일 3개 연대가 자신들의 대표들이 되돌아간 지 두 시간이 지나서도 계속 버틴다면, 자신이 직접 병력을 이끌고 낭시로 들어가 무장한 자를 모조리 칼끝에 꿰겠다고 말했습니다."

대표단의 편지에서 부이예 장군의 의도가 드러나는데, 나중에 진상규명에 나선 국회의 합동위원회도 바로 이 대목에 주목했다. 합동위원회의 브릴라르 의원은 부이예 장군의 명령을 공평하게 검토할 필요가 있다고 전제하고, 그는 사람들이 부이예 장군에 대해 몹시 잔인하게 진압했다고 불평하는 소리를 많이 들었기 때문이라고 그 이유를 설명했다. 그는 부이예 장군이 법을 어긴 낭시 주둔군과 협상해서는 안 되기 때문에 그들에게 복종한다는 표시를 분명히 보여달라고 요구하면서 법의 심판을 미루었다. 그가 얼핏 듣기에 잔인한 어조로 말했지만, 그래야만 법의 신성한 이름으로 진군하는 사람에게 존경심과 두려움을 불러일으킬 수 있다고 합동위원회는 이해했다는 것이다.

대표단의 편지는 오후 3시에 시정부 손에 들어갔다. 그 순간 도 지도부나 시정부가 보내지도 않은 대표단이 부이예 장군을 만나고 있었다. 이 대표단은 국민방위군과 3개 연대에서 네 명씩 뽑은 사람들이었다. 그리고 부이예 장군은 그때 얼마 되지 않는 병력을 끌고 프루아르에서 낭시 쪽으로 더 가까이 이동한 상태였다. 부이예 장군은 그들의 말을 듣고 나서 전쟁대신의 아들 구베르네에게 최후통첩을 받아 적으라고 한 뒤 자신이 서명했다.

"한 시간 안에(4시까지) 말세뉴 장군과 드누 장군은 물론 무장한 3개 연대 병력을 낭시 밖으로 내보내고 본관의 명령을 기다리라. 그렇지 않으면 본관은 대포로 공격을 시작하겠다."

이 대표단은 곧바로 낭시로 되돌아가자마자 서둘러서 부이예 장군의 최후통첩을 인쇄해서 널리 알렸다. 그럼에도 낭시 시정부는 이 글을 받지 못했던 것 같다. 게다가 3개 연대는 이 글을 받고서도 꿈쩍하지 않았다.

한편 시정부는 오후 3시에 자신들이 보낸 대표들의 편지를 받자마자 곧 인쇄한 뒤 왕립광장에 모인 몇몇 국민방위군 병사들에게 읽어주었다. 당시 낭시와 외부의 국민방위군, 그리고 시민이 모두 이 편지 내용을 알았는지는 확인할 수 없다. 시정부는 낭시 소속 국민방위군의 일부를 도성 문을 지키도록 배치했기 때문에 이들의 장교를 불러 부이예 장군의 편지를 병사들에게 읽어주고 부이예 장군이 병력을 끌고 곧 쳐들어올 테니 병사들에게 무기를 내려놓도록 명령하라고 지시했다. 그럼에도 시정부는 장교들이 이 지시사항을 제대로 이행했는지 온전히 파악할 수 없었다.

그동안 시청에 있던 병사들이 자기네 병영으로 돌아갔다. 왕의 연대 병사들은 부이예 장군이 내놓은 조건은 물론 자기네 대표들이 장군을 만날 때 추산했던 병력의 규모에 대해서 들었다. 또 그들은 부이예 장군의 병력이 자기네 대표들에게 욕설을 퍼붓고 위협했다는 말을 듣고서는 정신이 번쩍 들었는지 일제히 "법, 법, 법을 지키자!"라고 외치기 시작했다. 그리고 나서 그들은 부이예 장군의 의지에 따르기로 결정했다.

그들은 다른 두 연대에 대표를 보내 자신들이 내린 결정대로 하자고 제안했다. 그리고 나머지 두 연대도 그렇게 하기로 결정했다. 그때가 오후 4시였다. 이제 왕의 연대 대표들이 시정부로 가서 3개 연대가 부이예 장군의 명령에 복종하겠다고 결의했다는 사실을 알렸다. 시정부는 곧바로 훌륭한 결정을 실행에 옮기라고 대표들에게 촉구했다. 대표들은 왕립광장을 지날 때 무장한 국민방위군에게도 그 사실을 알리고 모두가 얼싸안고 기뻐했다. 그리고 대표들은 부대로 복귀했다.

잠시 후 왕립광장에 왕의 연대 척탄병과 추격기병의 분견대가 드누 장군을 앞세우고 지나갔다. 그들은 말세뉴 장군이 갇힌 콩시에르주리 감옥을 향해 걸어갔다. 그런데 이 감옥을 지키는 병사들은 말세뉴 장군을 풀어주지 않은 채 오직 시정부 관리들이 와야 풀어줄 수 있다고 말했다. 이 소식을 들은 시정부는 곧 관리 두 명과 명사 두 명을 뽑아 국민방위군 대대장의 뒤를 따라가게 했다. 관리 두 명은 모두 스카프를 매서 시정부 요원임을 알아볼 수 있게 했다. 그리고 명사 두 명은 생루이 기사단의 데부르브와 낭시 시민 니콜라였다. 말세뉴 장군을 풀어주는 장면을 보려고 온 시민들도 여럿이 함께 콩시에르주리 감옥으로 갔다. 시정부의 대표 네 명과 소령은 마차에 올라타고 지극히 흥분해서 갖은 위협을 하는 군중 사이를 지나갔다. 마차를 호송하던 척탄병 분견대는 말세뉴 장군이 온갖 위협을 받다가 실제로 해를 당할까봐 흔히 다니는 길을 두고 다른 길로 갔다.

한편 낭시 시정부는 부이예 장군에게 낭시의 3개 연대 병사들이 결정한 내용을 빨리 알리고자 위에서 말한 관리 두 명과 명사 두 명을 대표로 급파했다. 그때 이미 3개 연대의 일부는 다수 장교들의 지휘를 받으면서 도성 밖으로 나가 부대별로 근처의 벌판, 막스빌 다리 근처, 트루아 메종 문밖에 각각 정렬했다. 예전에 프랑스 수비대에 복무했던 드라쿠르가 이끄는 낭시 소속 국민방위군 중대가 거의 같은 시각 트루아 메종 문밖을 지나가다 부이예 장군에게 합류했다. 부이예 장군의 병력은 그들을 형제애로 맞이했다.

이때가 아주 결정적인 순간이었다. 낭시 시내에는 평화를 되찾는다는 소문이 널리 퍼지는 때였다. 국민방위군 한 명이 말을 타고 달리면서 시내 곳곳에 평화가 왔다고 외쳤다. 당시에는 낭시에 수많은 외부인이 있었고 나쁜 의도를 가지고 무질서를 은근히 바라는 세력도 있었다. 그리고 그날은 지휘관이 알지도 못하는 국민방위군이 정원보다 훨씬 많았다고 한다. 또 낭시 시민들도 표면상의 평화에 집요하게 반대했다는 것도 분명했다. 이러한 순간 평화가 회복되었다고 외치는 소리는 불신과 배반의 소리와 뒤섞였다. 드누 장군과 말세뉴 장군을 끌고 가는 병사들은 이렇게 말했다. "우리는 배반당했다. 그들은 우리를 형장으로 끌고 간다." 몹시 화가 난 병사들은 심지어 두 장군을 땅에 엎드리게 했다. 몇몇 시민이 그들의 몸을 덮쳐 보호해주었다.

국민방위군은 여전히 무장하고 있었다. 특히 스탱빌 문과 스타니슬라스 문에는 3개 연대와 국민방위군의 분견대가 지켰다. 모든 초소에 배치된 병사들은 장교들의 명령에 욕설과 위협으로 맞섰다. 초소를 떠나려는 국민방위군은 병사들과 심지어 흥분한 동료 국민방위군의 위협을 받았다. 국민방위군은 철수하라는 시정부의 명령을 아직 받지 못했다. 시정부는 아주 늦게 철수명령을 내렸고, 심지어 최초의 적대행위가 벌어진 뒤에 그 명령을 받은 국민방위군도 있었다.

왜 그렇게 명령을 늦게 내렸을까? 명령의 원본을 조사해보니 국민방위군 총사령관에게 떨어진 명령에는 날짜만 있고 정확히 몇 시 몇 분에 철수하라는 말이 없었다. 코뮌 의회 의장 푸아르송은 낭시 주둔군이 도성 밖으로 모두 나갔을 때 도성 문을 지키는 국민방위군에게 이 명령을 내린 주체가 코뮌 의회는 아니었다고 말했다. 그러면서 푸아르송은 명령을 늦게 내린 이유도 말했다. 낭시 주둔군이 국민방위군에게 만일 자신들 곁을 떠나면 발포하겠다고 위협했기 때문에 명령을 내리는 데 신중해야 했다고 설명했다. 그러나 모든 부대가 도성을 확실히 떠난 뒤에 철수하라고 했는지는 확신할 수 없다고 말했다.

아무튼 수많은 사람의 증언을 종합하면, 몇몇 부대가 도성을 떠난 지 얼마 되지 않아 최초의 적대행위가 발생했다는 사실을 알 수 있다. 왕의 연대 상급 장교는 왕의 연대와 샤토비외 연대가 각각 다른 문으로 도성을 나설 때 스탱빌 문에서 총소리를 듣고 놀랐다고 말했다. 스위스인 부대의 장교들도 똑같이 증언했다. 그들의 연대가 도성 문을 나섰을 때 왕의 연대를 만났는데, 거기서 부이예 장군이 보낸 분견대가 드누 장군과 말세뉴 장군을 인계받는 장면을 보았고 곧 대포소리와 함께 총격이 시작되었다고 말했다.

이제 총격이 시작되는 과정을 살펴볼 차례다. 시정부가 작성한 보고서와 부이예 장군의 회고록은 조금 차이가 난다. 먼저 시정부의 보고서를 보자. 그날 아침 명사 두 명을 부이예 장군에게 보내는 대표단에 포함시켰다고 했는데, 그들이 낭시로 돌아오던 길에 마침 스탱빌 문 앞으로 다가갔다. 생루이 기사단의 데부르브와 낭시 시민 니콜라가 오는 모습을 보고 성문을 지키던 반란군 병사들이 대포를 장전하자 그 순간 젊은 장교 데질Desilles은 포문을 가로막으면서 이렇게 외쳤다.

"그들은 우리 친구이자 형제요. 국회가 그들을 파견했소. (그런데 우리가 그들을 쏜다면) 왕의 연대의 명예는 땅에 떨어질 것이오."

데부르브와 니콜라는 법과 자유를 사랑한다는 평을 들을 만큼 덕망 높은 시민들이었다. 그리고 그들의 애국심은 한결같았다. 그들은 데질을 힘껏 안아주었다. 그러나 곧 병사들이 세 사람을 떼어놓은 뒤 학대하고 위협했다. 그 사이 데질은 도망쳐 성문 밖 30보 정도까지 다가선 부이예 장군의 전위대와 반란군 사이로 뛰어들었다. 이때가 총격이 시작된 순간이라고 시정부 보고서는 증언했다. 데질은 반란군 병사들의 적대행위를 막아보자고 위험을 무릅쓰고 진압군 전위대를 가로막았지만 총격을 받고 쓰러졌다. 낭시의 젊은 시민 병사 에네르는 데질이 총에 맞아 쓰러지는 것을 보고는 물불 가리지 않고 달려가 그를 안고 달렸다. 데질이 중상을 입었지만 에네르 덕택에 목숨을 연장할 수 있었다.

부이예 장군이 보낸 전위대는 스위스 병사들로 구성되었는데, 도성을 떠난 3개 연대에서 낭시에 남아 스탱빌 문을 지키던 병사들이 전위대 병사들과 말싸움을 벌였다. 특히 전위대 스위스 병사들은 같은 스위스 병사들이 반란군에 끼어 있는 것은 수치스러우니 없애버리겠다고 했다. 갑자기 반란군이 전위대에게 포격과 총격을 가했다. 이때 왕의 연대 소속 장교 데질이 이리 뛰고 저리 뛰면서 대포를 가로막고 사격을 중지하라고 했지만 결국 반란군의 총을 맞고 쓰러졌다. 이처럼 부이예 장군이 전위대의 뒤에서 본 상황은 시정부 보고서의 설명과 조금 다르다.

데질이 반란군 쪽에서 부이예 장군 쪽으로 뛰어가는 동안 데부르브와 니콜라는 시청 쪽으로 걸어가면서 대포소리와 총소리를 들었다. 총소리를 들으면서 가는 길은 어느 때보다 먼 길 같았지만 곧 시청에 도착했다. 그들은 국민방위군 사령관에게 국민방위군을 철수시키라고 요구했다. 그러자 낯선 외부인들이 화를 내며 위협했다. 이들은 다른 사람들까지 명령을 이행하지 못하도록 방해했다. 이렇게 해서 국민방위군에게 철수하라고 명령한 시점이 최초의 총격전과 뒤섞이게 되었다. 데질의 영웅적 행동, 시청에 도착한 데부르브와 니콜라의 철수명령 요청, 스탱빌 문의 포격과 총격, 그리고 시가전이 거의 같은 시간에 일어나면서 시정부와 국민방위군 지휘관들이 모든 국민방위군에게 철수하라고 명령했던 것이다.

9
더욱 악화된 상황과 진압

부이예 장군은 31일 오전 프루아르와 거기서 동남쪽에 있는 상피뇰에 국회의 법을 집행할 병력을 집결시켰다. 그리고 메스에서 척탄병과 추격기병을 데려다 합류시켰다. 그는 병사들의 사기를 파악하고, 그들과 함께 모든 위험을 감수할 수 있다고 판단했다. 그들은 낭시에 주둔한 3개 연대를 반역자로 보고 있었다. 그래서 그는 메스와 인근의 국민방위군들의 열의와 의지에 만족했다. 그는 오전 11시 반에 낭시 시정부와 주둔군의 병사들이 보낸 대표단을 맞았다. 그들과 함께 총기병의 대표도 한 명 따라왔다. 그는 병사들이 분노하고 흥분한 것을 억지로 가라앉히고 대표단의 말을 들었다. 그는 그들에게 포고문에서 밝힌 내용을 다시 확인시켜주었고, 3개 연대가 낭시에서 나가야 하며 그전에 드누 장군과 말세뉴 장군을 풀어주라고 말했다.

낭시 시정부의 대표단이 낭시로 돌아가서 피곤했기 때문에 금세 귀환하지 못했다고 핑계를 댔던 것과 달리 부이예 장군 측에서는 그들이 낭시로 돌아가지 않게 해달라고 요청했다는 증언이 있었다. 그들이 병기창을 습격해서 소총을 4,000정 이상 약탈한 민중에게 목숨을 잃을까봐 겁을 냈기 때문이다. 장군의 병사들은 낭시에서 온 사람들에게 일제히 반역자, 반도라고 고함쳤다. 병사들은 그들을 자기네 손에 맡기라고 아우성을 쳤다. 그날 아침 장군은 낭시 시정부가 주둔군 내 반도들의 압박을 받고 할 수 없이 총기병 부대를 그들 편에 가담하게 요청했으며, 총기병 부대는 도 지도부가 장군의 명령을 얻어 자신들에게 요청하면 그렇게 하겠다고 대답했음을 알았다.

부이예 장군은 12시 반에 병력을 낭시 쪽으로 이동시켰다. 2시 반 낭시에서 2킬로미터 지점에 도착했을 때 주둔군의 대표들이 장교들을 강제로 앞세우고 나타났다. 장군은 전과 똑같은 대답을 해주었다.

"드누 장군과 말세뉴 장군을 원한다. 3개 연대는 즉시 도성 밖으로 나가 본관이 지정한 곳에서 법의 집행과 명령을 기다리라. 연대마다 주모자 네 명씩 뽑아주면 국회로 호송해서 심판을 받게 하겠다."

그들은 한 시간만 여유를 달라고 말했다. 장군은 그렇게 해주었고, 4시에 약속한 시간이 끝났다. 그는 자원자들을 모아 전위대를 만들어 도성 문으로 접근시켰다. 이제 전위대는 문에서 대포 한 방 쏠 수 있는 거리에서 조금 먼 곳까지 다가섰다. 스탱빌 문이 열리고 반란군이 설치한 대포 5문이 보였다. 그 문 앞으로 가는 진압군은 모두 6문의 대포를 끌고 갔다. 4킬로그램짜리 포탄을 쏘는 대포 2문과 2킬로그램짜리 포탄을 쏘는 대포 4문이었다. 진압군은 먼저 큰 대포 2문과 소총에 장전했다. 그곳에는 반란군과 무장한 민중이 대포를 설치해놓고 있었다. 또 시정부 대표단과 왕의 연대 장교들이 부이예 장군을 찾아왔다. 장군은 그들로부터 항복하겠다는 전갈을 받고 반란군에게 노트르담 문으로 도성을 빠져나가 벌판에 모인 뒤 다음 명령을 기다리라고 말해서 돌려보냈다. 시정부 대표가 부이예 장군과 병력의 숙소를 마련할 전령을 파견해달라고 부탁하자 장군은 메스 국민방위군을 뽑아준 뒤 그들이 낭시로 들어가는 것을 보면서 노트르담 문을 향해 갔다. 그사이에 프레몽 장군은 스탱빌 문에서 200걸음 앞까지 다가갔다.

부이예 장군은 곧바로 전위대에게 다가가 아무런 적대행위를 하지 말라는 명령을 내리려 할 때 총소리를 들었다. 그와 동시에 주둔군의 일부가 전위대가 다가선 스탱빌 문의 맞은편으로 나왔다. 장군은 자원자들을 앞장세워 대포 2문을 끌고 길을 막는 자들을 공격하도록 명령했다. 그는 주둔군이 이미 도성 문을 나가 명령을 기다리고 있으니 반란군은 어서 문을 열고 항복하라고 촉구했다. 그러나 그들은 산탄을 장전한 대포를 쏘고, 화승총을 쏴서 중대장, 장교 두 명, 선봉에 선 자원자들의 절반을 죽였다. 전위대의 나머지 자원자들은 일제사격으로 응수하면서 문으로 돌진했다. 이제 진압군 병력을 자제시킬 수 없을 만큼 상황은 악화되었다. 부이예 장군은 척탄병들과 스위스 병사들을 보내서 전위대를 지원하도록 했다. 그들은 문으로 쳐들어가 대포를 빼앗고 만나는 반란군을 죽이면서 시내로 들어가는 관문을 열었다. 장군은 기병 100명을 데리고 그들의 뒤를 따라가면서 싸웠다.

진압군이 낭시로 들어간 뒤 사방이 더욱 혼란스러워졌다. 낭시 시정부의 철수명령을 받은 국민방위군은 명령을 즉시 따르지 못했다. 명령서를 받고 초소에 배치된 국민방위군은 철수명령을 명령서로 받지 않는 한 움직이려 들지 않았다. 또 어떤 국민방위군 부대는 철수명령을 따르고자 하는 사람들을 윽박질러 무기를 들고 초소에 남게 만들었다. 특히 낭시에 들어온 외부 국민방위군들이 그런 식이었다. 그들은 흩어진 반란군 병사들과 합류하고 집집마다 들어가 지하실과 창문에서 거리를 향해 총을 겨누고 진압군을 기다렸다. 그들은 진압군에게 쫓기면 또 다른 거리로 도망쳐 똑같은 일을 되풀이했다.

부이예 장군의 진압군은 스탱빌 문에서 불시에 총격을 받았지만 곧 사태를 주도하면서 스탱빌 문으로 들어갔다. 스타니슬라스 문으로 접근하던 진압군도 저항을 받았다. 철문은 닫혀 있고 철책과 이웃집의 창문에서 총탄이 쏟아졌지만 진압군은 대포를 쏴서 철책 문을 부수고 낭시 문안으로 들어간 뒤 에스플라나드 거리로 진격했다. 부이예 장군은 병력을 나눠 주요 지점들을 확보하도록 했다. 그때 부이예 장군이 데리고 간 병력은 보병 2,400명, 그리고 메스, 툴, 퐁타무송과 인근 지역의 국민방위군 600~700명 정도였는데, 반란군과 무장한 민중은 부이예 장군의 추산으로 1만 명 정도였다. 이들이 길모퉁이 집의 지하실 채광창과 2층 창문에서 총을 쏴댔지만 진압군은 계속 나아갈 수 있었다. 진압군은 시내에서 반란군 병사와 같이 다니던 국민방위군을 진압하고 이들이 방패막이로 세웠던 국민방위군 사령관을 구해주었다.

소수인 진압군이 다수의 저항세력을 차근차근 물리친 것은 국회가 제정한 법을 집행한다는 정당한 명분문제와 함께 의사소통의 한계 때문이라고 말할 수 있다. 반란군 대표들은 부이예 장군과 면담할 때 여러 가지 제복을 보고 병력을 처음에는 3만 명까지 추산했다가 나중에는 1만 5,000명으로 추산했다. 반란군은 실제로 소수인 진압군에게 정신적으로 졌다. 러시아 혁명에서 소수파가 다수파처럼 알려져 볼셰비키 혁명이 성공한 예와 비교할 수 있지 않을까?

시내는 아비규환이었다. 어떤 기병 장교는 부상을 입은 채 살려달라고 울

부짖는데, 그를 학대하던 사람은 오히려 그의 머리에 권총을 발사해 죽여버렸다. 어떤 신부가 죽어가는 사람을 업고 가는데 미친 듯한 병사가 그 앞을 가로막더니 소총 개머리판으로 죽어가는 사람의 숨을 끊어놓았다. 창문에서 총을 쏴서 기병을 땅에 떨어뜨린 사람들이 거리로 뛰쳐나와 기병의 몸을 뒤져 물건을 가져가기도 했다. 이것은 대체로 반란군에 대한 증언을 토대로 구성한 내용이다.

그러나 반란군이나 진압군이나 전투 중에는 사람의 탈을 쓴 악마가 될 수 있다. 자신이나 동료가 공격받으면 공격자나 그 편에게 잔인한 짓을 서슴지 않는다. 게다가 무법천지가 되니 약탈까지 일어난다. 전투가 끝나면 승자 편에서 사실을 정리하는데 상대방이 무척 잔인했기 때문에 벌을 받아야 마땅하다고 기록하게 마련이다. 반란군의 적대행위가 벌어질 순간 그 앞을 가로막은 데질의 영웅적인 행위는 두고두고 칭찬받고, 또 네 발의 총격에 중상을 입고 쓰러진 그를 구해준 열여덟 살짜리 국민방위군 병사 에네르도 칭찬받는다. 그런가 하면 움베르의 아내는 대포 심지에 불을 붙이려는 병사들을 설득하다 못해 물을 길어다 심지에 끼얹었다. 이렇게 해서 그는 포격을 막아 진압군의 피해를 줄여주기도 했다.

진압군은 반란군이 마련한 교두보와 초소와 집을 하나씩 빼앗으면서 그들을 구석으로 몰아갔다. 주둔군의 다수가 도성 밖으로 나간 상태에서 그들과 떨어져 싸우던 반란군은 이미 정신적으로 졌으면서 버티는 형국이었기 때문에 사기가 완전히 떨어졌다. 마침내 저녁 7시, 가장 끈질기게 저항하던 샤토비외 연대의 반란군은 사살되거나 붙잡혔다. 낭시 시정부의 매장보고서는 그날의 사망자가 94명이었다고 하는데 부상자는 훨씬 많았으며 이들 가운데 나중에 사망자에 추가되는 경우도 있었다.

메스트르 드 캉 연대의 반란군 대부분은 도성 밖으로 도주해서 4킬로미터 떨어진 샤르트뢰즈 수녀원으로 물러났다. 그들의 분견대 하나만이 병영에 머물다가 이튿날 새벽에 떠났다. 왕의 연대는 자기 병영에 틀어박혀 있다가 부이예 장군의 명령에 복종하겠다는 의사를 전했다. 부이예 장군은 혼자서 그들의 병영으로 찾아갔다. 그들은 전투대형으로 서 있다가 장군을 보더니 무기를 내려놓겠다고 외쳤고 후회하는 모습을 보여주었다. 장군은 그들이 무슨 잘못을 저질렀는지 알려주었다. 그러자 그들은 자신들이 적대행위를 시작하지 않았음을 강조했다. 장군은 그들에게 도성 밖으로 나가 베르됭으로 가라고 명령했다. 8시에 그들은 진압군의 손에서 자신들을 안전하게 지켜달라고 요구한 뒤 장군이 배정한 기병 분견대의 보호를 받으며 길을 떠났다.

부이예 장군이 왕의 연대 병영을 찾아간 동안 시내에서는 여기저기서 총소리가 났지만 8시에는 멎었다. 장군은 샤토비외 연대의 패잔병들에게 즉시 장교들과 함께 비크 에 마르살을 향해 출발하라고 명령한 뒤 낭시 시청을 방문했다. 그는 도 지도부와 시정부 요원들과 함께 질서를 회복하는 방안을 논의했다. 진압군 순찰대들이 낭시 시내를 돌면서 무장한 사람들을 모두 체포했다. 고통스러운 밤이었지만 비교적 평온하게 지나갔다. 9월 1일, 낭시는 평온하게 하루를 시작했다. 평화를 되찾은 시민들은 대체로 만족한 모습이었다. 부이예 장군은 진압군의 일부를 몇 개의 주요 지점에 배치했다. 그는 낭시에 루아얄 리에주아 부대원 300명을 포함해 스위스인으로 구성된 3개 대대, 5~6개 기병중대만 남겼다. 그는 400명이 넘는 반란군 포로를 한군데로 모았다. 그는 가장 무거운 죄를 지은 자들을 가려내서 검찰에 넘겼다.

부이예 장군은 낭시 시민들에게 자기 임무를 완수했다고 선포했다. 곧이어 그는 국민방위군이 자신을 돕지 않았다는 사실에 놀랐다고 심정을 토로

했다. 도와 시는 부이예 장군에게 일종의 독재권을 주고자 했다. 그들은 장군에게 치안과 행정을 정상화시킬 명령과 함께 국민방위군을 개혁할 안을 내놓아달라고 요청했다. 그리고 반란행위에 가담했다고 지목한 사람들을 가두고, 애국자 클럽을 수색해서 문서를 압수해달라고 요청했다. 그들의 문서가 낭시 주둔군이 그릇된 길로 빠지고 낭시를 불행하게 만들었다고 생각했기 때문이다. 이처럼 도와 시는 다시 한번 보수적 성향을 드러냈다.

부이예 장군은 반란군 포로들을 적절히 처리하는 방안을 전쟁대신에게 묻는 한편, 샤토비외 연대의 스위스 병사들에 대해서는 2개 스위스인 연대의 전쟁위원회의 결정에 따른다는 방침을 세웠다. 스위스 병사들은 모두 그 출신 지역(스위스의 캉통)의 관례와 스위스 병사의 지위에 관한 법으로 다스리는 것이 관행이었기 때문이다. 부이예 장군은 낭시 반란에 가담한 스위스 병사들 가운데 상당수가 교수형을 받으리라는 사실을 예측할 수 있었다. 외국에서 용병 노릇을 하는 스위스인들에게 용맹은 말할 것도 없고 고용자에 대한 충성심이 가장 큰 덕목이기 때문에 반란군에 대한 벌이 대부분 혹독하다는 사실은 불을 보듯 뻔했다. 9월 4일, 이지에 스위스인 연대와 카스텔라 스위스인 연대의 합동군사재판소는 샤토비외 연대의 스위스 병사 23명에게 사형을 언도하고, 41명에게 30년간 군선의 노를 젓는 벌을 내리는 한편, 71명을 샤토비외 연대의 군사재판에 회부하라고 결정했다.

진압군의 인명피해도 컸다. 전사자가 비록 300명을 넘지는 않았지만 유능한 장교를 많이 잃었다. 자원자들로 만든 전위대를 이끌었던 비지에 연대의 대위를 잃은 것이 부이예 장군에게는 아주 큰 손실이었다. 메스와 인근 지역에서 동원한 국민방위군들도 열심히 용감하게 싸워 충성심을 보여주었다. 그중 메스 국민방위군 30명과 부연대장이 희생되었다. 부이예 장군은 이 희생자들이 남긴 아내와 자식들을 국가가 돌보도록 부탁했다. 부이예 장군은 진압군이 반란군에 대해서 될수록 너그럽게 대했다고 전한다. 진압군 병사들은 용맹스러우면서도 관대했고 또 절제할 줄 알았다고 기록은 미화한다. 예를 들어 그들은 잔인한 공격에 반대하고, 반란군이 숨어서 총을 쏘던 집도 거의 파괴하지 않고 재산에도 손대지 않았다고 했다. 또 몇몇이 지나치게 행동하고 과잉방어를 했다 하더라도 그것은 개인적인 일탈이었으므로 전체를 탓할 정도는 아니라고 했다.

부이예 장군은 자신이 국회가 제정한 법을 집행하러 왔을 뿐이라고 거듭해서 말했다. 자신의 병력은 오직 반란군을 진압하는 데 꼭 필요한 힘이었고, 거기에만 쓰면 그만이기 때문에 낭시에서 그 어떤 행정권도 행사하지 않겠다고 분명히 말했다. 그러니까 모든 행정가는 자기 일을 평화롭게 수행하면 된다고 말했다. 그러나 시정부가 거듭 요청하자 부이예 장군은 그들이 자기 임무를 제대로 이해하지 못한다는 사실을 알게 되었다. 그래서 그는 시청에 국민방위군 병사 한 명을 보초로 세우고, 군사적인 일만 처리한 뒤 9월 2일에 진압군 병력을 움직여 낭시에서 나갔다.

10
일상으로 돌아가기

8월 31일 화요일에 국회에서는 아직 낭시의 사태가 어떻게 발전하는지 모른 채 공무원의 봉급문제를 토론하고 있었다. 그때 전쟁대신 라투르뒤팽이 30일 국회의장에게 쓴 편지가 왔다. 전쟁대신은 29일에 부이예 장군이 급히 전한 편지를 동봉했다. 알렉상드르 드 라메트 의원은 이 편지를 군사·보고·조사 3개 위원회의 합동위원회에 넘겨 대응책을 마련토록 하자고 제안했다. 더욱이 낭시 출신 의원 프뤼농도 29일 새벽 4시 반에 시정부가 보낸 편지를 공개했기 때문에, 합동위원회가 급히 검토를 시작해야 한다고 여러 의원이 나섰지만, 로베스피에르는 좀더 신중하게 접근하자고 주장했다.

"나는 성급히 결론을 내리자는 제안에 반대합니다. 우리는 사실을 주의 깊게 살펴야 합니다. 이 사건의 원인을 깊이 캐려면 합동위원회의 의견뿐 아니라 대신들의 보고서도 면밀히 검토해야 한다고 생각합니다. 우선 이 자리에도 낭시의 국민방위군 대표들이 와 계십니다. 먼저 그분들의 의견을 들어보도록 합시다."

그렇게 해서 에므리 의원이 낭시의 시정부가 보낸 27일과 28일의 사건 보고서를 낭독했다. 에므리 의원은 낭독을 마친 뒤 이렇게 말했다.

모든 상황이 라 뫼르트 도와 이웃의 모든 도가 끔찍한 비극에 봉착하리라고 위협합니다. 부이예 장군은 오늘이나 내일 중 모든 조치를 취할 수 있습니다. 반란군은 부이예 장군의 군대가 제대로 모일 수 없도록 방해합니다. 그들은 부이예 장군의 병력이 반혁명을 준비한다고 선전합니다. 그렇게 해서 장군을 돕는 사람보다 적을 더 많이 만들어냅니다. 먼저 지휘관을 향해 폭력을 행사하던 병사들은 이제 자기 동료를 향하고, 결국 시민들을 향해 폭력을 행사하지 않겠습니까?
지금은 반란이 왜 일어났는지, 병사들의 요구가 정당한 것인지 따질 때가 아닙니다. 그것은 평화를 되찾은 다음에 해도 늦지 않을 일입니다. 그들은 이미 여러분이 만든 법을 무시했습니다. 그러므로 한가하게 법이나 만들고 있을 때가 아닙니다. 법을 집행해야 합니다. 왕이 법을 집행하라고 명령하면 거기에 따라야 할 때입니다. 명령에 복종할 준비가 된 사람들을 믿어야 할 때입니다. (……) 부이예 장군은 맹세하고 또 했습니다. 그는 명예를 지키는 사람입니다. 여러분은 이 장군의 용맹과 메스 국민방위군의 가치를 믿어주셔야 합니다. 나는 이 시민 병사들에 대해 칭찬을 아끼지 않겠습니다. 사실 그들의 용기를 칭찬하는 일은 쓸모없습니다. 그래서 지금까지 국회에서 여러 번이나 칭찬을 아꼈던 것입니다. 그러나 오늘 나는 그 어떤 국민방위군보다 메스의 국민방위군이 조국에 가장 필요한 존재라고 말하지 않을 수 없습니다. 수없이 소요가 일어났지만 항상 그들이 진압해서 공공의 평화를 지켰습니다. 이제 내가 이렇게 얘기한 이유를 말씀드리겠습니다. 여러 의원님께 한 가지 조치를 내려주십사 부탁드립니다. 그 조치를 다음과 같은 법안에 담았습니다.

"국회는 부이예 장군이 전쟁대신에게 보낸 편지를 읽고 또 군사위원회의 보고를 들은 뒤 다음과 같이 선언한다.

첫째, 낭시에 평화를 회복하기 위해 왕이 내린 현명한 조치를 전적으로 신뢰한다.

둘째, 국회는 부이예 장군이 왕의 명령으로 국회의 법을 집행하면서 행한 모든 것을 승인한다.

셋째, 반란군에 합류하는 모든 사람은 끝까지 추적해서 색출할 것이다.

끝으로, 왕에게 도 지도부에 명령해서 부이예 장군이 낭시의 평화를 회복하는 데 필요하다고 생각하는 모든 조치를 취할 수 있도록 요청한다."

낭트 세네쇼세 제3신분 출신 코탱 의원이 즉시 이러한 법을 제정하면 내란이 일어날 것이라고 경고했지만, 라로슈푸코 의원은 데므리 의원의 안을 지지한다고 하면서 표결에 부치자고 말했다. 그러자 낭시에서 의사로 활동하다가 28세에 전국신분회에 나가 제헌의원이 된 장 바티스트 살 의원이 로베스피에르 의원의 제안에 귀를 기울이자고 호소했다. 살 의원은 의정활동에서 발언을 많이 하지는 않았지만 언제나 가장 과격한 혁명가들과 뜻을 같이하는 사람이었다. 낭시 출신 의원들이 살의 의견에 잇달아 동조한 뒤 의장은 과연 낭시에서 온 국민방위군 대표들의 말을 들을 것인지 말 것인지를 투표로 결정했다. 낭시의 대표들은 네 가지로 자신들의 임무를 요약했다.

"왕의 연대 대표 여덟 명의 석방을 요청하는 일, 낭시의 주둔군이 법에 복종하며 선처를 바란다는 청원을 제출하는 일, 주둔군의 반란을 조사하고 심사하는 일, 그리고 8월 6일의 법을 완화해달라고 청원하는 일."

여기서 마지막으로 언급한 8월 6일의 법은 "이 법을 제정한 뒤에 발생하는 반란에 가담한 자를 역적으로 간주한다"는 취지의 제7조가 문제였다. 낭시 주둔군은 이 법에 따라 모두 역적이 되었기 때문에 죽음을 두려워했고 그래서 더욱 심하게 반발했던 것이다.

낭시 바이아주 제3신분 출신 프뤼농 의원이 말했다.

"(낭시의 대표들은) 시정부가 조금도 잘못하지 않았다고 합니다. 그들은 이성性이 아무 일도 할 수 없었다고 말했습니다. 오늘 그렇게 관대해서는 안 될 순간입니다. 프랑스의 안녕이 낭시에 달렸습니다. 봉기는 전염성이 있습니다. 그것을 힘으로 누르지 않는다면 왕국의 중심까지 번질 것이며 곧 파리에서도 봉기가 일어나겠지요."

낭시의 시장을 지낸 아드리엥 뒤케누아 의원이 말했다.

"8월 6일 국회는 법을 제정했습니다. 그런데 낭시의 주둔군은 그 법에 대

타르제의 아기: 1) 타르제 2) 원장신부 포셰 3) 성 파풀루스 4) 에기용 5) 테루아뉴 양(테루아뉴 메리쿠르).
이것은 헌법이 타르제의 작품이라는 풍자화다(작자 미상, BNF 소장).

"맛을 봐야 알겠지." 왕의 절대거부권과
일시거부권에 대한 희화(작자 미상, BNF 소장).

프랑스 헌법을 상징하는 그림
(작자 미상, BNF 소장).

몽둥이 찜질을 당하는 돈 장사꾼(작자 미상, BNF 소장).

가로등 거리의 귀족주의자, 가로등은 목을 매다는 도구였다
(작자 미상, BNF 소장).

귀족주의자들을 사냥함(작자 미상, BNF 소장).

해 봉기하지 않고 반란을 일으켰습니다. 장교에게 복종하지 않는 것도 모자라서 가두고 공격한 병사들은 반란군입니다. 이러한 무질서를 진압하지 않으면 무질서는 오히려 자유가 될 것입니다. (낭시) 시정부와 국민방위군은 질서를 되찾으려고 무진 애썼습니다. 그들의 봉사를 정당한 것으로 인정하면서 특히 시정부 관리들의 열의와 애국심을 칭찬하고 싶습니다. 데므리 의원이 발의한 법안에 대해 나는 수정안을 만들었습니다.

오직 행정부에만 명령을 내려 부이예 장군과 힘을 합쳐 국회가 제정한 법을 집행하도록 해야 한다고 생각합니다. 이러한 조치는 진정한 신임장일 뿐입니다. 내게 가장 소중한 가족은 대부분 낭시에 있으며 질서를 지키기 위해 무기를 들고 있습니다. 질서가 없다면 자유도 없기 때문이지요. 나는 여러 의원님께 한시바삐 명령을 내려달라고 간청합니다. 낭시에서 온 대표단도 나와 같은 생각입니다."

이 문제에 대해 한마디만 하겠다면서 라파예트 의원이 나섰다.

"조사를 해보면 누가 소란을 일으켰는지 밝혀지겠지요. 그러나 지금 우리는 미묘한 상황에 처했습니다. 훌륭한 시민이라면 어떤 의견을 가졌을 터이며 또 반드시 그것을 밝혀야 하기 때문에 미묘한 상황이라는 것입니다. 내 의견은 부이예 장군에게 국회의 승인과 그것을 증명해줄 증인이 필요하며 우리는 그에게 필요한 것을 주어야 한다는 것입니다. 나는 부이예 장군을 위해, 복종하는 군대를 위해, 그리고 자유로이 창설되어 자유를 위해 죽을 것이며 헌법과 법을 지킬 필요가 있는 곳이면 어디건 항상 출동할 국민방위군을 위해, 국회의 승인과 증인을 강력히 요구합니다."

오세르의 클레르몽 세네쇼세 제3신분 출신 고티에 드 비오자 의원은 합동위원회에서 이 문제를 검토한 뒤 해결책을 마련하게 하자고 촉구했다. 베지에 세네쇼세 종교인 의원으로 원장신부인 구트는 애국심으로 명망 높은 시민 두 명을 파견하자고 제안했다. 그는 파리 국민방위군 사령관인 라파예트를 추천하면서 국회가 제정한 법을 버리자는 뜻이 아니라 장교와 병사 가운데서 누가 반란의 주모자인지 가려내자는 뜻이라고 강조했다. 자신이 온화함과 정의를 배우고 실천하는 종교인이기 때문에 화해의 수단을 찾고 싶다면서 그는 "피를 보기 전에 쓸 수 있는 모든 수단을 강구하자"고 말했다. 물랭 세네쇼세 귀족 출신으로 얼마 전까지 백작 칭호를 가졌던 드 트라시 의원이 원장신부에게 동조하면서 조국과 법과 자유에 대해 잠시 말하더니 두 명 가운데 다른 한 명으로 부이예 장군을 추천했다. 의원들은 개인의 성향에서도 차이가 있었지만, 낭시의 경우에는 신분의 차이도 보여주었다. 종교인과 귀족은 진압을 당연한 것으로 보았고, 제3신분은 되도록 신중하게 처리해야 한다고 보았다.

이번에도 변호사 출신답게 궁지에 몰린 사람들 편에서 발언하는 로베스피에르 의원이 나섰다.

지금까지 발언한 의원들은 입을 모아 국가의 안녕이 가장 시급한 문제라고 말씀했습니다. 따라서 오직 평화를 사랑하고 법을 존중하는 감정만이 존재합니다. 이제는 우리가 동원할 수단을 검토할 때가 되었습니다. 우리는 먼저 봉기의 원인을 찾아야 합니다. 그래야만 우리가 효과적인 수단을 마련할 수 있을 테니까요. 이러한 원칙에 따라 나는 에므리 의원이 제출한 법안을 짚어보겠습니다. 이 법안은 부이예 장군이 왕의 승인을 받아 병사들에게 무력을 행사하는 조치를 승인하는 것입니다. 한편으로 훌륭한 조치일 수 있겠지만 공공질서를 혼란에 빠뜨리고 파괴할 수도 있는 조치입니다. 부이예 장군이 취할 군사적 조치가 가장 현명한 것이라고 생각하신다면 더는 할 말이 없습니다. 그러나 그 조치에 대해 의심하신다면 헌법의 안녕에 대한 문제를 생각하시기 바랍니다. 공공의 행복이 대신들의 손에 달렸다고 생각하십시오. 그러나 여러분에게 고발당한 사실들을 보면서 과연 장교들이 군대를 선동하려 했다는 사실을 외면하시겠습니까? 이렇게 속은 병사들, 애국심이 넘쳐 잘못을 저지르게 된 병사들을 진압하려고 다른 병사들을 보내다니 이게 과연 옳은 일입니까? 언젠가 여러분은 진압당한 병사들을 애국자로, 부이예가 동원한 군대에서 전제주의자와 귀족주의자가 매수한 자들을 보게 될 날이 올 것입니다.

진압의 임무를 맡은 장군은 자기 입으로 여러분에게 말했습니다. 사람들이 자기를 국가의 적으로 본다고. 바로 이 사실만 가지고 여러분에게 묻겠습니다. 과연 그 사람을 선택한 사람들은 죄인이 아닌지요? 그의 애국심을 보장하는 사람들이 있으며, 오랫동안 그는 시민의 의무를 수행하기를 거절했습니다. 그런데 그가 그 점을 후회한다고 했을 때 과연 진정성이 있는지 왜 의심하지 않으십니까? 국가의 안녕이 걸려 있을 때 개인의 도덕적 성품을 개별적으로 보장해줄 수 있는 길은 없습니다. 단지 낭시 주둔군에게만 눈길을 고정해서는 안 됩니다. 군대 전반을 한꺼번에 살펴야 합니다. 국가의 적들이 군대를 와해시키고자 했다는 사실을 부인할 수 없습니다. 그들은 선을 혐오하게 만들고 '노란 카드(불명예 제대증)'를 남발했습니다. 그들은 모든 부대를 봉기시키려고 선동했습니다. 그들은 병사들에게 명령을 내리고 그 명령이 적들의 작품이라고 설득하여 명령에 복종하지 않게 만들었습니다. 우리가 대신들과 군 지휘관들을 믿지 못할 이유를 증명하려고 길게 설명할 필요는 없습니다.

언제나 공공의 행복과 자유를 생각하는 국회가 병사들이 불복종, 봉기, 기강 문란의 정신에 휘둘렸음이 확실해질 때 병사들에게 벌을 주었다는 사실, 지휘한 죄건 복종한 죄건 결국 그 죄 때문에 죄인들이 확실한 벌을 받았다는 사실만이 병사들을 가장 효과적으로 믿게 만들 수 있습니다. 낭시의 경우, 나는 국회가 대표 네 명을 파견해 아까 이 자리에서 낭시 국민방위군의 대표들이 얘기한 사람들을 만나 사실을 입증하고 모든 군사적 조치를 멈추거나 최소한으로 줄이도록 하는 임무를 수행하게 하자고 요청합니다. 그들의 보고를 바탕으로 국회는 의견을 모아도 늦지 않을 것입니다.

로베스피에르가 앞으로 크게 주목받을 날이 오겠지만 1790년 8월 31일의 국회에서는 겨우 몇 명에게만 호감을 샀다. 그때 국회에서 의원들의 지지를 많이 받던 그르노블의 변호사 출신 바르나브 의원이 연단에 올랐다.

지금은 낭시에 질서를 회복하고 우리에게 고통을 주는 불행을 끝낼 시점입니다. 아주 효과적인 방법을 적용해서 인간의 슬기가 예상할 수 있을 만큼 확실한 성공을 거두도록 해야겠습니다. 아주 엄격한 태도를 잃지 않으면서 그렇다고 정의를 버리지도 않으면서 프랑스인의 피를 가장 적게 흘리는 방법을 택해야 합니다. 여러분이 지금까지 말씀하신 목적이 바로 이것이라고 생각합니다. 그럼에도 에므리 의원이 제안한 조치가 그 목적에 부합하지 않는다고 생각합니다. 우리가 제정한 법과 우리의 진정한 의도에 비추어볼 때 봉기한 3개 연대는 확실히 잘못된 길에 들어섰습니다. 그들은 지금까지 나온 요구사항에 승복할 수 없었을 것이며, 바로 이 같은 잘못과 저항으로부터 국가의 큰 재앙이 나올 것입니다. 여러분이 어버이 같은 견해를 적극적으로 표명하지 않는 한, 이 작전을 이끄는 유일하고 절대적인 지휘관이 스스로 인정하듯이 공공의 신뢰를 받지 못하는 한, 그가 마음에 둔 모든 수단을 동원한다 할지라도 봉기한 연대들은 저항할 것이며, 그 밖의 군부대들과 국민방위군은 자신들의 노력이 가져올 결과에 대해 더욱 믿지 못하고 또 그 노력을 아무런 쓸모도 없게 만들 것입니다. 따라서 나는 당장 포고문을 작성해야 한다고 믿습니다. 거기서 국회는 누구를 막론하고 죄를 지은 사람은 모두 처벌하겠다는 의지를 확고히 보여주어야 합니다. 그리고 국회는 모든 원인을 조사하겠으며, 정의를 수호하고 처벌을 확실히 하기 위해 질서를 되찾아야 한다는 사실을 밝혀야 합니다. 또한 국회는 각자 자기 자리로 되돌아갈 때 그들의 권리와 이익을 철저히 검토하겠으며, 국회가 결정을 내릴 때까지 아무도 다른 사람을 해칠 수 없다는 사실과, 모든 병사와 시민은 국가의 보호를 받을 것이라는 사실도 확실히 알려야 합니다.

이 포고문은 여러분이 제정한 법을 좀더 길게 설명하는 것과 다를 바 없습니다. 우리는 애국심이 뛰어나고 여러분의 신임을 받으며 현재 장군의 명령체계에 속한 공권력을 징발할 수 있는 위원들에게 그 포고문을 들려보내야겠습니다. 이렇게 해서 여러분은 정의와 평화를 가져오는 한편 복종을 요구할 준비를 갖춘 시민들의 어버이가 될 수 있을 것입니다.

'어버이'라는 말은 언제나 온정적이며 감동을 준다. 그래서인지 의원들은 이 말을 듣자마자 우레와 같은 박수를 보냈다. 혁명이 시작되어 민주주의 문화가 싹트는 시점에도 왕은 만민의 어버이이며, 그의 자식인 국회의원도 시민들의 어버이라고 생각하는 가부장적 문화가 여전히 살아 있었던 것이다. 바르나브는 의원들이 조용해지기를 기다렸다는 듯이 말을 이었다.

> 사람들은 저마다 정의를 기다릴 것이고, 만일 복종하지 않으면 모든 시민의 시선이 자신에게 집중되는 것을 느낄 것입니다. 군인들은 자신들을 억압했을 사람들에 대해 정의를 실현한다는 확신으로 다시금 안심하게 될 것입니다. 시민들은 여러분에게 도움의 손길을 내밀 것이고 감정과 힘을 단일한 목표에 집중할 것입니다. 따라서 나는 이 존엄한 국회와 정의와 인류애를 위해 내가 지금까지 설명한 의미의 포고문을 작성하자고 요청합니다. 그리고 특별위원을 두 명 임명합시다. 그들을 잘 선택하는 것은 이 조치를 성공시키는 데 굉장히 중요합니다. 이 위원들이 군사력을 징발해서 가지고 있다가 정의와 평화의 약속이 깨진 뒤에만 동원할 수 있게 합시다.

다시 한번 국회가 떠나갈 듯이 박수가 터졌다. 모든 의원이 바르나브 의원의 제안에 찬성하자 에므리 의원도 "이러한 정신으로 포고문을 작성한다면 더할 나위 없는 포고문"이 될 것이라면서 찬성했다. 곧 바르나브의 안을 투표에 부쳐 통과시키고 바르나브로 하여금 군사위원회와 함께 포고문을 작성하도록 의결한 뒤 4시가 되자 오전회의를 끝냈다. 두 시간 반 뒤 저녁회의가 시작되었다. 낭시에서는 부이예 장군이 한창 반란군 진압작전을 치열하게 수행하면서 시가전을 벌이고 샤토비외 연대 스위스 병사들을 궁지로 몰아넣고 있을 때, 파리에서는 국회의 군사위원회가 낭시에서 피를 흘리지 않고 평화를 회복하는 방안을 담은 포고문을 작성해서 의원들에게 보고했다.

군사위원회가 계획한 대로라면 왕이 임명하는 특별위원 두 명은 9월 1일 오전 중에 낭시로 출발해야 했다.

9월 1일 수요일. 국회에서는 아직 낭시 반란군 진압 상황을 모르고 있었다. 그날 의원들은 낭시에서 임무를 마치고 귀환한 파리 국민방위군 소속 페슐로슈로부터 8월 30일까지 활동한 내용을 보고받은 뒤 낭시에 대해 포고문을 반포하기로 결의했다. 그리고 이튿날인 9월 2일 국회는 전날에 이어 각급 지방정부 단체장의 급여에 대해 토론하던 중 왕의 편지를 받았다.

"과인은 라투르뒤팽에게 낭시가 질서와 평화를 되찾았다는 사실을 국회에 알리라고 했소. 그것은 모두 부이예 장군이 확고하고 방정하게 행동한 덕일 뿐 아니라 그의 명령을 수행한 국민방위군과 정규군이 법과 자신들의 맹세에 충실하게 행동한 덕분이오. 피를 흘리지 않았다면 질서를 회복할 수 없었다는 사실에 가슴이 아프오. 그럼에도 이번이 마지막이며, 앞으로 모든 군부대가 규율을 잘 지켜서 국가에 더는 참화를 입히지 않기만을 바라오."

국회의장이 왕의 편지를 읽은 뒤 총무가 전쟁대신의 편지를 읽었다.

"어제저녁 6시, 나는 낭시에서 온 편지를 받았습니다. 그것은 내 아들이 전하는 비공식적인 편지이긴 하지만 사실을 정확히 전한다고 믿으며 내용을 국회에 알려야 한다고 생각했습니다. 부이예 장군은 탈진해서 국회에 편지를 보낼 힘도 없다고 합니다.

부이예 장군은 국민방위군과 정규군을 프루아르로 집결시켜 국회가 제정하고 왕이 재가한 법을 읽어주었습니다. 모든 병력은 자신들의 임무를 수행하려는 의지를 확실히 보여주었습니다. 그동안 낭시에서 대표단이 도착했습니다. 장군은 반도들과 협상할 수 없다고 대답했습니다."

이 편지는 계속해서 우리가 이미 살폈던 상황에 대해 소상히 알렸지만,

아직 8월 31일의 진압작전에 대해서는 전하지 않았다. 9월 2일 저녁회의에는 특별한 단체가 국회를 방문했다. '파리에 거주하는 스위스인 단체'는 샤토비외 스위스인 연대의 반란을 소리 높여 규탄했다. 그들은 샤토비외 연대가 자유의 적들의 사주를 받아서 극단적인 행위를 했다고 말하는 한편, 부대의 탐욕스러운 지휘관들이 그러한 적들을 키웠다고 비난하면서 이렇게 말했다.

"게다가 귀족제도가 사라진 순간 모든 스위스인 부대들의 귀족주의 체제도 규율과 복종의 관계를 끊어버렸습니다. 국회는 스위스인 연대들의 조직을 바꾸지 않으면서 8월 18일에 이러한 체제를 인정했습니다. 그리하여 의도하지 않은 결과가 생겼던 것입니다.

우리는 이 법에 저촉되지 않는 한 국회가 우리 거류민의 권리를 보장하는 협약을 제정해주실 것을 바랍니다. 그래야만 우리는 우리를 입양해준 국가의 자식으로 마땅히 누릴 수 있는 권리를 누릴 것입니다. 그래야만 우리는 죽을지언정 비천하게 살지는 않게 될 것입니다.

우리는 모든 스위스인 부대에 복종과 절제를 권고하는 편지를 보내고 싶습니다. 그들이 지휘관에게 청원할 때는 반드시 합법적인 경로로만 하도록 권고하겠습니다."

모든 의원이 그들에게 박수갈채를 보내는 동안 튈르리 정원에는 당시 사태에 자극을 받아 흥분한 군중이 2만 명(또는 4만 명) 정도 모여서 웅성거리더니 마침내 "모든 대신을 해임하라!"고 구호를 외쳐댔다. 그들은 전쟁이 일어날 것 같은 절박한 때 대신들은 군대를 와해시키려는 음모나 꾸미고 있다고 생각했다. 레오폴트는 벨기에 지방을 공격하고 있었고, 에스파냐와 영국이 서로 으르렁대고 있을 때, 프랑스에서는 혁명을 지지하는 군대의 일부가 불명예 제대를 당하거나 살인자들에 의해 애국심의 대가를 치렀다는 것이다. 시위대가 대신들을 해임하라고 외치는 소리를 들은 우파 의원들은 겁을 먹고 회의실을 황급히 빠져나가거나 좌파 애국자들 틈에 뒤섞였다. 시위대의 일부가 떼 지어 전쟁대신의 사무실로 쳐들어갔다. 그러나 수비대가 대포 2문에 포탄을 장착하고 심지에 불을 붙이기 직전의 상태로 그곳을 지키고 있었다. 전쟁대신 라투르뒤팽은 생클루 궁으로 피신했다. 국회의원들은 군중이 반복하는 구호를 듣고 국민방위군에게 해산시키라고 명령했다. 다행히 큰 불상사 없이 군중은 해산했다. 그러나 이튿날에도 대신들에게 물러나라고 압박하는 시위는 계속되었다. 그 결과 대신들 가운데 네케르가 건강상의 이유를 대면서 급히 물러났다. 9월 4일에 국회의장이 그의 편지를 읽었다. 네케르는 파리와 시골에 있는 자기 명의의 집이 240만 리브르의 가치를 지녔는데, 단지 40만 리브르만 은퇴자금으로 가져가고 나머지 200만 리브르는 국고에 맡기겠다고 했다.

9월 3일, 전쟁대신 라투르뒤팽은 낭시의 부이예 장군이 부친 편지를 국회에 급히 보내서 의원들에게 진압군의 활동 결과를 알렸다. 부이예 장군의 편지는 지금까지 본 것처럼 진압과정을 설명한 뒤 이렇게 끝을 맺었다.

"나는 전쟁대신님의 명령을 받은 뒤 법의 이름으로 샤토비외 연대를 해고하는 일에 전념하겠습니다. 지금은 지난 며칠 동안 반도들이 약탈해서 우리를 향해 겨누었던 무기를 회수하고 있습니다.

말세뉴 장군은 총기병 부대와 함께 있습니다. 총기병들은 자기네 임무에 완전히 복귀했으며, 자발적으로 자기네 동료 가운데서 반란의 주모자를 20명 넘게 색출했습니다."

왕이 파견한 조사위원인 뒤베리에와 카이에가 9월 5일 낭시에 도착해서 6일 시정부에 나가 반란 사건을 조사하기 시작했다. 낭시는 두려움에서 완전히 벗어나지 못한 상태였다. 병사들은 애국심에 젖었고, 시민들은 혁명 초부터 자유의 원리를 보여주었기 때문에 병사들과 함께 음모를 꾸민 것처럼 보였다. 그들은 공공연히 욕을 먹었다. 법을 지키다가 숨진 사람들의 명예를 기리는 행사가 열릴 때, 여러 사람에게 거친 욕설을 하고 학대해서 그 자리에서 쫓아내는 일도 있었다. 8월 16일, 국회가 반란을 부추긴 자들에 대해 제정한 법이 그러한 행동을 정당화하는 근거였다. 그러다 보니 마치 애국심이 범죄를 저지른 것처럼 벌을 받았다. 삼색 표식은 자취를 감춰야 했다. 낭시 시정부는 국민방위군의 모든 중대장에게 중대의 무기를 거두어 각자 집에 보관하라고 명령했다. 국민방위군은 부이예 장군이 명령했던 대로 시청을 지키는 병사 한 명만 근무하게 하고 나머지는 아무런 근무도 하지 못하게 했다.

수많은 중대가 잇달아 자신들이 결정한 내용을 시정부에 보고했다. 그 결과를 종합해 한 가지 결론을 도출해보니 국민방위군을 개혁해야 한다는 것이었다. 그럼에도 각 중대는 자신들이 잘못하지 않았으며, 8월 31일에 반란군 편에 선 사람들은 도적떼가 국민방위군 행세를 해서 자신들의 명예를 땅에 떨어뜨렸다고 했다. 어떤 중대장은 국민방위군 중대들의 깃발을 모아 광장에서 태워버리자고 요구했다. 9월 3일에 왕의 대소인은 8월 31일 사태에서 일어난 모든 범죄를 추적하기 위해 고소장을 냈다. 진압군은 8월 31일에 무기를 든 사람을 모두 체포했지만, 이튿날부터는 법을 철저히 적용하기 시작해서 승리자들의 행동을 거듭 제약했다. 그럼에도 낭시의 감옥은 진압군과 그 협력자들이 체포한 사람들로 가득 찼다. 9월 5일에 왕의 조사위원들이 낭시에 갔을 때도 문을 닫은 상점이 많았고 낭시에서 도망치듯 빠져나가는 사람도 있었다.

부이예 장군은 애국파의 클럽을 닫게 해달라는 요청을 들어주지 않았다.

그 뒤 드누 장군은 루아얄 노르망디 연대의 장교를 데리고 시정부를 찾아가서 애국파의 클럽이 벌써부터 새로운 주둔군의 병사들을 받아들이고 있기 때문에 병사들이 옛 주둔군처럼 선동당하지 않도록 해야 한다면서 클럽을 폐쇄해달라고 요구했다. 시정부는 곧 조사위원 두 명을 임명하고 병사 30명을 붙여서 이 클럽의 회의장으로 보냈다. 이들은 수납장의 자물쇠를 열고 서류와 등록부를 마구 꺼냈지만 클럽 관계자를 입회시키지도 않았고 압수품 목록도 만들지 않고 시정부로 가져갔다. 시정부는 이 문서를 법원으로 보내 군사반란의 주모자들을 가려내고 기소하는 자료로 활용하게 했다.

반란이 일어나기 전에 주둔하던 병사 가운데 8월 31일의 무질서상태에서 가까스로 벗어난 병사들은 군복이나 먹을 것도 없이 숲속을 헤매면서 농촌 사회를 위협하는 존재가 되었다. 게다가 낭시 주위의 모든 마을은 낭시에 대해 분노와 복수의 감정을 노골적으로 드러냈는데, 특히 부이예 장군이 병력을 동원한 메스가 가장 반감을 보여주었다. 9월 1일, 메스에서 낭시로 되돌아간 건축가 리제는 낭시 시정부에 들러서 메스 주민들이 낭시의 모든 주민을 범죄자로 생각하는 한 낭시로 여행하지 않을 것이라고 말했다. 메스의 어떤 주민들은 낭시에서 가져간 소총 탄환을 납작하게 만들어 "낭시의 역적에게 복수를"이라고 새겨 단춧구멍에 달고 다녔다. 이러한 반감은 아마도 용감하고 충성스러운 메스인들이 낭시 문 앞에서 목숨을 잃었기 때문에 생겼을 것이다.

이처럼 대혼란을 겪는 와중에 왕의 조사위원들은 될수록 정확한 정보를 모으려고 노력했다. 그들은 강제적인 조치가 일부에게는 큰 영향을 미치겠지만 이롭다기보다 해로운 결과를 낳을 것이라고 믿었다. 그래서 사회의 질서를 회복하려면 무엇보다도 깊은 상처를 치유하고 도처에 국회의 권위와 왕의 덕을 골고루 느낄 수 있게 만들어야 한다고 생각했다. 그들은 자신들이 묵는 여관을 언제나 개방해서 모든 사람이 재산과 사회적 신분에 관계없이 자유롭게 드나들면서 의견을 말하게 했다. 그리고 9월 6일, 법원으로 하여금 그 어떤 시민도 사전에 고소당하지 않고 구속이나 구금당하지 않는다고 명령하게 했다. 그들은 그러한 조치로 상당히 좋은 결과를 얻었다. 이제 국민의 상징들이 다시 나타나고, 국민방위군이 제복을 입고 조사위원들 앞에 당당히 나타나 의견을 말한 뒤 치안업무를 시작하겠다고 했다. 왕의 대소인과 판사들은 사람들이 감옥에 갇힌 이유를 심사했다. 그렇게 한 뒤로 억울하게 갇혔다고 호소하는 사람이 한 사람도 없었다. 공식적으로 신뢰가 되살아났던 것이다. 상점이 다시 문을 열고 낭시를 떠났던 사람들이 되돌아왔다.

부이예 장군이 9월 2일 진압군을 끌고 낭시를 떠나기 전에 내린 군사적 조치는 알자스 지방에 주둔하는 병력을 낭시로 배치하는 것이었다. 그리하여 비지에 스위스 연대, 카스텔라 스위스 연대, 로칭 기병연대가 각각 왕의 연대, 샤토비외 스위스 연대, 메스트르 드 캉 기병연대 대신 낭시의 주둔군이 되었다. 낭시는 다시 평온해지면서 사람들이 냉정해졌고, 그동안 낭시 반란군과 소통한다고 의심받던 헌우회(자코뱅 클럽)에 관한 고발에 대해서도 조사에 착수해 그들이 지난 15일 동안 모이지 않았다는 사실을 밝히고 혐의를 벗겨주었다. 그들의 문서를 검토해보니 8월 16일의 법을 지키고 낭시 주둔군에게 법에 복종하라고 촉구했다는 증거만 얻을 수 있었다. 그래서 시정부는 헌우회에 문서를 돌려주었고, 이 애국자 단체는 평화롭게 활동을 재개했다.

무엇보다 낭시의 국민방위군을 재건하는 일이 가장 어렵고 오래 걸렸다. 왕의 조사위원들은 중대장들을 소집해서 국회의 법에 따라 새로 조직할 때까지 임시로 국민방위군 업무를 계속할 것이라고 알려주었다. 국민방위군을 새로 조직하는 일은 시간이 걸렸지만 큰 장애 없이 진행되었다. 9월 말 왕의 조사위원들이 낭시를 떠날 쯤에는 모든 중대장이 보관하던 무기를 손에 들고 각 부대기 아래 국민방위군이 다시 정렬하는 모습을 볼 수 있었다. 그리고 낭시에서 문제를 일으킨 주둔군에 대해서는 툴 시정부가 날마다 그곳 국민방위군과 인근 정규군의 자발적인 협조를 받아 관리하여 안정을 되찾았다. 더욱이 왕의 조사위원들이 메스로 돌아간 부이예 장군을 찾아갔을 때, 메스의 시민들은 조사위원들로부터 낭시 소식을 접하고 그동안 품고 있던 반감을 누그러뜨리게 되었다.

11
국회의 마무리

이제부터 국회에서 이 문제를 마무리하는 과정을 살펴보자. 9월 3일 국회는 부이예 장군이 전쟁대신에게 보낸 편지와 라 뫼르트 도 지도부가 국회로 보낸 편지를 받고 반란 진압의 후속조치에 대해 토론했다. 장군의 편지는 자신의 진압작전에 관한 것이었고, 도 지도부의 편지도 그동안 자신들이 겪은 일에 대한 내용이었지만 특히 언급할 만한 내용으로는 낭시의 법원에서 반란에 가담한 사람들을 재판하게 해달라는 것이었다. 먼저 낭시 출신의 프뤼뇽이 입을 열었다.

"(도 지도부의) 편지를 인쇄해서 널리 알려야 할 두 가지 이유가 있습니다. 첫째, 우리의 국민방위군이 얼마나 훌륭한지, 또 우리나라에는 이처럼 훌륭한 사람들이 100만 명이나 있다는 사실을 외국에도 알려야 하기 때문입니다. 둘째, 인민에게 군대야말로 헌법의 수호자임을 알려주고, 또 15만 명이 언제나 법의 적들을 향해 행진할 준비를 갖추었음을 알려야 하기 때문입니다. 그리고 우리는 국민방위군에게 감사하는 뜻과 그동안 숨진 시민들에 대한 애도의 뜻을 담는 한편 국회가 언제나 그들이 남긴 아내와 자식을 돌볼 것임을 분명히 하는 법을 통과시켜야겠습니다. 이렇게 말하기는 쉬워도 더 큰 슬픔을 말로 표현하지 못하겠습니다. 나는 또 국회가 라 뫼르트 도 지도부와 부이예 장군의 열정과 용기에 찬사를 보내자고 제안합니다."

프뤼농이 박수를 받고 물러나자 블루아 바이아주 귀족으로 자작 칭호를 땐 보아르네 의원이 연단에 올랐다. 그는 낭시의 가슴 아픈 상황에 대해 두 가지 조치가 필요하다고 말문을 열었다.

"하나는 아주 준엄한 조치여야 합니다. 그것은 군대를 늘 복종상태에 둘 필요성을 요구하는 조치입니다. 이러한 관점에서 여러분은 8월 16일의 법으로써 행정부로 하여금 부이예 장군을 임명하도록 허락했던 것입니다. 그 장군이 비록 부당한 비방에 시달렸다 할지라도 탁월한 군사적 능력과 덕성을 겸비하여 마땅히 추천받을 만한 인물이었습니다. 또 하나는 프랑스인 모두가 항상 좋아할 수 있는 화해와 평화의 수단을 관습화하는 조치입니다. 여러분이 주목했던 것은 바로 이것이었습니다. 3일 전 바르나브 의원이 슬기로운 의견을 내놓았습니다만, 8월 16일부터 31일까지의 기간은 두 번째 조치를 내놓기에는 너무 늦었습니다. 화해의 조치는 사건이 일어난 뒤에 나왔고, 평화회복의 조치는 내놨다 할지라도 별 성과가 없었을 것입니다. 준엄한 조치를 취했기 때문에 평온해졌습니다. 그래도 나는 부이예 장군이 31일의 법에 복종하지 않았다는 것이 유감입니다. 그는 훌륭한 군인이라면 누구나 그렇듯이 아직 미완성의 16일 법을 집행했습니다.* 법에 무조건 복종하는 것이 그의 의무였으니까요. 아마도 부이예 장군은 휴전협상을 하지 않았다고 비난받을 테지요. 그러나 스위스 연대는 무슨 자격으로 국민방위군과 프랑스 시민들이 낭시로 들어가지 못하게 막을 수 있었습니까? 또 조국에 불충한 연대가 무슨 자격으로 우리나라의 울타리 안에서 멋대로 법을 제정하고 법의 이름으로 프랑스의 도시에 진입하려는 국민방위군에게 총을 쏠 권리를 가진단 말입니까? 지휘관들, 병사들, 시민들은 복종해야 했습니다. 자연이 준엄하지 않은 방향으로 움직였다면 복종은 더욱 힘들었을 테지요. 그러므로 그들(진압군)은 칭찬받을 자격이 있습니다. 이제 법안을 올리겠습니다.

국회는 8월 31일의 법으로 지정한 조치들은 완전한 효력을 가진다는 사실을 확인한다. 그럼에도 국회는 낭시에서 사건이 잇달아 일어났으며, 지난 8월 16일의 법을 적용하여 질서를 회복하려고 여러 가지 조치를 취했다는 사실을 보고받고 다음과 같이 선언한다.

국회는 용기와 복종으로써 공공의 안녕에 힘쓴 국민방위군과 진압군의 행동을 승인한다.

국회는 부이예 장군의 행동을 승인하며, 이 가슴 아픈 상황에서 숨진 국민방위군의 명단을 연금위원회에 보낼 것이다."

르멘 세네쇼세 귀족 프랄랭이 일어섰다. 그는 르멘(앙주) 세네쇼세 귀족 출신이며 루이 15세 치세에 큰 역할을 했던 슈아죌 공작의 아들이었다. 대귀족 출신이었지만 혁명 초부터 여러 가지 개혁을 지지했고 외국에 망명하지 않고 험난한 시절을 견뎠다. 프랄랭은 단지 보아르네의 안을 지지한다고

---

* 8월 16일의 법은 낭시 주둔군에 대해 반역자로 다스린다고 했고, 8월 31일 국회에서 바르나브의 안을 받아들여 진압보다 화해를 앞세우는 포고문을 작성하기로 했다.

말했다. 라로슈푸코 리앙쿠르가 앞서 발의한 의원들에게 동감한다고 말문을 연 뒤, 국회가 부이예 장군의 행위를 승인하고 진압에 참여한 국민방위군과 정규군을 칭찬하며 그 혼란 중에 숨진 시민들의 유가족을 국가가 돌보게 한다는 내용의 법안을 발의했다. 알렉상드르 드 라메트는 국회가 가장 공평하게 법을 적용할 목적을 가지고 있음을 강조한 뒤 다음과 같이 발의했다.

"국회는 다음과 같이 명령한다. 국회의장은 왕에게 가서 국회가 낭시에 보낸다고 의결한 조사위원들이 즉시 낭시로 출발하여 평온한 상태를 유지하고 어떤 지위나 계급을 막론하고 죄를 지은 사람들을 벌한다는 원칙에 따라 사실을 정확히 조사하게 승인해달라고 요청해야 한다. 또한 낭시에 수립한 전쟁위원회는 이 조사위원들의 요청을 받은 뒤에야 활동을 시작할 수 있다."

낭시 출신 레니에가 국가의 안녕을 위해서 빨리 조사위원을 승인하자고 말한 뒤, 투렌 바이아주 귀족 출신 므누가 일어나 진압에 힘쓴 여러 주체에게 감사하자는 안을 냈다. 이어서 메스 제3신분 뢰데레가 낭시 사태로 숨진 동료 시민과 친구들, 그리고 유가족을 특별히 배려하자는 안을 제출했다. 이제 웅변가 리케티(구 미라보 백작)가 발언권을 얻었다. 그는 단 한마디만 하겠다고 하면서, 31일의 법으로 조사위원을 파견한다고 했으므로 그들의 보고를 기다리는 것이 현명하게 보인다고 말했다. 그러자 박수소리와 웅성거리는 소리가 동시에 들렸다. 그는 '한마디'라고 시작했음에도 말을 이어나갔다.

"국회는 이러한 경향을 보여주지 않습니다. 왜냐하면 토론이 끝났기 때문입니다. 그러나 나는 단 한 가지만 관찰하고 간단히 발의하겠습니다. 수많은 의원이 여러 가지 법안을 발의했지만 한 가지 주목해야 할 점을 놓친 것 같습니다. 정규군과 부이예 장군은 임무를 명예롭게 수행했습니다. 국민방위군은 임무 이상을 수행했습니다. 그들은 덕을 보여주었습니다."

이번에는 여러 사람이 치는 박수소리만 들렸다. 리케티는 다음과 같이 안을 내놓았다.

"국회는 라 뢰르트 도 지도부와 낭시 시정부의 열의에 감사하고, 부이예 장군의 명령을 받고 진격한 국민방위군이 낭시에 질서를 회복하면서 보여준 애국심과 용감한 시민정신에도 감사한다. 그리고 장군과 정규군이 임무를 명예롭게 수행했음을 인정한다.

이 2개 조항을 가장 앞에 집어넣어야 합니다. 그러고 나서 사실 조사, 과부와 자식들에 관한 사항을 열거해야 한다고 생각합니다."

일부 의원이 이제 표결에 부치자고 요구하는 사이에 로베스피에르가 연단을 노리고 그 곁으로 나섰다. 다시 한번 표결에 부치자는 사람들이 있었지만 로베스피에르는 꿈쩍하지 않고 리케티가 연단에서 물러나기만 기다렸다. 그러나 리케티는 그사이에 새로운 법안을 작성하여 읽었다.

"국회는 라 뢰르트 도 지도부, 낭시 시정부, 뤼네빌 시정부의 열의에 감사한다.

또한 부이예 장군의 명령을 받고 낭시에 질서를 회복하려고 진격한 국민방위군의 애국심과 용감한 시민정신에 감사한다.

데질의 영웅적인 헌신에 감사한다.

국가는 숨진 국민방위군의 부인과 자식들의 생활을 보살핀다.

장군과 정규군이 임무를 명예롭게 수행했음을 인정한다.

국회가 제정한 법에 따라 왕이 파견한 조사위원들은 즉시 낭시로 가서 평화를 유지하는 데 필요한 조치를 취하고 모든 사실을 정확히 조사한다. 그렇게 모은 자료는 지위와 계급에 상관없이 죄인을 벌하는 근거로 활용할 것이다."

국회에서 영향력 있는 의원들의 순발력을 리케티의 경우를 통해서 가늠할 수 있다. 그는 한마디만 하겠다고 하고서도 자기 차례만 되면 어떤 식으로든 할 말을 다해야 연단을 다른 의원에게 넘겼던 것이다. 로베스피에르는 여전히 연단 곁에 있다가 기회를 잡았지만 모든 의원이 이제 토론을 그만하자고 외쳤고 의장은 그날 회의를 끝마친다고 선언했다. 그때가 새벽 3시 반이었다.

9월 4일 아침 9시 반부터 회의를 시작했다. 전날의 회의록을 읽고 채택하고 나자 곧 전날 결정한 내용을 생클루 궁에 가 있는 왕에게 가져가 승인을 받아야 왕의 조사위원들이 낭시에 도착하기 전에 받을 수 있을 것이라는 데 의견을 모았다. 이튿날 회의에서는 프뤼농이 낭시 코뮌 의회가 결정한 내용을 공개했다.

"오늘 1790년 9월 2일, 코뮌 의회는 지난 며칠 동안, 특히 8월 31일 낭시에서 일어난 끔찍한 사건에 깊이 애통해하면서 다음과 같이 생각한다.

범죄자들의 처벌만이 죄인을 두렵게 만들고 앞으로 유사한 사건을 예방하는 유일한 방법이다.

법을 유지하고 생명을 바쳐 법을 존중하게 만든 충성스러운 군인뿐 아니라 용감하고 믿음직스러운 시민들은 자신의 형제를 해친 살인자들에게 준엄한 심판으로 보복할 수 있는 길을 기대할 권리가 있다.

지금까지 파악한 피고인의 수도 아주 많기 때문에 신속하게 재판할 필요가 있으며, 만일 시기를 너무 늦춘다면 우리에게 조국을 지킬 명분도 없다는 의심을 하는 사람들이 동요하여 질서를 해칠 우려가 있다.

이미 반란군 대신 낭시에 주둔하게 된 군부대들이 법을 집행하고, 장차 공공안녕의 적들이 다른 마음을 먹을 수 없도록 엄격하게 다스려서 본보기를 보여야 한다고 주장한다.

코뮌 의회가 디스트릭트 지도부의 명령을 통지받았기 때문에 이제 가능한 모든 수단을 동원하여 그 명령을 준수하는 일만 남아 있다.

코뮌 검사대리의 의견을 들은 우리 의회는 도 지도부와 디스트릭트 지도부가 국회에 보낸 청원에 찬동하기로 의결했다. 따라서 낭시 바이아주에 상고권을 허용하지 않는 최종심급의 재판권을 주어 지난 8월 31일 이 도시와 인근에서 일어난 모든 범죄와 국가 전복 음모의 피고인들을 심판하게 해달라고 간청한다. 이 재판은 낭시 바이아주가 이미 진행했고 앞으로 진행할 심문과 절차를 따를 것이다.

또한 이미 유죄로 밝혀지고 재판을 받은 범죄자는 공모자나 찬동자들에 대한 증거를 기다리지 않고 처형하도록 허락해주기를 간청한다.

서명인 의장 푸아르송, 총무비서 미셸"

프뤼뇽은 이 글을 공개한 뒤 한마디 덧붙였다.

"자기 형제와 친구를 지켜주러 간 국민방위군에게 창문에서 총탄을 퍼부은 사람들을 딱히 뭐라고 불러야 할지 그 흔한 단어 가운데 금세 떠오르는 말이 없을 정도입니다."

파리 귀족 출신 의원 뒤포르가 말했다.

"격정에 휩싸인 판사들이 최종심을 내리는 것은 위험합니다. 그렇게 한다면 평화를 회복하기는커녕 오히려 사람들을 더욱 격하게 부추길 것이 확실합니다. 판사들은 거리를 두고 재판해야 합니다. 그들은 공평한 태도를 유지해야 합니다. 따라서 나는 낭시 법원에 이 재판을 맡겨서는 안 된다고 생각합니다. 나는 왕의 조사위원들이 이 문제에 대해 어떻게 생각하는지 먼저 들은 뒤에 판단해야 한다고 생각합니다."

파리 제3신분 출신 데뫼니에 의원은 프뤼농이 성급한 결론을 내리고 있다면서 계속 조사한 결과를 지켜본 뒤 결정해도 늦지 않을 것이라고 말했다. 의원들은 데뫼니에의 의견을 채택하고 다른 안건으로 넘어갔다.

9월 9일 목요일 저녁회의에 베르사유의 국민방위군 대표단이 국회를 방문했다. 그들은 증언대에 서서 다음과 같이 말했다.

여러분, 우리는 한 사람(뒤프렐 중대의 중사 벨리에)의 제안을 받아 애국적인 안을 마련해서 이 자리에 왔습니다. 우리는 만장일치로 이 안을 국회로 가져가 조국의 아버지들이 집행해주십사 요청하라는 명령을 받고 이 자리에 왔습니다.

헌법유지, 법 준수, 질서회복, 국회가 제정한 법 집행, 이 모든 것이 우리 형제들로 하여금 낭시로 행진하게 만들었습니다. 그리고 그들은 자신들이 얼마 전 국가, 법, 왕에게 목숨 바쳐 충성한다고 한 맹세를 피로써 지켰습니다.

그들 편에서 싸우고 죽는 일은 우리에게 가장 신성한 의무였습니다. 그들의 넋에 합당한 존경심을 표하는 것은 정당한 일로서 현재 우리의 마음속에 가장 먼저 떠오르는 감정입니다. 그들을 추억하면서 우리의 존경심과 경의를 두고두고 표할 기념비를 세우는 것이 가장 열렬한 염원입니다.

단순하고 장엄한 피라미드를 낭시 도성의 문 앞에 세운다. 이 피라미드에는 다음과 같은 문구를 새긴다.

'여기 조국을 위해 숨진 수많은 병사 시민이 있노라.

자유 프랑스 제2년 둘째 달.'

여러분, 절대적으로 의무에 대한 사랑의 지배를 받은 프랑스 전체 인민을 위해 우리가 요구하는 기념비는 이런 것입니다. 그들에게 행복과 든든한 힘을 주던 아내와 자식과 어버이들은 그들의 재를 품에 안고 흘린 정당한 눈물을 더는 흘리지 않게 될 것입니다. 조국이 그들의 영예에 바치는 종교적 행위만이 그렇게 해줄 수 있지 않겠습니까?

이 계획과 관련한 양식, 형태, 세부사항은 여러분의 현명한 판단에 맡기겠습니다.

1790년 9월 6일 베르사유 국민방위군 총회에서 만장일치로 통과.

국회의장이 이들에게 답변했다.

"여러분이 국민의 대표들 앞에서 보여주신 염원은 용기와 시민정신을 강조하고 있습니다. 여러분은 조국을 위해 숨진 영웅들의 무덤 위에 꽃다발을 올려놓았습니다. 그분들은 목숨 바쳐 헌법을 수호하겠다는 맹세를 피로써 지켜내는 행운을 누렸습니다. 여러분의 회한은 감동적이며 남자답기도 합니다. 시민 병사들이여, 여러분은 용감한 사람은 짧지만 굵게 산다는 사실을 압니다. 또 용감한 사람의 죽음에 대해서는 그에 걸맞은 사람들이 칭송하면서 애석해합니다. 여러분은 그들의 무덤에서 고귀한 영혼을 달랩니다. 그들은 자유를 위해 숨졌기 때문에 우리 가슴속에 영원히 명예롭게 살아 있을 것입니다. 그들은 우리와 후손에게 자유를 보장해주기 위해 죽었습니다. 그들이 흘린 피는 법을 해치는 자들과 외부의 적들이 두려워할 사람들, 다시 말해 법의 친구들을 낳을 것입니다. 부디 이러한 적들은 법으로 무장하고 법을 지키기 위해 평온한 집을 떠나 전장으로 나간 뒤, 의무와 습관처럼 위험에 매혹된 진부한 무리들을 용감하게 정복한 프랑스인들이 어떤 사람들인지 찬찬히 살피기를 바랍니다. 여러분은 기념비를 세우자고 요구하십니다. 그들에게 수

여한 영원한 기념비는 바로 그들이 지켰고, 아니 차라리 구했다고 해도 좋은 프랑스 헌법입니다. 그것은 원기왕성하고 선량한 사람들에게 마땅히 바쳐야 할 숭배의 표시인 것입니다. 대리석과 청동은 언젠가 사라지겠지만, 위대한 행동에 대한 추억은 감정과 덕성처럼 영원할 것입니다. 국회는 여러분이 닮고자 하는 형제들을 기리고자 순식간에 열정을 보여주신 것을 보면서 만족합니다. 국회는 여러분의 청원의 목적을 숙고할 것이며 여러분이 회의에 참석할 명예를 드리겠습니다."

의원들은 베르사유 국민방위군의 청원과 국회의장의 답사를 회의록에 기록하기로 의결했다. 그리고 국회의장은 므누 의원에게 의장 자리를 맡긴 뒤 왕에게 법안을 승인받으러 출발했다. 여기서 우리는 국회의장이 얼마나 노련하게 대답했는지 알 수 있다. 그는 말을 빙빙 돌려가면서 결국 물질적인 기념비보다는 가슴속에 영원히 추억을 간직하자는 말을 한 뒤 자리를 떴던 것이다. 이 문제는 다른 계기에 다시 한번 불거졌다. 9월 14일 저녁회의에 생로의 국민방위군과 그 도시에 주둔한 앙굴렘 연대가 함께 국회에 청원서를 보냈다. 이들은 국회가 낭시에서 질서를 회복하기 위해 취한 조치에 무척 감사하는 동시에 그날 숨진 사람들을 추모하면서 "그들은 군 기강을 회복하기 위해 숨졌다"라고 새긴 기념비를 세워줄 것을 요청했다. 국회는 생로의 시민들과 주둔군의 애국심을 박수로 열렬히 환영하고 그들의 청원서를 회의록에 기록하도록 의결했다. 한두 지방의 국민방위군과 정규군이 국회에 낭시를 기리는 기념비를 세워달라고 요청한 것과 달리 파리에서는 직접 추모제를 열었다. 파리의 국민방위군이 낭시 사태 때 참모들을 보내 라파예트의 의지를 보여주면서 개입했던 것처럼 낭시 시민들의 죽음에 특별한 관심을 보여주었다.

12
파리 국민방위군의
추모제

9월 16일. 파리 시정부와 국민방위군의 대표단이 시장 바이이와 사령관 라파예트를 앞세우고 국회에 들어섰다. 바이이가 대표로 연설했다.

"여러분. 파리 국민방위군은 낭시에서 지난 8월 31일 공공질서와 군의 기강을 회복하려고 싸우다 숨진 시민들에 대해 깊이 애도합니다. 자유의 친구들은 법을 수호하고 헌법을 보존하기 위해 헌신한 사람들을 공식적으로 기념해야 한다고 생각하는 동시에 조국을 위해 몸 바쳐 봉사한 사람들 덕택에 조국이 영광스럽다고 생각하면서, 이 고귀한 시민들에 대한 영광스러운 추모제를 치르게 해달라고 시정부에 요청했습니다. 파리 시정부는 이 요청을 기꺼이 받아들여 9월 20일 월요일에 전국연맹제의 장(샹드마르스)에서 엄숙한 추모제를 거행하려 하오니 국회에서도 대표단을 보내시어 자리를 더욱 빛내주시기를 간청합니다. 입법가들이 보는 앞에서 법의 수호자들을 명예롭게 기리고 싶습니다. 조국을 지키겠다고 맹세하고 조국에 이 같은 명예를 안겨준 위대한 본보기를 좇으려고 약속한 시민들의 회한과 조국의 아버지들(국회의원들)의 회한을 뒤섞어 법의 수호자들을 기려야겠습니다."

바이이의 연설이 끝나자 국회의장인 뷔로 드 퓌지가 답사를 할 차례였다. 뷔로 드 퓌지는 프랑슈 콩테의 브줄 출신으로, 할아버지는 도매업자로 재산을 모으고 아버지는 돌 지방 회계검사원의 관직을 얻어 귀족이 되었다. 그는 1771년 21세로 메지에르의 공병학교에서 수학한 뒤 공병대에 복무했다.

또래보다 더 합리적인 판단을 한다는 평을 듣던 그는 사교계에 나갈 수 있는 여건을 갖추었지만 그 시대의 가장 훌륭한 저자들의 작품을 두루 읽고 과학에 관심을 가졌으며 브장송의 '완전한 단결Parfaite Union' 단체의 프리메이슨으로 활동했다. 1788년에는 프랑슈 콩테에서 122년 만에 부활한 지방신분회에 참여하다가 전국신분회로 진출했다. 그는 처음부터 제3신분 대표의 증원과 개인별 투표에 찬성했고, 1789년 6월 25일부터 제3신분과 함께 회의를 한 자유주의 귀족 47명에 끼어 있었다.

"낭시에서 자신의 맹세를 지키기 위해, 공공질서와 평화를 보존하기 위해, 열심히 싸우며 피를 흘린 용감한 프랑스인들에게 바치는 명예로운 추모제는 헌법의 고귀한 희생자로서 파리 시정부와 국민방위군의 애국심으로 봉헌해야 마땅할 것입니다. 국회는 이처럼 경건하고 시민정신과 형제애가 넘치는 행위를 승인하지 않을 수 없습니다. 여러분과 마찬가지로 국회도 제국을 구원하기 위해 엄격할 수밖에 없었다는 사실을 가슴 아파하고 있습니다. 그러나 자유를 누리려는 인민은 인류의 불행에 우는 온화한 동정심과 법에 대한 복종을 바라는 불굴의 강인함을 겸비할 줄 알아야 합니다. 여러분처럼 언제나 정이 많으면서도 헌신적이고 충직한 시민이여 부디 행복하시길, 그리고 국회는 여러분의 덕을 칭찬하며 모든 프랑스인에게 본보기로 보여주어 따르게 할 수 있기를 바랍니다. 국회는 여러분의 청원에 대해 의논하겠으니 참관하도록 하십시오."

국회의장은 파리 시장에게 답사를 늘어놓은 뒤 의원들에게 파리 시장이 언급한 대표단을 구성하는 문제를 물었다. 의원들은 그 자리에서 의원 40명의 명단을 추리고 나서 낭시 인근의 라 모젤, 라 뫼르트, 보즈 출신 의원들을 추가해서 국회 대표단을 구성하기로 했다. 9월 20일 월요일, 추모제에 최종

적으로 참석한 국회의원은 모두 24명이었다. 추모제에 대한 정보는 9월 21일 자 『파리 시정부와 섹시옹의 소식Journal de la Municipalité et des sections』에 자세히 실렸다. 참고로 국회의 대표단 일원인 베리 바이아주 귀족 출신 외르토 라메르빌(자작)이 9월 21일 오전에 보고한 내용 역시 신기하게도 그 기사와 대부분 똑같았다. 그 기사를 간추려서 추모제를 재현해보도록 하겠다.

'샹드마르스'는 1790년 7월 14일 이후 '전국신분회의 장'이 되었는데 9월 20일 추모제는 거기서 열렸다. 주변에는 검은 천을 내걸어 층계석에 꽉 들어찬 최소 20만 명에서 최대 30만 명의 구경꾼에게 침통한 분위기를 자아냈다. 국회 대표단 24명, 시정부 요원들, 1789년의 선거인단, 코뮌 대표들이 앉은 일종의 귀빈석은 군사학교 앞에 마련되었다. 그 안에도 역시 검은 천을 걸었고, 바깥은 검고 흰 천으로 꾸몄다.

행사장 한가운데 있는 조국의 제단에는 요새 모형과 군대 장식들을 올리고 검고 흰 천을 걸어놓았으며 주위에는 죽음을 애도하는 뜻을 가진 실편백나무를 둘렀다. 제단 네 귀퉁이에는 횃불을 켜놓고 가운데에는 향로와 등잔을 놓았다. 향로가 뿜는 짙은 연기 속에서 등잔은 침울한 빛을 내고 있었다. 회랑에도 제단처럼 천을 늘어뜨렸다. 제단의 네 면에서 다음과 같은 글을 읽을 수 있었다.

1. 1790년 8월 31일 낭시에서 조국과 법을 지키다 숨진 용감한 투사들의 영령이여

2. 조국의 적들아, 두려워할지니. 영령들이 본보기를 남겼노라

3. 대리석과 청동은 사라지지만 그들의 영광은 자유의 절대적 권위처럼

4. 바로 이 자리에서 영령들은 국가, 법, 왕에게 충성할 것을 맹세했노라

파리 국민방위군 소속 사제장인 생마르탱 신부가 중대 소속 사제 60명과 그 밖의 종교인들의 도움을 받으면서 미사를 집전했다. 그들은 모두 흰색 사제복을 입고 허리띠에 상장을 달았다.

아침 7시, 국민방위군의 모든 대대가 모였다. 부대기마다 상장을 달았다. 각 사단은 로마식 깃발에다 실편백의 관을 올려 비통한 음악에 맞춰 행진했다. 시장과 시정부 요원들이 튈르리의 선개교에서 국회 대표단을 맞이하여 국민방위군 병사들이 양쪽에 도열한 가운데 길을 따라 전국연맹제의 장까지 행진했다.

대포소리를 신호로 삼아 6개 사단이 시장 일행과 거의 동시에 행사장으로 들어섰다. 그들은 각각 6개의 다른 문으로 아무 말 없이 무기를 거꾸로 잡고 질서정연하게 입장했다. 어떤 사람은 두 달 전 전국연맹제가 열릴 때 사방에서 요란하게 박수치고 "브라보"를 연발하면서 즐거워하던 장면을 잠시 떠올리기도 했겠지만, 대부분 종교적으로 경건한 분위기에 압도되어 얼굴에는 깊은 슬픔만을 보여주고 있었다.

파리 국민방위군의 모든 대대가 자리를 잡았다. 7월에 전국연맹제에 참가한 뒤 아직 파리에 남아 있던 연맹군, 스위스 애국자 클럽의 대표들, 그리고 몇몇 직업인 단체가 이 엄숙한 추모제에 함께했다. 추모식장에 들고 들어간 모든 기를 조국의 제단 주위에 세우니 제단에 그늘이 졌다. 그러고 나서 추모식이 시작된다는 신호로 대포 네 발을 쏬다.

정오가 되자 파리 시내의 모든 교회가 일제히 종을 쳐서 추모제의 분위기

를 돌웠다. 추모제 동안 오페라 서곡과 몇 가지 행진곡을 연주했다. 아랍인의 북인 탐탐, 심벌즈, 작은북 소리가 어우러지다가 갑자기 멈추기도 하면서 사람들에게 가장 슬픈 감정과 함께 명상의 기회를 마련해주었다. 북소리가 성체 거양聖體 擧揚을 알리자 모든 전사가 하느님 앞에서 일제히 전광석화처럼 몸을 굽혔다.

미사가 끝나자 국민방위군 참모 한 명이 국회의 대표들에게 다가가서 말했다. "이제 종교인이 와서 시민들이 경건한 마음으로 세운 묘비 앞으로 안내할 것입니다." 대표들이 제단에 도착하니 국민방위군의 모든 지휘관이 그들을 둘러쌌다. 모든 사람이 추모제가 시작할 때처럼 끝날 때에도 진정한 슬픔에 젖었다. 모든 대대가 행진하기 시작하면서 추모제에 모인 모든 참관자들과 슬픔을 함께했다.

"불행하게 숨진 희생자들에 대해 이번에 흘리는 눈물이 마지막이 되게 하소서. 앞으로 전국연맹제의 장에 다시 오는 날은 헌법을 완성한 것을 축하하는 날이기를."

파리 시민의 절반 정도가 참관한 추모제는 이렇게 끝났고, 그 자리는 아주 경건했다. 20일 저녁 원장신부 구트 의원은 국회로 돌아가 추모제에 참가한 결과를 보고했다. 그가 튈르리 정원에서 시정부 요원들의 영접을 받고 추모제 행사장에 마련한 좌석까지 정중히 안내를 받았다고 얘기하자 우파 의원들 가운데 야유조로 웃는 사람들이 있었다. 그러나 구트 의원은 곧 말을 이었다.

"만일 지금 웃으면서 내 말을 끊은 분들도 감동적이고 장엄한 추모제에 참석했다면 내가 얘기하는 주제가 불러일으키는 존경심을 느꼈을 것입니다. 나는 그 때문에 꿋꿋이 이야기를 계속하겠습니다. 옛날 그 어떤 추모제도 오늘만큼 장엄하지 못했을 것입니다. 전국연맹제의 장은 검은 상장으로 덮였습니다. 바로 두 달 전 우리는 거기서 시민 병사들이 기쁜 마음으로 모든 조건에 용감히 맞서는 모습을 보았습니다. 오늘 우리는 그들이 슬픔에 젖은 모습을 보았습니다. 소란스러웠던 캠프장은 무덤 속 같은 침묵으로 바뀌었습니다. 엄숙하게 모여 있는 사람들에게 전쟁 음악이 구슬픈 소리를 전해주었습니다. 우리는 프랑스가 비탄에 빠져 다음과 같은 글을 듣고 있는 모습을 보았습니다.

'조국과 법을 위하여 (……) 모든 사람이 가슴속 깊이 슬픔에 젖었다. 슬픔이 너무 큰 나머지 제대로 묘사할 수 없도다.'"

추모제에 참석한 이야기를 들은 우파 의원들이 코웃음을 친 이유는 무엇일까? 그 이유를 자세히 알기는 어렵다. 그저 혁명에 대한 야유였던 것이 아닐까? 군에 혁명의 바람이 불더니 기강이 해이해지고 그 결과 반란이 일어나 사람들이 죽었는데, 그것도 멀리 낭시에서 죽었는데 파리에서 무슨 추모제를 지낸다는 것인지, 참 우스운 일이라는 뜻은 아니었을까? 일부 우파 의원들의 반응은 그렇다 치고 좌파는 모두 이 추모제를 긍정적으로 보았을까? 정확히 알 길은 없지만, 극좌파인 마라의 의견은 주목할 만하다. 9월 22일 마라는 『인민의 친구』에 아주 냉소적인 기사를 실었다.

이 정치적 코미디는 믿기 어려울 정도로 화려했다. 샹드마르스를 전부 검은 천으로 두르고 관람석은 눈물바다가 되었다. 이 허례허식을 성대히 치르기 위해 막대한 돈을 쏟아부었다. 지금이 어느 때인가. 극심한 가난에 시달리는 사람들이 굶어 죽는 판이 아닌가? 도대체 시정부는 무슨 권리로 그 따위 행사에 코뮌의 자금을 쏟아부은 것인가? 조국의 적들이 사치를 부리는 대가로

과부와 고아의 생필품을 살 돈을 쏟아붓고 모든 구區(섹시옹)는 고통을 받아야 하는가?

늘 극단적인 마라와 달리 카미유 데물랭은 『프랑스와 브라방의 혁명들』 44호에서 익살스럽게 말했다.

추모제는 겨우 2,000에퀴(1만 리브르)를 써서 치렀다. 거기에는 시정부 요원들이 먹은 밥값 2,500리브르가 포함되었다. 우리 조상처럼 그들도 과자와 헌주를 잊지 않으려고 애썼다.

그날 시정부 요원들은 부르고뉴 포도주 300병과 본 포도주 25병, 모두 389리브르를 술값으로 썼다고 한다.

13
합동위원회의
낭시 사태 분석

9월 하순에 국회는 왕이 낭시 군사반란을 조사하라고 파견한 뒤베리에와 카이에의 활동 결과를 기다리면서 여전히 산처럼 쌓인 일을 하루하루 처리하느라 바쁘게 지냈다. 조사위원들은 낭시에서 모든 임무를 마치고 9월 30일에 파리를 향해 떠났고, 그동안의 조사내용을 보고서로 정리하고 있었다. 그리고 10월 3일, 국회의장에게 편지 한 통이 왔다. 그때의 국회의장은 앞에서도 몇 번 등장한 메스 출신의 에므리 의원이었다. 여기서 에므리에 대해 좀더 자세히 알아보고 넘어가자. 그의 집안은 대대로 유대교도였다. 그러나 루이 14세가 1685년 퐁텐블로 칙령을 반포해 낭트 칙령을 철회하고 국교인 가톨릭 체제를 강화하자 상인인 할아버지가 3년 뒤에 가톨릭교로 개종하면서 그 집안은 프랑스인의 권리를 누리게 되었다. 그리고 메스의 트루아 에베세(3주교구)에 뿌리내린 제3신분의 집안에서 장루이 클로드 에므리가 1742년에 메스 바이아주 대소인의 아들로 태어났다. 그는 퐁타무송의 예수회 중등학교에서 공부하고 1760년부터 메스 고등법원의 변호사로 활약하면서 '필아텐 학회Philathènes(아테네 사랑 학회)'를 설립했다. 그는 1789년 6월 19일 법안기초위원회, 7월 6~14일 헌법위원회, 10월 1일 군사위원회, 10월 5일~11월 18일 보고위원회, 10월 20일~11월 24일 조사위원회에서 골고루 경험을 쌓았다. 1789년 8월 3일에는 국회의장 비서로 선출되어 봉사했고, 1790년 9월 25일과 1791년 3월 1일 두 번이나 국회의장으로 활약했다. 따라서 10월 3일은 에므리가 첫 번째 국회의장 임기를 수행하던 때였다. 에므리는 낭시에서 처음 발포할 때 대포 앞을 가로막아 싸움을 막아보려다 총탄을 맞고 쓰러진 데질의 아버지가 아들 대신 국회에 쓴 감사편지를 읽었다.

"의장님, 아직도 아들의 건강이 위험한 상태이기 때문에 의장님이 국회 이름으로 보내주신 편지에 직접 답장을 쓰지 못하는 것을 양해해주십시오. 그의 상태 때문에 저는 늘 불안하지만, 그 대신 국민의 대표들에게 얼마나 감사한지 알려드려야 할 의무를 하루라도 늦춰서는 안 된다고 생각했습니다. 아들에게 쏟아붓는 칭찬은 모두 과찬이라고 생각합니다. 당시 상황에서 주목할 만한 행동을 했다고 말씀하시지만 그는 국민이며 부대원으로서 마땅히 할 일을 했을 뿐입니다. 그는 프랑스 군인들 속에서 그리고 특히 그가 복무하는 연대에서 아주 흔히 볼 수 있는 본보기를 따랐을 뿐입니다. 그는 국회가 그에게 보내는 찬사와 그의 건강을 염려하는 각별한 관심을 과분하게 생각하면서 고마워합니다. 그와 제가 국회에 얼마나 감사하는지 의장님께서 대신 전해주시기 바랍니다."

마침내 10월 14일, 뒤베리에와 카이에는 낭시 군사반란에 관한 보고서를 왕에게 제출했다. 조사위원들은 낭시에 평화를 유지하는 한편, 사회적 지위나 계급과 상관없이 죄를 지은 사람들을 처벌할 수 있도록 모든 사실을 정확히 조사하는 임무를 수행했다고 말했다. 그들은 셀 수 없이 많은 사람의 증언을 들었다. 그들은 군인 100명 이상을 따로 불러 공평하게 대우하겠다고 약속한 뒤 한 명씩 심문했다. 그들은 장군부터 병사까지 똑같이 대접했다. 그들은 먼저 베르됭으로 가서 거기 배속된 왕의 연대 지휘관들과 병사들을 조사했다. 생디지에에서는 메스트르 드 캉 기병연대의 장교들과 기병들을 심문하고, 뤼네빌에서는 총기병들이 왜 그처럼 특별히 낭시 주둔군 사건에 개입했는지 조사했다. 끝으로 메스에 가서 부이예 장군에게 8월 31일에 진압작전을 준비하고 실천한 과정과 그 후의 조치에 대해 조사했다. 그들은 25일 동안 이리 뛰고 저리 뛰면서 연구하고 조사한 결과, 산더미처럼 자료가 쌓인만큼 알고 싶은 내용을 거의 다 파악할 수 있었다고 말했다. 지금까지 조사한 원인과 사실 이외에도 의심을 완전히 풀어줄 수 있는 원인이 숨어 있을 가능성은 있겠지만 자신들은 최선을 다해서 근본부터 조사했다고 자부했다. 그들은 왕에게 이렇게 보고했다.

"국회는 우리가 모든 사건의 발단까지 캐서 조사해주기를 바랐습니다. 원인은 혁명입니다. 프랑스 제국의 영광을 맞이한 이 순간이야말로 낭시가 겪은 특별한 불행의 원인을 판단할 수 있는 근원입니다."

이제 국회는 조사위원들이 왕에게 제출한 보고서를 근거로 낭시의 군사 반란 사건을 마무리하고 앞으로 유사한 일이 다시 일어나지 않도록 조치를 취해야 했다. 그러나 그 일을 생각만큼 빨리 진행하지 못하고 의사일정과 날마다 쌓이는 급한 일부터 처리해나가는 도중에 가끔 낭시문제가 거론되었을 뿐이다. 10월 19일에 로리앙의 국민방위군이 낭시의 희생자들을 위해 써달라면서 성금 2,000리브르를 보냈고, 프뤼뇽 의원의 요청으로 라 모젤 도 지도부로 그 돈을 보내 적절하게 사용하도록 결정했다. 10월 22일에는 데질이 결국 사망했다는 소식을 듣고 국회는 데질의 아버지에게 위로의 편지를 보내기로 결정했다.

10월 23일, 루이 드 노아유 의원이 낭시에 파견된 왕의 조사관들이 작성한 보고서를 인쇄하자고 제안했다.

"여러분은 조사관들을 낭시에 보내 이 불행한 사태에 대한 정보를 전부 모으도록 명령했습니다. 그들은 위원회에 보고서를 제출했습니다. 우리는 그 보고서를 아주 자세히 검토했습니다. 그리고 이 사건에 대해 궁금해 할 대중에게 가장 자세하게 설명해줄 수 있는 문서를 인쇄해서 국회의 염원에 대답해야 한다고 믿었습니다. 우리는 거기서 안타깝게도 끝내 숨지고 만 데질이 혼란을 막으려고 혼신의 힘을 다했다는 사실을 볼 수 있습니다."

노아유 의원이 누구인지 다시 한번 기억해보자. 그는 마리 앙투아네트가 프랑스 왕세자빈으로 국경을 넘을 때부터 뒤를 보살핀 노아유 자작 부부의 둘째 아들이다. 1789년 전국신분회에 형(푸아 공prince de Poix)과 함께 귀족 의원으로 뽑혔지만, 그의 적들의 말대로 잃을 것이 많은 형과 달리 잃을 것이 없는 그는 6월부터 귀족이 제3신분과 함께 재정문제를 논의하자고 주장하고, 8월 4일 밤 회의에서 귀족의 특권을 포기하자고 제안했으며, 1790년

6월 19일에는 귀족 작위와 하인의 제복을 폐지하자고 주장한 진보적 인물이었다.

마침내 12월 6일에 국회의장은 군사위원회, 조사위원회, 보고위원회가 함께 활동하는 합동위원회의 보고를 의사일정으로 올렸다. 그날의 국회의장인 제롬 페티옹 드 빌뇌브는 이름 때문에 귀족 같지만 제3신분이며 오를레앙의 샤르트르 출신이었다. 할아버지와 아버지의 뒤를 이어 변호사였던 그는 법학 이외에도 새로운 사상을 폭넓게 받아들였다. 샤르트르에서 변호사 권리를 얻었지만 파리의 대소인 사무소에서 일한 경험이 있다. 1789년 이전에 샤르트르에서 변호사로 활약하다가 오를레앙 지방 지사의 직무대리로 일했다. 1782년에는 개혁안을 담은 『민법과 사법행정Les Loix civiles et l'administration de la justice』을 런던에서 출판했다. 그는 로베스피에르와 함께 좌파 성향을 띤 인물이었다. 페티옹이 의사일정을 올리자 보고위원회를 대표해 브륄라르 의원이 연단에 올랐다. 1737년에 태어난 그는 랭스 출신 귀족 가문의 작은집이었다가 1770년에 장손이 된 집에 속했다. 그는 반년 전만 해도 실르리 후작으로서 거물급 귀족답게 이름이 샤를 알렉시스 피에르 드 브륄라르 드 장리스*였다. 그는 전국신분회 초기에 제3신분의 주장대로 세 신분이 함께 회의를 하는 데 찬성한 진보적인 성향을 보여주었다.

"여러분, 여론은 아직도 낭시에서 일어난 비운의 사건의 원인에 대해 여러 갈래로 나뉘어 있습니다. 이처럼 시민이 갈라지고 불화를 일으키는 불행

---

* 프랑스 인명에 나오는 '드de'는 귀족 신분을 나타내는 출신지나 가문을 의미하기 때문에 우리는 그의 이름에서 상대적으로 넓은 영지를 식별할 수 있다. 그는 먼저 장리스 백작이었다가 나중에 실르리 후작이 되었다. 그의 아내인 장리스 백작부인은 문필가로 이름을 떨쳤다.

한 시기에 각 당파는 참화의 원인을 놓고 반대 당파와 대립하고 있습니다. 우리 국회 내부에서도 똑같은 상황을 볼 수 있습니다."

브뢸라르는 합동위원회가 그동안 이 국가적 범죄 사건을 파헤치느라 몹시 힘들었지만 먼저 다음과 같은 결론을 얻었다고 말했다.

"사람들은 수많은 잘못을 저질렀지만 우리가 비난할 사람은 없습니다. 우리는 다른 당파에 속한 사람들이 다소 부풀린 이야기에 바탕을 둔 의견들을 의심해야 합니다."

그는 사람들이 똑같은 사건을 과장하거나 축소하고, 또 실제보다 시급한 일이거나 아직 안심할 수 있는 일로 보기 때문에 "작은 불씨를 불어서 끌 수 있었는데도 그냥 놔두어 가장 위험한 화재로 번지게" 되었다고 말했다. 그럼에도 "이렇게 그릇된 길로 간 사람들은 우리의 형제들이며 현재 그들의 재판관은 전체 국민이라는 사실을 잊지 마시고 들어주시기 바랍니다"라고 호소했다.

"여러분은 왕의 조사위원들이 작성한 보고서를 가지고 계십니다. 우리는 이 문서를 활용해서 여러분에게 사건을 정리해드리고자 합니다. 이 문서에는 사건의 추이가 아주 정확히 담겨 있습니다. 이 보고서를 분석하는 일이 중요했으며, 그렇게 해서 우리는 모든 사실에 접근하고 종합할 수 있다고 생각했습니다. 꼬리를 물고 일어난 사건들 속에서 진실을 가려냈지만, 조사위원들의 흥미로운 이야기를 무작정 따라가는 대신 우리는 낭시의 봉기가 어떻게 발전했는지 시기별로 나눠서 설명해야 한다고 생각했습니다."

브뢸라르는 조사위원들처럼 낭시가 역사적·문화적으로 어떤 특권을 누렸으며, 거기 주민 가운데 특권층은 어떻게 자기 이익을 지키려 했는지 설명한 뒤, 그들이 혁명을 마지못해 인정하는 모습을 묘사했다. 그러고 나서 그는

8월 6일의 법을 제정한 배경부터 짚었다. 국회는 군대에 부는 자유화 바람에 대응해 병사들이 결정권을 갖는 위원회를 만들지 못하게 하면서 질서와 기강을 확립하는 법을 제정하고 낭시에 보냈다. 그러나 낭시 주둔군은 불복종 행위를 일삼았다. 그렇게 해서 8월 6일의 법이 나왔다. 그리고 8월 16일 국회는 낭시 주둔군 사령관 드누 장군이 보낸 편지에서 3개 연대가 일으킨 소요사태와 반란, 부대금고 탈취 사건에 대해 알게 되었고, 그래서 합동위원회가 부랴부랴 작성한 법을 통과시켜 왕의 재가를 받아 낭시로 보냈다.

이틀 뒤(18일), 왕의 연대 병사 여덟 명이 동료들을 대표해서 파리에 왔다. 그들은 연대의 상급 장교들의 정식허락을 받고 왔으며 시정부가 발행한 통행증도 소지했다. 그러나 그들이 파리에 도착하자마자 전쟁대신은 그들을 감옥에 넣으라고 명령했다. 국회는 합동위원회에 이 사실을 조사해서 보고하라고 명령했다. 합동위원회는 전쟁대신에게 라 포르스 감옥에 비밀리에 가둔 병사들을 군원호원으로 옮겨달라고 부탁하고 거기서 그들의 의견을 들으려는 계획을 세웠다. 합동위원회는 왕의 연대 병사들 대표단을 체포한 것이 더 큰 무질서상태를 야기할 수 있다고 판단했다. 그리하여 그중 두 명을 즉시 낭시로 돌려보내 국회가 그들의 말을 선의로 경청했으며 그 주장을 검토할 것임을 알려주는 것이 좋겠다고 판단했다. 그리고 합동위원회는 나머지 여섯 명에게 절대로 군원호원 밖으로 나가지 않겠다고 약속하게 한 뒤 거기서 라 포르스 감옥으로 돌려보내지 않고 군원호원에 머물도록 했다. 파리 국민방위군 참모 페슐로슈가 낭시로 병사 두 명과 함께 떠나겠다고 했고, 그렇게 해서 페슐로슈가 낭시에 갔던 것이다. 그 뒤 전쟁대신은 낭시 주둔군이 다시 평온해지고 질서를 되찾았다고 국회에 알려주었다.

그런데 말세뉴 장군이 낭시에 도착해 자기 의지를 관철하려고 노력하면서 샤토비외 스위스 연대의 청을 거절했다. 그것이 새로운 봉기의 원인이었고 그때부터 사태가 아주 격렬하게 발전했다. 그리고 페슐로슈가 반란군 진압작전을 실시하기 직전에 낭시를 떠나 파리로 귀환해서 그동안 낭시에서 최악의 상태로 발전한 반란에 대한 소식을 전했다. 그러나 그는 상황을 자세히 전하지 못한 채 말세뉴 장군이 뤼네빌로 도망치고 메스트르 드 캉 연대 기병들이 추격했으며, 뤼네빌 총기병들이 낭시에서 들이닥치는 기병들에게 총을 쏴서 여럿을 죽이고 수많은 포로를 감금했으며, 낭시 주둔군이 복수하려고 뤼네빌로 향했고, 뤼네빌 시정부가 슬기롭게 중재해서 그들의 분노를 가라앉혔으며, 말세뉴 장군과 드누 장군은 각각 다른 감옥에 갇혀 있었고, 왕의 연대 장교들이 드누 장군을 보호하려고 노력하다 다쳤다는 소식을 단편적으로 전했다. 국회의원들은 이 소식을 듣고 몹시 놀라서 입을 다물지 못했다. 그들은 반란군에게 포고문을 보내기로 의결했다. 포고문에는 만일 법에 복종하지 않는다면 철저히 응징하리라는 의지를 담기로 했다. 포고문은 8월 16일에 반포한 법을 재확인하는 것이었다. 그런데 부이예 장군은 이미 낭시가 무법천지가 되었다는 사실을 알고 휘하의 모든 정규군과 국민방위군을 동원해서 국회의 법에 복종시키려고 반란군을 향해 진격했다.

  그리고 국회에서는 8월 31일에 일어난 불행한 일에 대해 뒤늦게 알게 되었고, 왕에게 조사위원 두 명을 낭시로 파견해 정확한 사실을 조사하는 한편 지위 고하와 상관없이 죄인들을 색출하게 해달라고 간청했다. 왕은 봉 클로드 카이에와 오노레 뒤베리에를 임명해 이 막중한 임무를 맡겼다. 그들을 임명했다는 소식을 들은 선량한 애국자들은 잠잠해졌다. 그러나 사람들은 이 사건의 후유증을 두려워하고 있었다. 아직도 여론은 어느 한 방향으로 결정되지 않았다. 낭시의 애국자들은 자신들의 처지를 소리 높여 호소했고, 혁명의 적들은 이제 평온을 되찾았다고 공공연히 떠들었다. 그래서 자유와 질서의 친구들을 파견해야 했다. 조사위원들은 자신들을 도와 기록을 맡아줄 사람으로 파리 시민들인 르미 빅토르 가이야르와 샤를 피에르 르루아를 뽑았다. 이 두 사람은 조사위원들이 바쁠 때 직접 조사에도 참여했다. 그들이 노력한 덕택에 우리는 이 불행한 사건을 자세히 알게 되었다.

브뢸라르는 왕의 조사위원들의 보고서를 자세히 분석하고 도 지도부, 낭시 시정부, 도내 국민방위군, 낭시 주둔군, 부이예 장군과 그가 동원한 진압군에 대해 비교적 공평하게 평가하려고 노력하면서 8월 한 달 동안 진행되고 31일에 폭발했다가 진압당한 군사반란을 복원했다. 그가 복원한 내용을 되짚어볼 필요가 없을 정도로 앞에서 자세히 다루었으니 지금부터 브뢸라르가 합동위원회를 대표해서 낭시 군사반란에 관련된 모든 사람에 대한 평가를 발표하고, 그 평가를 근거로 국회가 제정할 법안을 상정하는 과정에 대해 살펴보기로 한다.

합동위원회의 평가

왕의 조사위원들이 낭시에 도착했을 때 낭시의 상황부터 살펴보자. 삼색 표식은 금지되었고 국민방위군은 자취를 감추었다. 시정부는 의기양양했고 자신이 겪은 위험에 대해서만 강조했으며, 위험한 순간마다 보여주었던 무기력한 모습을 정당화하기에 급급했다. 헌법의 친구들은 무질서의 장본인처럼 취급받았으며, 그들은 서류를 빼앗기고 그들의 모임은 부당한 명령으로 해체되었다. 판사들은 낭시의 불행한 시민들이 자유의 친구라는 사실만 보고 행정부와 힘을 합쳐 자신들의 판결이 곧 최종심이라는 권한을 확보함으로써 선량한 시민들을 더욱 불행하게 만들었다. 한마디로 왕의 조사위원들이 도착할 당시 낭시에서는 반혁명이 시작되고 있었다.

바로 여론 전쟁이 낭시의 모든 불행의 원인이었다. 대부분의 주민은 현실에 넘어가지 않을 수 없었다. 몇몇 저명한 시민은 자신들이 겪을 손실을 전혀 계산하지 않았고 오직 국가의 행복만 생각하면서 국회가 제정한 법을 흔쾌히 받아들였다. 그 법은 사실상 오랫동안 억눌렸던 비참한 계급에게 유리했다. 이들은 그 법에 찬동했고, 그 법을 거부하는 사람들과 대립했다. 낭시의 주둔군도 분열과 무관할 수 없었고, 전국을 휩쓸던 혼란의 분위기에 말려들었다. 혁명의 순간 사람은 저마다 혁명에 저항하든지 순순히 따르든지 한다. 그들을 비난할 수 없다. 각자 자기 양심대로 말하고 행동하기 때문이다. 그러나 가장 위험한 사람은 양쪽 어디에도 속하지 않는 사람이다. 이들은 사태가 진행되는 방향에 따라 유리한 편에 붙기 때문이다.

병사들의 불만의 대상인 장교에 대해 알아보자. 왕의 연대의 장교 다섯 명에 관한 탄원서가 있었는데, 장교들은 10대였다. 그래서 그들이 특별히 나쁜 의도를 가졌기 때문이 아니라 그 또래의 젊은이라면 누구라도 비슷한 잘못을 저지를 수 있다는 점에서 너그럽게 봐줄 수 있다. 8월 31일 반란이 일어난 날 장교 여럿이 다쳤는데, 그중 국회의원의 아들인 부틸리에는 16세의 소년이지만 총을 맞고 쓰러진 뒤 병원으로 옮기려는 사람들에게 "내가 죽어야 한다면 나를 연대의 깃발 아래서 죽게 해달라"고 외쳤다. 이 소년 장교의 아버지 샤를 레옹 부틸리에 드 보죄 후작은 17세기 초에 귀족이 된 집안 출신이었다. 그는 1758년 왕의 수비대 경기병으로 7년 전쟁에 참가했고 1761년에 나팔수, 1767년에 루아 앵팡트리 연대 소위, 1771년 대위, 1773년 중대장, 1774년 피카르디 앵팡트리 연대의 대령으로 진급했다. 이때 미래의 소년 장교로 복무하다 쓰러지는 아들을 낳았다. 아들도 아버지의 뒤를 이어 군인의 길을 가다가 변을 당했던 것이다. 이렇게 병사들의 불만 대상은 소년들이었으며, 개중에는 치기 때문에 잘못을 저질렀지만, 대개는 부틸리에처럼 애국심과 충성심에 불타는 사람들이었으니 장교에 대한 편견을 없애야 한다.

그러므로 국회에서 공표한 군대조직법에 따르면 앞으로 장교들은 자신이 지휘하는 병사들과 평등하고, 병사들이 재능을 발휘해 국민의 신뢰를 얻는다면 지휘관으로 진급할 수 있다. 그들은 단 몇 명에게만 동료 시민을 지휘할 권리를 주었던 과거를 빨리 잊어야 한다. 혁명은 태생의 헛된 차이를 폐지하고 자유민만이 누릴 수 있는 능력과 공적을 기준으로 삼게 되었기 때문이다. 그들은 국민의 말에 복종해야 한다는 사실을 잊지 말아야 한다. 그들은 다른 신분보다 우월하게 태어났으므로 마땅히 헌법을 수호해야 하며, 따라서 법에 복종하는 본보기를 가장 먼저 보여야 한다. 병사와 마찬가지로 그들도 국민, 법, 왕에게 복종한다고 엄숙히 맹세했다. 그들이 맹세를 지키지 않는다면 병사들도 그들에게 복종하지 않을 것이다. 그들은 헌법을 잘 지키겠다고 맹세하고 그 맹세를 충실히 이행하는 군 최고통수권자(왕)를 닮아야 한다. 그들은 평소 프랑스가 그들의 지위를 얼마나 명예롭게 대우했는지 생각해야 한다. 그들은 구제도에서 군대의 최고위직을 뻔뻔스럽게 나눠 가지던 몇몇 특권층 가문을 제외하고 나머지 시민들은 하위직에서 번민했다는 사실을 잊지 말아야 한다. 그들 이외의 사람들에게는 고통, 피로, 위험만 따랐다. 은총, 행운, 명예는 총애를 받는 특정 계급의 것이었다. 그러나 이제 국회가 만든 헌법은 그들을 나머지 시민들과 평준화시켰다.

새로운 헌법을 받아들인 낭시 시민들은 병사들이야말로 자신들이 공격당할 때 기꺼이 지켜줄 친구로 생각했다. 병사들은 지금 체제에서 자신을 시민과 같은 존재로 보기 시작하면서 이제 자유의 열매들을 따먹으려고 노력했다. 그리하여 그들은 규율을 어기는 잘못을 저지르면서 아주 분명한 반란을 일으키게 되었고 아직 그 벌을 받지 않았다. 애국심에 불타는 병사들이 그 애국심을 너무 강조한 나머지 죄를 지었다는 사실을 고통스럽지만 인정해야 한다. 이 불행한 병사들은 적들이 공공의 행복을 해치는 범죄를 저지른다는 사실을 알고 있었다. 그들은 범죄의 의도를 주위에서 종종 들었다. 그래서 헌법을 지키겠다고 맹세했던 그들은 헌법이 위험하다고 믿었다. 결국 그들은 한 번 잘못한 뒤에도 계속 잘못을 저질렀고 오늘날 헤어나지 못하는 구렁텅이로 빨려 들어갔다.

그들이 얼마나 큰 잘못을 저질렀는지 알려줘야 한다. 그것이 국회의 의무다. 병사들은 조국의 수호자라는 사실, 한순간이라도 법에 복종하지 않으면 국가에 참화를 일으킨다는 사실을 그들에게 일깨워줘야 한다. 그들은 국회가 그들을 노예상태에서 끌어냈음을 알아야 한다. 그들이 국회의 바람대로 움직여준다면 영광의 날을 보리라는 사실을 깨달아야 한다. 그들은 시민들을 보호하는 고귀한 임무를 맡았다. 그러나 국회는 시민들이 그들의 압제에 시달리지 않도록 보호해야 한다. 병사들은 시민을 형제로 생각하고, 하급자를 자식으로 생각하며, 질서를 지키지 않으면 그들을 모두 죽이게 된다는 사실을 알아야 한다. 병사들은 부지런한 파수꾼이며 국민은 그 점을 믿는다. 병사들은 언제나 지휘관을 존경해야 한다. 왕의 연대의 휘날리는 깃발은 파르마와 과스탈라(오늘날 아틸리아에 해당하는 신성로마제국의 영방국가)에서 승리한 깃발이다. 아직도 왕의 연대 병사들 속에는 프라하에서 두각을 나타낸 병사가 몇 명 있을 것이다. 로펠트(라펠트 또는 마아스트리트) 전쟁(1673년 이 도시는 프랑스군에게 정복당했다)과 퐁트누아 전쟁(1745년 프랑스가 퐁트누아 근처에서 영국, 네덜란드, 하노버 연합군을 격파했다)도 왕의 연대의 영광을 증명한다. 그러므로 왕의 연대를 아주 기쁜 마음으로 찬양할 수 있지만 오늘날 찬양은 큰 고통을 안겨주는 작업이 되었다!

지휘관에게 복종하지 않은 병사들도 있다. 그들은 장교들이 자신들에게 빚진 게 없는데도 큰 액수를 내놓으라고 강요했다. 그들은 감히 회계검사관을 추격했다. 그들은 자기 이웃에 주둔한 군대를 공격하려는 가증스러운 계획으로 자신의 주둔지를 이탈했다. 그들은 늙은 장군의 신성한 처소에 침입했다. 그들은 그 장군을 보호하려는 장교들을 감옥에 넣고 때리고 부상을 입혔다. 그들은 국회의 법에 복종하지 않았고, 감히 형제들에게 발포하면서 범죄의 극치에 다다랐다.

왕의 연대와 메스트르 드 캉 연대의 불행한 병사들이 저지른 범죄행위는 밝혀야 하겠지만, 국회에서는 그들을 이끌어주고 충고해줘야 할 사람들이 저지른 중요한 잘못도 밝혀야 한다. 그러므로 이제부터 라 뫼르트 도 지도부와 낭시 시정부의 행정가들이 어떤 잘못을 저질렀는지 살펴봐야 한다. 그들은 혁명이 가져온 새 체제를 멀리한다는 사실을 감추려 했지만, 결국 그 사실을 본의 아니게 보여주었다. 국회는 그 점에 불만이다. 그들은 국회가 제정한 법 덕택에 인민의 행정관이 되었고, 법에 복종하라고 인민이 뽑아준 사람들이기 때문이다. 행정관들은 군대를 복종시킬 만한 영향력이 있는데도 왜 그 힘을 이용하지 않았는가? 그들의 보고서를 분석해보면 군대가 그들을 완전히 신뢰했음을 알 수 있기 때문이다. 왜 그들은 8월 16일의 법을 공표하지 않았던가? 왜 그들은 부이예 장군의 선언을 확실한 것으로 보증하지 않았던가? 왜 툴로 보낸 대표단은 임무수행 결과를 직접 보고하지 않았는가? 그들은 왜 8월 31일 아침에 북을 쳐서 널리 알리는 데 동의했던가? 왜 그들은 대포를 다룰 줄 아는 시민들에게 도성 문에 집결하라고 북을 쳐서 알리라고 명령했던가? 그들은 왜 국민방위군에게 도성 안을 지키라고 명령했던 것인가? 그들은 왜 특사를 주둔군 3개 연대에 보내 진격을 멈춰달라고 했으며 또 총기병들에게는 3개 연대에 합세하라고 요구했던 것인가? 코뮌 의회를 소집했더라면 모든 시민이 국민방위군의 동원과 부이예 장군이 출동한 진정한 동기에 대해 알았을 텐데도 그들은 왜 소집을 거절했던 것인가?

그들은 병사들이 강요한 것을 따를 수밖에 없었다고 대답했다. 그들은 자기 직분을 다하면서 죽을 것이라고 국회에 맹세했다. 그렇다면 그들은 그렇게 고상한 목표를 실천하려고 무슨 노력을 했다는 것인가? 인민의 행정관들은 얼마나 막중한 의무를 수행해야 하는지 제대로 아는 것인가? 인민이 행정관들을 뽑는 순간, 행정관들은 인민에게 명령할 권한을 받았고, 인민을 보호하고 지켜줄 절대적인 임무를 주었던 것이다. 이 신성한 임무를 수행하기 위해 행정관들은 과연 무엇을 했는가?

3개 연대가 부이예 장군의 명령에 복종하겠다고 동의했을 때, 만일 시정부 관리들이 현장을 두르고 엑스의 용감한 시장, '대담한 에스파리아'*를 본받았다면 그들도 역시 그가 했던 것처럼 병사들의 분노와 살육을 막을 수 있지 않았을까? 행정관들이 생명의 위협을 받았다면 그 순간이야말로 소심함 대신 애국심을 보여줄 수 있는 때였다.

이제까지 합동위원회가 보고한 내용에서 보듯이, 합동위원회는 아주 개별적인 문제를 고려하지 않고 큰 틀에서 문제를 되짚어보았다. 그러고 나서

---

* 장 에스파리아는 1790년 2월 10일부터 11월 11일까지 엑스 앙 프로방스 시장이었다. 그는 루아알 벡생 부대와 루아알 마린 부대가 갈등을 빚을 때 중재해서 문제를 해결해주었다.

합동위원회는 이제 한 달 전부터 씨름하던 법안을 상정했다. 브륄라르 의원의 말을 직접 들어보기로 한다.

우리는 낭시의 불행한 참사가 오직 끊임없이 오해와 과장된 의심으로 대립하고 불타오르고 악화된 열정과 의견의 치명적인 결과일 뿐이라고 생각하지 않을 수 없습니다. 그리고 그 오해와 의심은 인민을 계몽할 수 있는 사람들의 두려움 때문에 유지되었습니다. 그리고 우리가 예견하거나 억누르기 어려운 무질서 속에서 시민들이 고귀한 명분에 봉사할 수 있다고 믿고 행동했겠지만 결국 죄인이 될 수 있다는 슬픈 현실을 확인할 수 있었습니다.

불행히도 우리는 분열된 시민들 틈에서 쓰라린 경험을 너무 자주 했습니다. 여러분, 우리는 이러한 상황에서 그 어떤 충고의 말도 듣지 못한 채 불행히 극단적인 행동으로 치달은 모든 계급의 사람들로 구성된 도시에 대해 여러분의 관용을 요구할 수 있다고 생각합니다. 여러분은 지금까지 일어난 사건을 자세히 알았습니다. 우리는 지금 이 불행한 도시가 처한 상태를 여러분에게 묘사하는 일만 남았습니다.

내가 여러분에게 말할 때만 해도 낭시의 운명은 불투명했습니다. 낭시에 어떤 판결을 내릴지 모르는 상태였기 때문입니다. 낭시는 모든 이의 의심을 살 만한 끔찍한 광경을 보여주었습니다. 사람들은 각자 많건 적건 거기 연루된 것을 불안해합니다. 많은 시민이 이미 조국을 등지고 떠났고, 애국자들은 의심스러운 시민들과 뒤섞여 있습니다. 한마디로 이 불행한 도시는 비통하고 망연자실한 상태에 있습니다.

합동위원회는 만일 국회에서 이러한 소요사태에 참가했던 사람들에 대해 심문한다면 지금까지 닥쳤던 모든 재앙의 중요한 원인인 당파정신이 그 어느 때보다 더 격렬하게 깨어날 것이라고 생각했습니다. 그리고 진리에 도달한다면 우리가 꺼뜨리려고 노력해야 할 시점에 오히려 모든 증오를 다시 불러일으키게 될 것이라고 생각했습니다.

또 이 재판에서 헌법의 모든 적이 애국자들에게 사실상 고소당할 것이지만 애국자들도 반대 당파의 탄압을 받을 것이라고 생각했습니다. 사방에 피 칠갑을 한 장면에 벌써 망연자실한 낭시는 개인들이 서로 복수하는 내란의 무대가 되어야 할까요? 그 치명적인 후속편을 가늠할 수 있을까요?

합동위원회는 모든 행정단위, 시정부 관리, 몇몇 시민, 장교, 병사들에게 그들이 저지른 잘못을 알려주어야 하는 임무를 통감합니다. 그러나 다소 흥분해서 한 말이나 의견, 모든 계급의 시민이 다양한 의견 때문에 저지른 치명적인 잘못에 불과한 행동에 근거를 두고 재판할 때 발생할 위험을 생각하고 충격에 휩싸였습니다. 합동위원회는 이미 흘린 피로써 수많은 당파가 저지른 잘못을 속죄할 수 있다고 생각했습니다. 그리고 이러한 원칙에서 합동위원회는 국회에 제출할 법안을 작성해보았습니다.

왕의 연대와 메스트르 드 캉 연대는 당시까지 프랑스 군대에서 전혀 볼 수 없었던 사례를 보여주었습니다. 이 두 연대에 대해 합동위원회는 프랑스 전군全軍이 보여준 여론을 채택해 이 두 부대의 파면을 만장일치로 의결했습니다. 그리고 합동위원회는 다음과 같이 법안을 상정합니다.

국회는 낭시에서 발생한 사건에 대한 군사위원회, 보고위원회, 조사위원회의 보고서를 바탕으로 이 도시가 입은 불행한 재앙이 모든 계급의 시민 다수가 다양한 의견으로 말미암아 저지른 잘못 때문에 생긴 치명적인 결과일 뿐이라고 생각하는 동시에 이러한 재앙을 영원히 기억하자는 목적으로 다음과 같이 명령한다.

제1조. 국회는 낭시에서 발생한 사건과 관련해서 낭시 바이아주 재판소에서 시작한 재판을 무효로 선언하며 그 재판을 더는 지속하지 않는다고 확정한다. 따라서 낭시의 판사들이 그 사건과 관련해서 포고한 명령으로 감옥에 갇힌 모든 시민과 병사는 이 법을 공표하는 때부터 자유다.

제2조. 국회는 국회의장이 왕에게 간청하여 전쟁대신으로 하여금 왕의 연대와 메스트르 드 캉 연대의 파면을 관리할 총감독관을 임명하도록 명령한다. 그리고 파면된 병사에게 3개월치 봉급을 주는데, 한 달치는 해고 일자의 봉급이며, 나머지 두 달치는 거주지까지 돌아가는 여비로, 모두 그의 거주지 디스트릭트 금고에서 지불한다.

제3조. 국회는 왕의 연대의 모든 깃발과 메스트르 드 캉 기병연대의 군기軍旗를 두 연대가 파면될 때 주둔하던 소교구 본당에 보관하도록 명령한다.

제4조. 각 병사나 기병에게는 관행에 따라 제대증congé absolu을 발급한다.

제5조. 국회는 왕의 연대와 메스트르 드 캉 기병연대의 장교, 부사관, 병사, 기병, 고참병들이 제출하는 개인적인 청원을 군사위원회에서 처리하도록 명령한다. 그리고 그들이 아무 데도 고용되지 않을 경우 새 일자리를 마련해줄 방안을 최단 시일 안에 보고하도록 명령한다.

제6조. 왕은 외무대신으로 하여금 30년간 군선의 노를 젓는 형벌을 내린 샤토비외 병사 41명, 그리고 다른 스위스인 부대의 재판에 맡긴 71명의 병사들을 선처해주도록 스위스 병사들의 출신지 캉통(주)들과 즉시 협상하게 하라고 왕에게 간청한다.

제7조. 국회는 메스 시정부가 공공질서를 위해 개입해야 할 수많은 기회

에 보여준 열의를 높이 칭찬한다. 또 국회는 메스 국민방위군이 애국적 행동으로 보여준 시민정신도 칭찬한다.

제8조. 왕의 조사위원들 오노레 니콜라 마리 뒤베리에와 클로드 카이에, 그리고 이 두 사람을 기꺼이 도와준 파리의 시민들 르미 빅토르 가이야르와 샤를 피에르 르루아에게 낭시에 평화를 회복하고 자신들이 맡은 중요한 임무를 성실히 수행하여 성공한 데 대해 애국심을 칭찬하고 감사한다.

제9조. 국회는 의장에게 오늘 중으로 왕에게 가서 이 법을 승인해달라고 요청할 것을 명령한다.

12월 6일 월요일 오후 6시 30분에 시작된 저녁회의에서 의사일정을 진행한 뒤 브뢸라르 의원이 장시간 읽은 보고서는 중간중간 의원들의 환호와 박수 때문에 여러 차례 끊겼지만, 마침내 밤 11시 30분에 끝났다. 브뢸라르 의원은 혼자서 거의 네 시간 이상 보고서를 읽고 법안까지 상정했다. 말하는 사람이 진을 빼는 일이었던 만큼 자리에서 듣는 의원들도 피곤하기는 마찬가지였다. 그러나 국민국가를 만드는 과정에서 군 기강과 충성의 문제는 소홀히 할 수 없었고, 더욱이 반란이 일어난 이후에는 더욱 시급히 해결해야 할 문제로 떠올랐다. 합동위원회는 처벌을 최소화하는 방향으로 해결책을 찾아 국민대화합을 도모했다. 왕의 연대와 메스트르 드 캉 연대의 프랑스 군인들은 파면하여 장교와 사병 모두를 군에서 쫓아내면서도 일자리를 구해주는 배려를, 샤토비외 스위스 군인들은 군선의 노를 젓는 형벌과 다른 연대와 캉통의 재판을 받도록 한 기존의 처분을 철회해달라는 외교적 교섭을 벌이는 방향으로 법안을 상정했던 것이다. 법안을 상정하면 검토할 시간이 필요하므로 의원들은 법안에 대한 토론을 다음으로 미루고 회의를 끝냈다.

14
낭시 문제에 관한
법 제정

　　12월 7일 저녁회의에서 국회의원들은 낭시 법안에 대해 토론을 시작했다. 먼저 로렌 지방 바르 르 뒤크의 귀족 출신 의원인 뒤 샤틀레 로몽 다로쿠르(공작)가 연단에 섰다. 63세의 뒤 샤틀레는 13세인 1740년에 총사(근위기병)가 되고, 1744년에는 왕의 연대 부연대장이 되었다가 1746년 케르시 연대 연대장직을 거쳐 1753년 나바르 연대 연대장으로 복무했다. 1757년 여단장으로 7년 전쟁에 참전했다가 부상당했다. 1761년에 준장으로 진급하고 비엔나에 전권대신으로 나갔다가 특별대사로 승격되었다. 그리고 1766년에는 툴의 군장관이 되었다가 1767년부터 1770년까지 런던 대사로 복무하다가 귀국해서 1774년에 퐁타무송의 군장관이 되었다. 그는 루이 16세 치세에도 화려한 경력을 쌓았다. 1777년 4월에 공작 칭호를 받았고 1785년에는 슈아죌 프랄랭 공작의 유언장 집행인으로 지명되면서 그의 장서를 물려받기로 했으며, 1787년에는 왕립농학회 회원이 되었고, 1787년과 1788년의 명사회에 두 번 모두 참여한 뒤 1789년 전국신분회에 나갔다. 그는 1790년 8월 루아얄 샹파뉴 연대가 규율을 어기자 강력한 규제를 촉구했으며, 특히 낭시 주둔군의 불복종 소식을 듣고 8월 14일과 10월 4일 두 차례나 그들을 강력하게 처벌해야 한다고 주장했다. 그리고 두 달이 지나 그는 낭시 문제에 대해 다시 입을 열었다.

　　"의원 여러분, 나는 내가 20년이나 지휘하던 부대의 무질서에 대해 누구보다 가슴이 무너질 만큼 슬픕니다. 내가 그 부대를 떠날 때까지만 해도 기강을 칼처럼 지켰기 때문에 창피스러운 벌은 하나도 필요하지 않았습니다. 장교, 부사관들의 열의와 지성, 그리고 병사들의 빼어난 정신력, 그들에게 유익한 시설, 부모처럼 아낌없이 베푼 배려가 그 부대를 훌륭하게 만들었습니다. 왕의 연대는 하나의 가족 같은 부대였고, 상호 유대감으로 장교와 사병이 하나가 되었습니다.

이렇게 훌륭했던 병사들이 어떻게 독립심과 불복종의 풍조에 물들어 길을 잘못 들게 되었습니까? 우리는 진정한 원인을 낭시의 특수한 상황, 그리고 왕의 연대와 상관없는 상황에서 찾을 수 없습니다. 또 불확실하거나 변질된 사소한 사실들, 아니면 개별적이거나 별로 중요하지 않은 사실들, 어쨌든 증거가 없는 사실들도 진정한 원인을 찾을 수 있도록 도와주지 않습니다. 왕의 조사위원들이 낭시 감옥에 갇힌 병사들을 심문해서 원인을 찾아야 합니다. 여러분은 어제 합동위원회의 브뢸라르 의원의 보고를 통해 그들이 처음 봉기했을 때에는 장교들에게 불만이 없었지만 차차 모든 프랑스인이 누리는 자유의 열매를 누리려는 욕망에 휩싸였기 때문에 무질서한 상태로 빠졌으며, 그렇게 해서 결국 규율의 테두리를 훨씬 넘어서는 행동을 했다는 데 그들 모두가 동의했다고 들으셨습니다."

뒤 샤틀레 의원은 밤이 다가도록 연설을 끝내지 않을 기세로 장황하게 반란군을 성토하더니 자기 나름대로 마련한 법안을 내놓았다. 그의 말을 요약해서 들어보기로 한다.

왕의 연대 병사들은 모두 비난받아 마땅합니다만 8월 31일의 사건에서 모두가 똑같이 죄를 짓지는 않았습니다. 진짜 범죄자는 무질서를 부추긴 뒤에도 끝까지 저항한 병사들입니다. 그들은 조국을 지키라고 맡긴 무기를 동료 시민들에게 겨눈 자들입니다. 또 그들은 가장 비난받아 마땅한 반란의 소용돌이 속에서 체포된 자들입니다. (……)

우리의 첫째 목표는 그들의 문제를 헌법상 군의 최고통수권자인 왕의 처분에 맡기는 것이며, 둘째 목표는 진정한 죄인을 엄정한 군법의 심판에 맡기는 데 있습니다. 그러나 모든 경우 왕의 연대 장교들에 대해서는 국회에서 다루기를 권유합니다. 특히 국회는 아주 어릴 때부터 명예롭게 봉사한 부대 이외에 다른 조국이 없으며 오로지 공훈을 세운 결과 진급할 수 있었던 상당수의 퇴역 장교들, 그리고 그들과 같은 보상을 받을 권리와 함께 그것을 바랄 수 있는 훌륭한 부사관들을 주목해야 합니다.

여러분이 정의를 표출할 수 있으려면 오로지 법을 자유로운 흐름에 맡겨야 합니다. 또 여러분의 인간미와 정의를 조화롭게 만들려면 왕의 현명한 판단을 기대하면서, 그가 보기에 자비를 베풀어도 좋겠다고 생각하는 모든 사람에게 자비를 베풀어달라고 권유해야 합니다.

이 두 가지 관점으로 나는 헌법에 맞는 동시에 모든 상황에도 적합하며, 또 분배의 정의에도 맞는 법안을 상정하겠습니다.

"국회는 낭시에서 일어난 온갖 무질서한 사건, 특히 지난 8월 31일의 사건에 대해 조사위원회, 보고위원회, 군사위원회의 합동위원회의 보고를 듣고 다음과 같이 명령한다.

왕에게 간청하여 헌법에서 정한 형식에 따라 지위 고하와 관계없이 모든 무질서를 일으킨 군인들을 재판할 군사법정을 수립하도록 한다. 더욱이 국회는 지난 8월 31일 낭시 주둔군이던 3개 연대와 관련해서 취해야 할 조치를 군의 최고통수권자인 왕의 현명한 판단에 맡긴다. 군의 기강을 바로잡고 유지하려면 재정문제, 맹세의 이점, 분배정의가 조화를 이루어야 하기 때문이다."

브뤼라르 의원이 상정한 합동위원회의 안은 감옥에 갇혔던 사람들을 풀어주자고 했지만, 뒤 샤틀레 의원의 안은 그들이야말로 책임을 물어 단죄해야 할 사람들이라고 했다. 뒤 샤틀레 의원은 사실상 화합을 강조한 브뤼라르 의원보다 더 현실적이었다. 그는 늦게나마 부이예 장군의 명령을 듣고 낭시 도성 밖으로 나간 왕의 연대와 메스트르 드 캉 연대의 장병들과, 진압군에게 잡혀 감옥에 갇힌 병사들을 구별하지 않고 모두 파면하는 것은 부당하다고 주장했던 것이다. 책임을 물어야 할 사람들이 분명히 감옥에 있는데도 다른 사람들까지 파면하는 것은 가혹하며, 낭시 바이아주 재판소의 판결로 지난 2개월 이상 감옥에 있었던 사람들을 풀어주자는 것은 지나치게 너그러운 처사라는 주장이었다.

곧바로 그레구아르 신부가 발언했다.

"나는 칭찬 일색의 보고를 들으면서 오히려 부이예 장군이 진압을 서둘렀기 때문에 무고한 시민들이 피를 흘렸다는 인상을 지울 수 없었습니다."

이렇게 말문을 열자마자 박수를 받은 바티스트 앙리 그레구아르 신부는 로렌 지방 뤼네빌 근처에서 1750년에 농촌의 장인 가문에서 태어나 농촌 초등학교를 거쳐 낭시에서 1762년에 신학박사가 되었고 예수회 중등학교 교사로 일하다가 1768년에는 낭시 대학교 교수직을 얻었다. 1772년에 메스 주교구 신학교 교수가 되었고 장차 입법의회 의원이 될 아드리엥 라무레트 신부를 사사했다. 1773년에는 퐁타무송 중등학교 교사가 되고 『시詩 예찬론』을 써서 낭시 아카데미상을 받았다. 1776년에 사제가 되어 마리몽 라 바스의 보좌신부로 부임했다가 1782년에는 앙베르메닐 사제가 되었고 자기가 맡은 교구에 도서관을 열었다. 1784년부터 3년간 보즈 지방, 그리고 스위스와 독일 지방을 두루 여행했다. 1785년 로렌 지방에 최초로 유대교회당을 건립할 때, 그레구아르 신부는 유대인의 해방을 옹호하는 설교를 했고, 메스 왕립과학예술학회에 "유럽에서 유대인을 더욱 유익하고 행복하게 만드는 방법"에 대한 논문으로 학술경진대회에 참가하기도 했다. 1788년에 "유대인의 육체적·도덕적·정치적 쇄신에 관한 논고"로 메스 왕립과학예술학회상을 받았다. 그는 여러 학술단체의 회원으로 활동하다가 1789년에 낭시에서 전국신분회 대표로 뽑혀 베르사유로 갔다. 자크 루이 다비드가 1790년에 그린 〈죄드 폼의 맹세〉에서 맨 앞 가운데 종교인 세 사람이 서 있는데, 가운데 검은 옷을 입은 사람이 그레구아르 신부다(제2권 17쪽 도판 참조). 그는 콩도르세와 함께 교육과 유대인의 자유를 위해 헌신한 노력을 인정받아 프랑스 혁명 200주년의 인물로 선정되었다.

"뒤 샤틀레 의원은 병사들의 잘못을 자세히 설명했습니다. 그러나 그들이 왜 그렇게 기분이 나빠지고 그릇된 길로 접어들었는지 그 원인을 충분히 짚었던가요? 그들은 스위스인 동무들이 회계검사를 요구했다는 이유로 매를 맞는 것을 보고 어찌 화가 나지 않았겠습니까?"

그레구아르 신부는 뒤 샤틀레 의원의 주장을 조목조목 반박하면서, 병사들이 규율을 지키지 않은 이유를 따져보면 충분히 그들의 심정을 이해할 수 있다고 주장했다.

"오스트리아 군대가 프랑스 영토를 통과하게 해달라고 부탁한 일을 모두가 알고 있을 때, 우리나라 국경이 아무런 방비도 없고, 국민방위군들이 정체 모를 적을 맞으러 사방에서 도착했으며, (……) 낭시 시정부는 무기와 탄약을 나눠주고 시민 가운데 대포를 다룰 줄 아는 사람을 찾았으며 한마디로 전쟁

준비를 철저히 하라고 명령했습니다. 이런 상황에서 병사들은 무슨 생각을 해야 합니까?"

그의 뒤를 이어 진보 성향의 루이 드 노아유(자작) 의원이 발언했다. 그는 뒤 샤틀레 의원의 의견을 어느 정도 반영하고, 브뤼라르 의원의 보고서가 가진 약점을 비판했다.

"프랑스인이라면 모두 죄인보다 희생자가 훨씬 많은 사태에 대해 놀랐을 것입니다. (……) 보고서를 통해 우리는 과연 낭시 시정부와 도 지도부의 기능은 그것을 행사할 자격이 있는 사람들이 맡았는지 의문을 품게 되었습니다. 법의 보호 아래 군대를 준엄하게 다루며, 공격자와 피공격자 속에서 실제로 무고한 사람과 죄인을 구별해내는 위대한 본보기를 얻기도 했습니다. 그처럼 끔찍한 불행이 재발하지 않도록 막으려면 어떤 범죄를 처벌하고 어떤 잘못을 고쳐야 하는지도 알게 되었습니다. 끝으로 범죄 의도에 관심을 갖기보다는 한편으로 무분별하게 정념을 부추겨 끓어오르게 만들거나 다른 한편 너무 어설프게 관용을 베풀지 않으려고 정념을 억누르는 것을 잊어야 바람직하다는 사실도 배웠습니다."

노아유 의원은 사건을 정확하게 판단할 근거로 왕의 조사위원들이 제출한 보고서를 활용할 수 있다고 강조하면서 "정의를 추구하는 것이 우리의 목표이며 진실이야말로 우리가 설득력을 가질 수 있는 원천"이라고 주장했다. 그는 라 뫼르트 도 지도부와 낭시 시정부의 태도와 행동을 차례로 분석했다. 시정부는 국회가 제정한 법을 지키려는 의사가 없었던 것처럼 보였다고 말했다.

"부이예 장군이 도착하자마자 시정부는 그에게 독재권을 넘겨주려고 했습니다. 그래서 시정부는 그에게 국민방위군을 분쇄하고 헌우회를 폐쇄하며 시민들을 가두는 명령을 내려달라고 요구했습니다. 시정부는 국민의 모든 표식을 금지하도록 했고, 국민방위군 중대장들로 하여금 조국이 자유를 지키라고 맡긴 무기를 시민 병사들 손에서 거두어들이도록 허락했습니다. 우리가 보기에 시정부가 실제로 죄를 짓지 않았다 할지라도 큰 잘못을 저질렀으며, 우리는 국가를 위해 엄정하게 법을 집행해야 할 곳에서 관용을 베풀어서는 안 될 것입니다.

도 지도부도 큰 잘못을 많이 저질렀습니다. 나는 왜 부이예 장군에게 군대를 물려달라는 대표단을 보냈는지 이해할 수 없습니다. 또 어째서 총기병들에게 낭시 주둔군에 합류해달라고 요청했는지도 이해할 수 없습니다."

노아유 의원은 왕의 연대 젊은 장교들이 루시에르를 조종해서 일으킨 갈등에 대해 말한 뒤 병사들에 대한 이야기로 넘어갔다. 그는 부르기뇽의 명령 불복종 사건이 있은 뒤 곧 병사들이 규율을 지키지 않게 되었다고 분석했다. 스위스 병사 두 명이 심한 체벌을 받았을 때부터 험악한 분위기가 더욱 고조되었고, 메스트르 드 캉 연대와 샤토비외 스위스 연대 병사들이 돈을 나눠 가졌을 때 낭시 주둔군의 규율은 전반적으로 무너졌다. 병사들은 무기고와 탄약고를 강제로 부수려고 했다. 이러한 병사들이 무죄일 수는 없다. 게다가 뤼네빌 총기병들과 마찰을 빚을 때, 낭시의 병사가 총기병 한 명을 쏴 죽인 일도 그냥 넘길 수 없는 사건이다. 병사가 칼을 꼬나 잡은 채 말세뉘 장군이 탄마차 뒤를 따라가고 공공연히 목을 매달자고 떠든 것도 병사들의 죄를 물어야 할 사건이다.

"낭시 시정부와 도 지도부는 자신들에게 병사들이 온갖 종류의 폭력을 휘둘렀다고 불평했습니다. 병사들은 부이예 장군이 온다는 소식을 듣고 그에 맞서려고 준비를 갖추었습니다. 그들은 스탱빌 문과 스타니슬라스 문을 지켰고, 그들의 행동을 자제하라고 촉구하는 장교들의 말을 듣지 않았습니다. 마침내 그들은 대포를 쏘았고, 그것이 낭시에서 끔찍한 전쟁이 일어나는 신호가 되었습니다."

여기까지 말한 뒤 노아유 의원은 브륄라르 의원에게 이 기회를 빌려 말세뉴 장군이 샤토비외 연대의 회계에는 관여하지 말고 오직 프랑스인 주둔군 (왕의 연대와 메스트르 드 캉 연대)의 회계에만 관여하라는 명령을 받았다는 증거를 받은 적이 있는지 물었고, 브륄라르 의원이 그런 증거를 갖지 못했다고 대답하자 다시 말을 이었다.

"아마도 우리는 부이예 장군이 전위대를 도성 입구를 지키던 진지에 너무 가까이 다가서도록 해서 자기 의도와 달리 위험에 빠뜨렸다는 점을 비난해야 할 것입니다. 순식간에 피가 흐르고 살육의 현장이 되었습니다. 한순간이 그날의 성공을 위험에 빠뜨릴 수 있지만, 그것을 강조하지는 않겠습니다. 왜냐하면 우리는 수많은 시민이 희생된 날을 두고두고 큰 슬픔의 날로 생각해야 하기 때문입니다. 나는 라파예트 장군이 라 뫼르트 도와 라 모젤 도의 국민방위군에게 국회의 법에 복종하라고 촉구하면서 자기 업무의 테두리를 벗어났다고 생각합니다."

라파예트 장군이 직무상 월권을 했다는 말에 공감한 의원들이 박수로 노아유 의원의 발언을 지지했다. 노아유 의원은 아주 간단하고 불완전하게나마 낭시 군사반란을 되짚어본 결과, 다음과 같은 결론을 얻었다고 했다.

"어제의 보고는 사실을 충분히 밝혀주지 못했습니다. 그러나 여러분이 어느 편을 드느냐가 프랑스의 운명을 좌우합니다. 여태껏 우리의 연대기에 이와 유사한 사건에 대한 기록은 없었습니다. 감히 말하자면 만일 지금의 사건에 대해 너무 불분명한 판단을 한다면 앞으로 유사한 사건이 얼마든지 다시 발생하리라는 것은 분명합니다. 확실히 모든 계급의 죄인이 있는 곳에서 우리 모두 관용파가 되어야 한다는 사실을 결정하는 방향으로 나아가는 것은 이상한 체제라 하겠습니다. 나는 국회가 새로운 보고서를 만들고, 어제 회의에서 제출한 보고서보다 더욱 원칙에 맞는 법을 제정해야 한다는 결론을 얻었습니다."

1737년에 툴루즈 시장직을 수행한 덕에 귀족이 된 시몽 카잘레스의 아들 자크 시몽 앙투안 마리 카잘레스는 1757년에 툴루즈 고등법원 판사가 되었고 그다음 해에 장차 제헌의원이 될 자크 앙투안 마리 드 카잘레스를 낳았다. 자크 앙투안 마리는 1773년 자르나크 용기병이 되었고, 1779년에는 이 연대의 중대장직을 샀다. 1782년부터 1787년까지 드라공 콩티(콩티 용기병) 연대의 '하나 된 용기병들Dragons Unis'의 프리메이슨 모임에 참여했다. 1788년 5월, 플랑드르 기마추격병 제3대대 제1중대장직을 샀지만 5개월 뒤에 군 생활을 완전히 접고 케르시로 돌아가 개혁운동에 전념하다가 1789년에 전국신분회에 나갔다. 그가 작성한 진정서는 신분별 투표를 주장했고, 전국신분회에서도 세 신분 합동회의에 반대했다. 그는 프랑스 혁명사가 알퐁스 올라르가 뽑은 웅변가 가운데 가장 발언을 많이 한 53명에 속했다. 그는 표현의 자유를 끊임없이 주장하면서 제헌의회의 소수파를 잘 대변했다. 이번에는 그가 낭시 군사반란에 대해 한마디 하기 시작했다.

"나는 낭시의 불행을 일일이 다시 묘사하지는 않겠습니다. 여러분이 믿을 수 없고 과장된 당파정신을 통해서만 이 치명적인 사건의 세부사항을 알게 되었다 할지라도, 당파정신이 없는 사람의 눈으로 볼 때 시정부가 지은 죄가 있다 해도 그것은 겁이 많은 죄였고, 따라서 아주 미약합니다. 더욱이 왕의 연대 장교들은 결점이 없습니다."

사방에서 의원들이 쑥덕이거나 격하게 웅성거렸지만, 말은 더 들어봐야 반전까지는 아니더라도 살짝 비트는 묘미를 느낄 수 있다.

"단지 네 명의 젊은 장교들이 얼빠진 짓거리를 한 것을 제외하고는 왕의 연대 장교들은 결점이 없었습니다. 그래서 병사들이 저지른 과한 행동은 우리가 그냥 지나칠 수 없는 것입니다. 아무도 이 흉측한 사람들을 용서하지 않을 것입니다. 그들은 봉기를 부추겼고 아마 실제로 봉기를 통해 네 명의 장교들에 대한 앙갚음을 했습니다. 만일 부이예 장군의 영웅적이고 단호한……"

이번에는 훨씬 더 많은 의원이 웅성거렸지만 아주 소수는 박수를 쳐서 카잘레스 의원을 응원했다.

"결단으로 봉기를 막지 않았다면 내란이 시작되었을 것이며, 프랑스는 살육과 약탈이 횡행하는 나라가 되었을 것입니다. 내가 장교들을 옹호하고자 했다고 하지만, 그리고 장교들은 누군가 옹호해줄 사람이 필요했지만, 어제 합동위원회가 여러분에게 읽어드린 보고서는 오로지 병사들의 잘못을 줄여주고 장교들을 의심스럽게 만들려는 목적을 가지고 있었음을 여러분에게 보여드리고자 하는 것입니다!"

프랑슈 콩테 지방 롱르소니에 제3신분 출신 피에르 마리 아타나즈 바베 의원이 카잘레스의 말을 끊었다. 변호사 출신이며 프리메이슨 단체인 '평등'에서 활동하기도 한 바베는 1789년에는 보고위원회, 1790년에는 조사위원회에서 활동했다. 따라서 그는 합동위원회의 보고서가 사실을 왜곡한다고 말하는 카잘레스가 못마땅했음이 분명하다.

"지금 보고자(카잘레스)는 마땅히 벌을 받아야 할 사실들을 줄여 말하고 있습니다. 그가 아주 준엄한 벌을 받을수록 국회는 사람들로부터 심하게 의심받는 일을 더욱 줄일 수 있을 것입니다. 이제 그만 카잘레스 의원이 연단에서 내려오도록 합시다."

카잘레스는 아랑곳하지 않고 말을 이었다.

"마치 장교의 특권과 병사의 죄 사이에 관계가 있기라도 한 듯이 왕의 연대가 누리던 특권에 대해 말합니다. 보고자는 지휘관들이 규율을 지키지 않은 잘못을 용서했을 때 그들의 관용을 비난했습니다. 그는 드두 장군이 심한 잘못을 저지른 척탄병들에게 도성 문 앞 광장 수비업무를 맡기지 않았다고 비난했습니다. 그렇다면 장교를 죽이고 연대금고를 약탈한 병사들에게 어떤 이름이 어울릴까요?"

의원들이 사방에서 들끓었다. 개중에는 "그건 틀린 말이오!"라고 크게 외치는 의원들도 몇 있었다.

"국회의장은 방금 본 의원에게 무례하게 고함치는 소리를 들으셨습니다. 나는 오히려 의장께서 질서를 잡아주시기 바랍니다. 나는 어제 보고자가 낭시에서 그처럼 지나친 행동으로 죄를 지은 병사들, 그리고 천박하게 '돈을 달라!'고 외친 병사들이 애국심 때문에 그렇게 했다고 설득하려는 모습을 보았습니다. 만일 그것을 애국심이라고 부른다면, 애국심이라는 말을 아주 새롭게 적용한다면, 애국자 명부에 고리대금업자, 파리의 투기꾼, 오랫동안 인민의 피를 빨아먹고서도 지금은 인민의 수호자 행세를 하는 흡혈귀들의 이름이 오를 수 있으며, 또 자신의 신분과 지위로 얻은 이점을 치사한 소득에 눈이 멀고 비천한 직업에서 요행으로 얻는 이익에 쏟아붓는 사람들도 애국자라고 할 수 있을 것입니다."

이날(12월 7일) 저녁회의도 여전히 페티옹이 의장이었는데, 카잘레스는 그에게 같은 성향의 의원들을 문책하라고 요구하면서 애국심의 새로운 용법을 가지고 빈정댔다. 그는 법안의 세 가지 조항에 대해 말하고, 각 조항의 진실이나 부당함을 밝히겠다고 하더니 합동위원회가 법안의 첫째 조항으로 낭시 시정부를 비난한다고 말했다. 사방에서 "그건 사실이 아니오!"라고 외쳤다.

"둘째 조항은 왕의 연대와 메스트르 드 캉 연대를 파면하는 것이고, 셋째 조항은 재판으로 받은 유죄판결을 무효로 하고 단순한 잘못으로 규정합니다. 첫째 명제에서 나는 사실로 증명된 것이 한 가지 있음을 상기합니다. 그것은 시정부의 죄는 오직 의지가 약했다는 점이라고 합니다."

여러 의원이 입을 모아 외쳐댔다. "지금 법안에서 시정부 문제를 다루자는 것이 아닙니다." 카잘레스는 "나는 아주 적당한 때 여러분의 의견을 듣는군요. 그렇다면 이 부분은 빼고 말씀드리지요"라고 한 걸음 물러서더니 할 말을 이었다.

"첫 조항은 왕의 연대와 메스트르 드 캉 연대의 파면에 대한 것입니다. 모든 사실을 보면 왕의 연대 장교단은 나무랄 데 없이 행동했습니다. 그리고 위험한 상황에 처했을 때 그들은 자신을 보호하지 못하는 가운데 모욕을 견디는 아주 어려운 용기의 본보기를 보여주었습니다. 또 병사들은 아주 큰 죄를 지었습니다. 그런데도 그들에게 배상하라고 제안하는 사람들이 있습니다. 휴가는 종종 경제적으로 재정에 큰 부담을 주는 것인데 그것을 병사들에게 배상으로 제공하라고 합니다. 보통 병사가 8년을 복무하고 군을 떠날 때 적립금과 고향까지 가는 데 필요한 여비를 받는데, 죄를 짓고 파면되는 병사들에게 3개월치 봉급을 배상금으로 주라고 합니다. 바로 이 점만 봐도 합동위원회의 법안 제1조가 아주 우스꽝스럽기 때문에 감히 제안해서는 안 될 것입니다.

빨리 제2조로 넘어가겠습니다. 그것은 낭시에서 열린 재판을 무효화하고 유죄판결을 단순한 잘못으로 인정해줍니다. 이 재판은 바로 여러분이 제정한 법의 명령으로 시작되었다는 사실을 잊지 마십시오. 그 때문에 제2조는 앞의 법과 상충합니다. 몇 달 전까지만 해도 그것이 현명하고 신중했을지라도 상황이 별로 바뀌지 않은 오늘 왜 똑같은 조치가 부당하고 졸렬한 것이 되었는지 이해할 수 없습니다. (……)

　　이미 판결이 나온 재판을 무효화하는 것은 폭군이나 하는 일입니다."

　　카잘레스는 합동위원회 보고서가 낭시 시정부를 비난하는데 자신은 시정부에 잘못이 있다면 의지가 약했다는 것일 뿐이라고 생각한다고 말했다가 의원들의 반발을 사자 곧 그 문제를 다루지 않고 나머지 두 가지 조항이 왜 문제가 있는지 설명하고 나서 '브르타뉴 사태'(제1권 제2부 5장 참조)를 예로 들었다. 에기용 공작이 브르타뉴 지방에 군장관으로 부임해서 그 지방의 전통과 관습을 무시하고 무리하게 왕의 의지를 적용하려다가 반발에 부딪혔으며 파리 고등법원에서 유죄판결을 받았지만 왕에 의해 복권되고 외무대신으로 승승장구하는 동안, 죄 없는 라 샬로테는 그에게 저항했다는 이유로 계속 죄인으로 남아 있다는 카잘레스의 말을 듣고 사방에서 의원들이 술렁댔다. 브르타뉴 지방 낭트의 제3신분 출신 코탱 의원이 "아버지가 잘못을 저질렀다 해도 아들이 덕을 쌓으면 그 잘못을 묻어버릴 수 있다"고 한마디 했다. 자크 에듬 레제 코탱은 생도맹그(산토 도밍고)에서 1754년에 태어났다. 아버지가 그 식민지 섬의 레오간 지역 민병대 중대장으로 일할 때 그 섬 태생 백인(크레올)인 마르그리트 푸아와 결혼해서 얻은 자식이다. 코탱은 1783년에 결혼하고 1784년에는 브르타뉴 고등법원의 사무국장 비서로 일하고 이듬해 '생제르맹' 프리메이슨 단체에 가입하는 한편 사프레의 영주 칭호를 얻었다. 코탱이 한 말의 의미는 '라 샬로테 사건(또는 브르타뉴 사건)'에서 에기용 공작을 파리 고등법원이 판결한 것을 루이 15세가 파기한 일을 두고, 조상이 잘못을 저질렀으면 후손이라도 잘해서 그 잘못을 덮어야 할 텐데, 루이 16세는 낭시의 재판을 파기하려 한다는 것이다. 카잘레스는 남들이 웅성거리건 말건, 또 코탱이 한마디 거들건 말건 자기 말을 이어나갔다.

"여러분에게 합동위원회는 똑같은 일을 제안합니다. 한때 부당하던 것이 지금 합법적인 것이 되었습니까? 우리 정부에서 일어난 변화가 원칙도 바꿔놓았습니까? 우리가 창조주에 대해 받은 최초의 관념들은 우리가 형성한 창조주의 개념처럼 확고한 것이 아닙니까? 나는 국회에 팽배한 관용의 정신에 반대하려는 뜻은 전혀 없습니다. 그러나 나는 정의와 관용을 결합시키고 싶습니다. 나는 낭시 재판이 집행유예를 제외하고 완결되기를 바랍니다. 그러면 나는 이 연단에 다시 오를 것입니다. 나는 국회가 유일하게 은총을 내릴 권리를 가진 왕에게 가서(이 부분에서 수많은 의원이 술렁거렸다), 나는 국회가 왕에게 거의 모든 죄인을 사면해달라고 요청하라고 부탁할 것입니다. 내 말은 거의 끝났습니다. 여러분은 낭시에 득실대는 이 모험가들, 이 무뢰한들을 불러 모은 사람들을 용서하기 어렵다는 사실을 알게 되겠지요. 아마도 여러분은 영원불멸의 행동으로 자신이 태어난 시대와 신분을 영광스럽게 만든 낭시의 젊은 영웅 데질을 죽인 자들을 용서하기 어렵다는 사실을 알게 되겠지요."

그가 말하는 중간에 여러 의원이 웅성거렸듯이, 이번에는 거의 전체 의원이 웅성거렸다. 데질이 태어난 시대와 '신분'이라는 대목이 거슬렸던 것이다. 바르나브 의원이 발언권을 신청했지만 국회는 계속 소란스러웠다. 그렇게 시간을 보내고 카잘레스는 다시 입을 열었다.

"내가 지금까지 바르나브 의원의 발언을 중간에서 끊은 적이 없지만, 바르나브 의원에게 발언권을 넘겨줄 것을 요청합니다."

지금까지 여러 번 등장한 '삼인방'의 바르나브, 그르노블 출신 변호사 바르나브에 대해 조금 더 자세히 알아보고 지나가자. 앙투안 피에르 조제프 마리 바르나브는 도피네의 그르노블에서 1761년에 태어났다. 상업과 견사 방적으로 돈을 번 개신교도 가문 출신이다. 그의 아버지는 그르노블에 정착해서 1760년에 변호사직을 사들였고 몽테나르 후작의 영주법원 판사로 일하기도 했다. 어머니 마리 루이즈 드 프레 드 세글 드 프렐은 개신교도 귀족 가문으로 네케르와 먼 친척이었다. 4남매 맏이로 태어난 바르나브는 로랑 신부를 가정교사로 두고 공부를 시작한 뒤 1779년부터 1780년까지 그르노블에서 법학을 공부하고 오랑주에서 변호사 시험을 통과하여 1781년 7월 24일에 그르노블 고등법원 변호사가 되었다. 그는 몽테스키외의 영향을 받았으며, 1787년에 고등법원이 탄압당할 때 고등법원의 편을 들고, 전국신분회가 개최되면 그 틈을 타서 영국식 헌법을 도입할 꿈을 꾸었다. 1788년 6월 8일에는 무니에와 함께 지방보다는 전국적인 애국심을 고무시키려는 의도로『1788년 5월 10일 그르노블 고등법원에 군대의 힘으로 등기한 칙령의 정신*Esprit des édits, enregistrés militairement au Parlement de Grenoble: le 10 mai 1788*』을 익명으로 발표했다. 그는 그르노블 시청에 모인 변호사 19명에 포함되었고, 7월 21일 비질 성에서 도피네 지방신분회가 열렸을 때 참여해서 무니에와 힘을 합쳐 지방신분회 개혁을 위해 특권층을 설득하여 동의를 받아냈다. 그리고 제3신분의 대표수를 두 배로 늘리는 일과 '부역'을 폐지하고 '세 신분 과세 원칙'을 세우도록 활약했다. 제헌의회에서 아주 많이 발언한 53명 의원에 속한 그는 몽테스키외의 제자로 루소가 인간의 해방자로서 중요하다는 사실을 인정했다. 그와 함께 그르노블에서 파리까지 동행한 무니에는 영국식 입헌군주정에 대한 이상이 실현되지 않자 지친 나머지 낙향했지만, 젊은 그는 국회에서 더욱 두각을 나타냈다. 이제 중도좌파 성향의 그가 카잘레스의 말을 중간에 끊고 발언권을 얻었던 것이다.

"의장님, 국회는 발언자가 계속 말하게 하고 그의 연설에 대해 성격을 규정하지 않고 지나가서는 안 됩니다. 혁명의 적들의 분노를 진정시키기 위해 감히 죽은 이들의 재를 헤집어서……."

이 말에 국회의 대다수 의원이 박수를 쳤다. 바르나브는 한마디로 카잘레스가 동료 의원들에 대한 예의를 잃고 함부로 말한다고 지적했다. 그리고 카잘레스의 진심이 어떻든 그의 표현만 가지고 볼 때 헌법의 확고한 원리(신분의 구별을 폐지해 평등한 사회를 만드는 원리)를 저버렸다고 하면서, 의장에게 카잘레스를 제자리로 돌려보내달라고 요청했다. 바르나브가 말을 마치자 에기용 공작이 일어섰다. 그는 카잘레스가 예로 든 브르타뉴 사건에서 렌 고등법원과 파리 고등법원의 공격을 받은 에기용 공작의 아들이며, 별로 잃을 것이 없는 노아유 자작이 1789년 8월 4일 밤 귀족의 특권을 포기하자고 제안했을 때 가장 잃을 것이 많은 귀족이었음에도 가장 먼저 동의한 사람이었다. 그는 카잘레스가 자기 아버지 문제를 거론했지만 아무튼 그의 얘기를 계속 들어보자고 말했다. 카잘레스는 곧 자신이 한 말에 대해 변명했다. 자기는 브르타뉴 사건을 예로 든 다음에야 에기용 공작이 그 자리에 있음을 깨닫고 아차 싶었으며, 그래서 자기 발언을 후회한다고 고백했다. 다시 바르나브가 말을 받아서 자신도 에기용처럼 사상의 자유를 옹호하는 사람이라고 전제한 뒤, 헌법을 건드리면서 신분제를 옹호하는 발언을 하는 사람에 대해 어떻게 너그러울 수 있느냐고 물었다.

카잘레스는 자기가 데질에 대해 한 말이 바르나브의 눈에는 법을 어긴 것으로 보였던 것 같은데, 굳이 자기 말을 해명하자면 데질이 태어난 당시 사회는 신분제 사회였음을 지적한 말이라고 설명했다.

"그러나 사실상 내 말을 직접 정당화할 필요성을 느끼지 못합니다. 그러니 국회가 이 말이 과연 죄인지 엄중히 판단해주시기 바랍니다."

카잘레스의 말이 끝나자 누군가 의사일정을 계속 진행하자고 말했다. 아드리엥 뒤포르, 바르나브와 함께 '삼인방'을 이루는 알렉상드르 드 라메트 의원이 일어섰다. 그는 이제 지겨우니 의사일정을 진행하자고 운을 뗐다. 그는 카잘레스가 혁명에 우호적인 여론이 국회를 지배하는 상황을 의심하도록 만들려는 목적을 갖고 있지 않은지 조사해야 하며, 법을 준수해야 하는 국회에서 카잘레스가 모든 시민에게 속한 덕목을 신분과 카스트에 돌리려 하는 것을 보고 충격을 받았다고 강조했다. 카잘레스가 라메트의 말을 받아쳤다. 그는 "도대체 나쁜 시민이 누구란 말입니까?"라고 물었고, 의원들이 일제히 "당신이오, 당신!"이라고 대답했다. 라메트, 카잘레스, 그 밖의 여러 의원이 계속 설전을 이어가자 마침내 의장이 개입해서 카잘레스 의원에게 헌법에 예의를 지키지 못했기 때문에 자리로 돌아가라고 명령했다. 그러나 카잘레스는 국회의 인내심을 강요할 의도는 없기 때문에 자기 의견을 요약하고 내려가겠다고 말했다.

"법안은 두 가지 중요한 조항을 제안했습니다. 하나는 나무랄 수 없는 행위를 한 사람들을 처벌한다는 아주 부당한 조항이자 웃음거리이며, 다른 것은 죄인들에게 배상금을 준다는 것입니다. 나는 이에 대해 두 가지 수정안을 제안합니다.

1. 왕의 연대 장교들에게 그들이 군대에 처음 생기는 공석에 확실히 재고용될 때까지 근무활동과 봉급을 유지해준다.

2. 병사들에게 3개월치 특별수당을 주지 않는다. 단지 그들이 거주지로

돌아갈 수 있도록 필요한 것을 지원해준다. 그리고 그들이 귀향하는 동안 법을 어기지 않도록 권력 당국이 철저히 감시한다.

재판을 무효화하는 안은 죄인의 이름과 신원을 가리기에 적절한 것으로만 보입니다. 나는 왕과 국회가 따로 결정할 때까지 심리는 계속하되 집행을 멈출 것을 요청합니다."

프뤼농 의원은 지금까지 낭시가 불행한 사건의 무대였음을 수없이 반복해서 말했지만 불행에 또 다른 불행을 더할 필요가 있느냐, 어째서 합동위원회가 준비한 안을 채택하지 않느냐고 묻고 나서, 재판을 계속할 것을 요구한 카잘레스에게 "만일 재판을 계속한다면 다시금 정념을 끓어오르게 하고 불씨를 되살려 시민들을 서로 적으로 만들 것"이라고 설명했다.

"우리가 가장 원하는 것은 평화이며, 특히 국경을 접한 도에서 그렇습니다. 카잘레스 의원의 안을 채택하면 이러한 목적을 곧바로 거스르게 됩니다. 수천 명의 증언을 들은 재판의 끝은 어떻게 될까요? 여러분은 낭시 같은 대도시가 다시금 똑같은 과정을 겪게 하시겠습니까? 증오의 눈에는 미운 것만 보이고 본 것만 현실이라고 생각합니다. 심리를 계속한다면 세금을 걷고 국토를 매각하는 일이 몹시 늦어질 것입니다. 특히 라 뫼르트 도에는 매각할 땅이 많습니다. 그 과정에서 대물림한 증오가 되살아날 것입니다. 입법가는 판사와 다른 방식으로 상황을 볼 수 있습니다. 그는 벌을 그 결과와 비교할 수 있습니다."

프뤼농은 데질 같은 영웅의 상을 국회에 세워 본보기로 삼아야 하며 프랑스에 이 같은 인물이 많이 나오면 좋겠다고 말한 뒤 앉았다. 그러고 나서 곧 공식적으로 토론을 끝냈지만, 전날 브뢸라르가 제안한 법안에 전문을 달아야 한다는 의견이 나오자 기각되었고, 카잘레스가 그 문제에 대해 전체 의견을 묻자고 했으나 그것도 기각되었다. 우파는 소수였지만 의견의 자유를 인정받아 되도록 의사진행을 늦추려는 속셈을 드러내는 모습을 볼 수 있다. 그 뒤에도 법안의 조항을 심사하면서 수정안을 내놓고 설왕설래한 뒤에야 겨우 법을 통과시킬 수 있었다.

국회는 군사위원회, 보고위원회, 조사위원회의 합동위원회가 준비한 보고를 들은 뒤 다음과 같이 명령한다.

제1조. 국회는 8월 31일 낭시에서 일어난 사건과 관련해서 지난 8월 16일의 법을 집행하면서 시작한 모든 재판을 폐지한다. 그에 따라 낭시의 판사들이 내린 판결이나 아니면 사건의 여파로 감옥에 갇힌 모든 시민과 병사들은 이 법을 공표한 때부터 즉시 자유를 회복한다.

제2조. 국회의장은 왕에게 왕의 연대와 메스트르 드 캉 연대의 파면과 관련한 명령을 내려달라고 간청한다.

제3조. 국회는 군사위원회로 하여금 최단 시일 안에 왕의 연대와 메스트르 드 캉 연대의 장교, 부사관, 병사, 기병, 퇴역군인 가운데 행실과 근무로써 교체 대상으로 판단할 수 있는 사람들을 교체할 방안을 마련해서 보고토록 한다.

제4조. 국회는 8월에 낭시를 이끌던 시정부 요원들이 더는 새로운 시정부 요원으로 활동하지 못한다는 사실을 알고 옛 시정부에 대한 승인을 철회한다. 국회는 라 뫼르트 도 지도부에 대한 승인도 철회한다. 국회는 메스 시정부와 국민방위군이 낭시 사태에서 법을 집행할 때, 그리고 공공질서를 유지하는 데 개입할 필요가 있을 때 보여준 열의와 왕성한 용기를 찬양한다.

국회는 낭시에 파견된 분견대원들, 특히 메스 국민방위군이 지목한 대원들에게 훈장을 주지 못하게 막는 헌법상의 평등과 시민의 우애 원칙들을 승인한다.

국회는 이 법을 통과시킨 뒤 왕의 조사위원으로 활동한 뒤베리에와 카이에, 그들과 흔쾌히 동행하여 도와준 파리 시민들 가이야르와 르루아가 낭시에 평화를 회복하는 일에 애국심으로 열의를 다했으며, 막중한 임무를 성공한 데 대해 감사하는 명령을 통과시켰다. 또한 용기와 애국심을 보여준 낭시 시민들 오코, 니콜라, 마담 랑베르에게도 감사하는 명령을 통과시키고 회의를 끝냈다. 그때가 8일 0시 반이었다. 그래도 낭시 문제는 아직 완전히 끝나지 않았다. 데질의 흉상을 세우는 문제, 군선의 노를 젓는 벌을 받은 샤토비외 스위스 병사들을 사면하는 문제, 그리고 스위스 캉통들과 외교적으로 나머지 스위스 병사들에 대해 처리하는 문제가 남아 있었다. 그중에서 1791년 1월 29일에 데질 문제가 마무리되었다. 파리 몽마르트르 구의 국민방위군 중대가 국회에 데질의 흉상을 전시하겠다고 제안했고, 국회는 만장일치로 그 흉상을 문서보관실에 보관하기로 의결했다. 카뮈 의원은 데질의 영웅적인 행위를 묘사한 화가 르 바르비에에게 부탁해서 다비드가 그린 〈죄드폼의 맹세〉와 짝을 이룰 만한 크기로 데질을 그리게 하자고 주장했다. 이 안이 통과되었고 이튿날인 1월 30일에는 화가에게 국비로 경비를 제공하는 안까지 통과시켰다. 그리고 샤토비외 병사들이 형벌에서 벗어날 때까지는 아직 1년을 더 기다려야 했다.

〈5권에 계속〉

1월 5일	보르도 시정부는 국회에 7월 14일을 기념하는 잔치를 제도화하자고 건의
7일	베르사유에서 빵값을 낮추라는 소요 발생 국민방위군의 시민맹세법 제정
12일	국회가 각 지방에 대중을 자극할 중상비방문이나 시도에 대비하라고 명령
14일	바이욀의 부셰트 의원 발의로 국회가 모든 법을 프랑스어와 방언으로 발행
20일	국회가 각 시정부에 세금납부 독촉 명령 하달
21일	국회의원들, 파리 극빈자들을 위해 기부 같은 죄에 같은 형벌을 내린다는 원칙의 형법 제정
23일	모든 공직을 평등하게 분배한 원칙을 좇아 군인들의 숙소 제공 의무도 모든 시민에게 골고루 지게 함
30일	1790년과 그 이전의 세금 징수에 관한 법 제정
2월 4일	왕이 국회에 출석해서 시민 맹세를 함
6일	렌 고등법원 판사들이 능동시민의 자격을 박탈함
8일	루앙에서 노동자들을 구원하기 위해 증세
9일	케르시에서 소요사태 발생
26일	국회는 83개 도의 디스트릭트의 중심지, 기초의회 소재지에 관한 구체적인 법안 마련, 공공지출에서 6,000만 리브르 감축안 통과
28일	왕을 최고통수권자로 하는 군 조직 원칙과 법 제정
3월 5일	왕의 비밀장부인 『붉은 책』에 나타난 은급 대상자에 대해 별도로 법을 제정할 때까지 지불 정지

8일	식민지는 각자 실정에 맞도록 헌법, 입법, 행정에 의견을 제출할 것 결의
13일	구체제의 자의적인 구속과 봉인장에 의한 수형자 조사
14일	구체제의 악명 높은 소금세 폐지
15일	봉건적 권리에 대한 일반명령 제정
17일	지방정부가 종교인의 재산을 판매할 수 있는 법 제정
20일	수도원, 수녀원의 동산과 부동산 현황 파악
21일	국회의 의사일정에 관한 법 제정, 월~목요일에는 헌법, 금~일요일에는 재정, 그 밖의 안건은 저녁회의에서 다루며, 오전회의는 정확히 9시(일요일은 11시)에 시작하는 것으로 합의
27일	애국세법(연간 400리브르 이상 버는 사람에게 해당) 제정
29일	교황 비오 6세가 추기경회의에서 「인간과 시민의 권리 선언」 규탄
4월 1일	왕이 인정한 은급 대상자 목록과 액수를 적은 『붉은 책』 발간
3일	국회에 출석하지 않는 의원 현황 파악
5일	반Vannes에서 반혁명 소요 발생
6일	님에서 아르투아 백작의 사주를 받은 가톨릭교도와 의회파 신교도들 충돌
7일	공병과 포병의 지출에 관한 법 제정, 프랑스 수비대의 장교와 부사관 봉급 논의
8일	2월 28일 육군에 적용한 32드니에 인상 방침을 해군에도 그대로 적용하고 5월 1일부터 실시
9일	교회 재산과 왕의 영지를 취득하는 지방정부는 매매계약을 체결하면서 지불 의무를 이행할 수 있는 방안을 제출토록 결의, 예를 들어 파리 시정부는 신용 있는 재력가들이 7,000만 리브르에 대한 보증을 서야 교회 재산을 취득할 수 있게 됨
10일	능동시민의 자격에서 연령제한 면제 여러 도시(카라망, 르벨, 쿨로미에, 릴, 리옹, 카스텔노다리, 크레스트, 카스텔 사라쟁, 몽테크, 릴 부앵, 생스베르)에서 채권을 발행하거나 증

세할 수 있도록 허가

정부를 위해 4,000만 리브르의 특별예산 편성

몽토방 시정부와 국민방위군의 분쟁 조정

13일 국회는 양심의 자유와 종교문제에 대해 의결할 권한이 없음을 선포

16일 알자스와 그 밖의 지방에 사는 모든 유대인의 권리를 법으로 보호한다는 사실을 재확인

17일 새로 발행하는 아시냐의 이자를 3퍼센트로 확정

벤저민 프랭클린, 필라델피아에서 사망

18일 툴루즈에서 반혁명 시위 발생

20일 님 가톨릭교도들의 반혁명 소요 발생

27일 코르들리에 수도원에서 인간과 시민의 권리의 친구들 협회(일명 코르들리에 클럽) 창립

30일 배심원 제도 설립

5월 1일 님 가톨릭교도들의 반혁명 소요 또다시 발생

3일 툴롱에서 소요 발생

8일 도량형 통일법 제정

10일 미라보 백작이 왕에게 매수당함

몽토방 가톨릭교도들의 반혁명 소요 발생

12일 1789년 협회 창설

14일 국유화한 교회 재산 매각에 관한 법 제정

외무대신 몽모랭이 국회에 영국과 에스파냐의 긴장 발생과 왕이 에스파냐를 돕기 위해 취한 조치에 대해 통보

15일 국회에서 전쟁과 평화에 대한 결정권이 왕과 국민 중 어디에 속했는지 토론 시작

18일 마라의 『인민의 친구』 재발행

21일 국회에서 파리의 60개 선거구를 48개 구로 나누는 법 제정

22일 국회에서 전쟁과 평화의 결정권이 국민에게 속했음을 결정,

	그러나 전쟁은 왕의 제안과 승인을 거쳐야만 수행할 수 있게 됨
24일	파기법원Tribunal de cassation 창설
28일	흰색 표식 부착 금지로 모든 관리가 삼색 표식을 달게 됨
30일	극빈자 구제를 위해 자선작업장 설치법 제정 리옹에서 연맹제 개최
31일	국회에서 성직자 시민헌법에 대한 토론을 끝내고 앞으로 6주간의 축조 심의 시작
6월 1일	왕당파 신문 『왕의 친구』 발행
2일	마라의 『프랑스의 유니우스』 발행(유니우스는 로마공화국을 건설한 루 키우스 유니우스 브루투스에서 따옴), 마라는 애국적 웅변가를 옹호하 고 위선자를 고발하는 것이 이 정치신문의 발간취지라고 밝힘
3일	서인도제도의 마르티니크 섬에서 혼혈인들의 반란 발생
5일	파리 코뮌은 모든 도가 참여하여 단일한 국민방위군을 만드는 연맹제 제안 콩도르세의 주도로 『1789년 협회 신문』 발간
6일	릴에서 연맹제 개최
9일	1790년 파리에서 전국연맹제를 개최하는 법 제정
10일	혁명에 우호적인 아비뇽에서 반혁명 봉기 발생
11일	아비뇽과 브네생 공작령에서 혁명파가 승리
12일	아비뇽이 프랑스에 합병을 요구
13일	님에서 반혁명세력이 봉기하고 신교도 학살 스트라스부르에서 연맹제 개최
14일	님 사태에 세벤의 농민들이 개입한 덕택에 혁명파 승리
15일	브장송에서 연맹제 개최
19일	세습귀족제 폐지 작위, 문장, 하인의 제복, 프랑스인을 차별하는 모든 종류의 표시 폐지
27일	파리 시정부조직법 제정, 몽마르트르를 파리에 편입함

29일	루앙에서 연맹제 개최
7월 3일	생클루 궁에서 왕비와 미라보 백작이 비밀회담을 가짐
12일	국회가 성직자 시민헌법 채택
14일	파리에서 전국연맹제 개최
22일	왕이 성직자 시민헌법 승인
25일	리옹에서 왕당파의 소요 발생
26일	마라가 『이제 우리는 끝장이다!*C'en est fait de nous!*』를 발간하여 혁명을 구하려면 귀족주의자 500~600명을 죽여야 한다고 주장
27일	라이헨바흐Reichenbach 협정 체결. 영국, 오스트리아, 프로이센, 네덜란드는 오스트리아가 벨기에를 다시 차지할 수 있다고 양해하고 프랑스 혁명이 외국에 끼치는 영향에 대해 우려
30일	스트네에서 '라렌 카발르리(왕비 기병La Reine-cavalerie)' 연대 반란
31일	국회가 마라와 데물랭을 체포하라고 명령
8월 1일	국회가 왕을 견제하려고 외교위원회 창설
5일	낭시 주둔군 병사들이 봉급을 요구하면서 소요사태를 일으킴
6일	군대 내의 의사결정위원회를 폐지하는 법 제정
16일	군대 기강을 회복할 법 제정 영주법정 폐지하고 치안법원 창설
18일	라파예트가 동부전선 총사령관 부이예 장군에게 낭시 반란군 진압 요청 가르 지방의 잘레스 기지에 왕당파 2만 명이 무장하고 모임
21일	군사법원 창설
26일	프랑스와 에스파냐의 부르봉 가문협약이 무효임을 법으로 제정 낭시에서 군사반란 발생
29일	파리의 법원들 조직
31일	부이예 장군이 진압군을 이끌고 낭시에 들어가 반란군과 그에 동조하는 국민방위군을 진압하고 질서를 회복함